Josef Wilfling

VERDERBEN

Josef Wilfling

VERDERBEN

Die Macht der Mörder

HEYNE <

Verlagsgruppe Random House FSC® N001967
Das für dieses Buch verwendete
FSC®-zertifizierte Papier *EOS*
liefert Salzer Papier, St. Pölten, Austria.

Umschlaggestaltung: Nele Schütz Design, München,
unter Verwendung einer Fotografie von Frank Bauer
Redaktion: Johann Lankes
Satz: Leingärtner, Nabburg
Druck und Bindung: GGP Media GmbH, Pößneck
Printed in Germany 2015
ISBN 978-3-453-19443-4

www.heyne.de

Inhalt

Vorwort 7

Der Sadist 11

Der Narzisst 41

Der Widerling 79

Opfer 109

Der Asket 133

Die Ehrenwerten 161

Lügen 191

Die Zeugen 209

Die Mutter 227

Der Biedermann 235

Nachwort 317

Vorwort

Wenn ein Menschenleben durch die Hand eines Mörders ausgelöscht wird, reißt dieser mit seiner Tat immer das Leben anderer mit ins Verderben. In erster Linie das der Opferfamilie, aber auch das seiner eigenen Angehörigen. Denn kaum ein Täter denkt daran, welch Leid er auch den Seinen zufügt, wenn er als Mörder für lange Zeit ins Gefängnis muss und seine Familie von ihrem sozialen Umfeld stigmatisiert wird. Dieser unheimlichen Macht der Täter steht die Ohnmacht der Opfer gegenüber. In den meisten Fällen ahnen sie nicht, welches Unheil sich da hinter ihrem Rücken zusammenbraut. Hinterher wird für diese Menschen, egal ob direkt oder indirekt betroffen, nichts mehr so sein, wie es einmal war.

Die Verzweiflung, die sich bei Hinterbliebenen und Angehörigen breitmacht, wird noch verstärkt, wenn die Hintergründe und Geschehnisse einer Tat nicht aufgeklärt worden sind. Denn nichts ist für Angehörige auf beiden Seiten schlimmer als quälende Ungewissheit. Falls überhaupt, kommen diese Menschen erst dann zur Ruhe, wenn sie erfahren haben, was wirklich geschehen ist …

Damit sind wir bei der Aufklärung. Morde geschehen aus Habgier, Befriedigung des Geschlechtstriebes, Mordlust und anderen, auf niedrigster sittlicher Stufe stehender Beweggründe wie Neid, Hass oder Rache und sind vergleichbar mit Explosionen, durch die Bestehendes in tausend Teile zerrissen wurde. Ermittlern fällt die gesetzliche Aufgabe zu, die Einzelteile zu suchen, zu sichern und gleich einem Puzzle wieder zusammenzusetzen. Dabei kann nie wieder jener Zustand hergestellt werden, wie er vorher war. Es bleiben immer Lücken und Risse. Also handelt es sich stets um Fragmente, die der Justiz zur Beurteilung und Entscheidung vorgelegt werden. Nur wenn die Staatsanwaltschaft ein vollständiges Bild erkennt, wird sie Anklage erheben, und nur wenn das Gericht ohne Zweifel der Argumentation der Anklagebehörde folgt, wird es verurteilen. Andernfalls greift der Grundsatz »in dubio pro reo« (»im Zweifel für den Angeklagten«).

Nach schweren Verbrechen ziehen zunächst die Opfer alle Aufmerksamkeit auf sich, und die Ermittlungen nehmen logischerweise bei ihnen ihren Anfang. Sobald jedoch der oder die Täter vor Gericht stehen, richtet sich der Fokus hauptsächlich auf sie. Auf den ersten Blick scheint das ungerecht zu sein, da das Opferleid scheinbar vernachlässigt wird. Dass bei der Urteilsfindung Persönlichkeitsbilder, Fragen der Mitschuld und die Folgen für die Opfer einbezogen werden, wird dabei gerne übersehen. Allerdings sind Opfer nicht per se die Guten und Täter nicht immer die Bösen. »Man muss kein böser Mensch sein, um böse Taten zu begehen«, sagte ein renommierter Gerichtspsychiater in einem Interview. Dem kann ich als Praktiker nur beipflichten, möchte aber vorsichtshalber gleich anfügen: »Auch gute Menschen dürfen nicht morden, und auch noch so böse Menschen darf man nicht ermorden.«

Es gibt keine wie auch immer geartete Berechtigung für die Ermordung von Menschen, auch wenn unsere Rechtsordnung bekanntlich Rechtfertigungsgründe für vorsätzliche Tötungen vorsieht: Man denke an Notwehr, Nothilfe oder rechtfertigenden Notstand, wie zum Beispiel den finalen Rettungsschuss. Kriegshandlungen, Terrorismus oder den sogenannten Tyrannenmord nehme ich ausdrücklich aus, weil ich als Mordermittler ausschließlich für die Bearbeitung von Tötungsdelikten im zivilen Alltag ausgebildet war. Dass ich auch meine Sicht der Dinge einfließen lasse, hat damit zu tun, dass man

Ermittlungsarbeit besser nachvollziehen kann, wenn man die Gedanken und Einschätzungen kennt, die Grundlage von Entscheidungen waren. Die bereits erwähnte Vielschichtigkeit der Opferrollen beschreibe ich in einem ausführlichen Kapitel, das ich mit sicherlich sehr nachdenklich machenden, authentischen Beispielen unterlegt habe.

Für die Aufklärung von Verbrechen sind Informationen unverzichtbar. Und wie bekommt man diese? In erster Linie durch Gespräche. Im Kontext mit Straftaten nennt man solche Gespräche »Vernehmungen«. Trotz bestehender Aussage- und Wahrheitspflicht in offiziellen Vernehmungen sind wir Ermittler mit der schwierigsten Herausforderung konfrontiert, der wir uns immer wieder gegenübersehen: der Trennung von Wahrheit und Lüge und dem Erkennen von Irrtum und Vorurteilen. Wobei Letztere hartnäckiger sein können als die Lüge selbst. Denn wer sich irrt, glaubt, was er sagt, denn niemand irrt sich vorsätzlich, und was Vorurteile betrifft, so wusste schon Albert Einstein: »Es ist leichter, ein Atom zu zertrümmern als ein Vorurteil.« Vorurteile sind in der Regel im Gegensatz zu bewussten Lügen nicht rechtswidrig, sofern sie nicht ehrabschneidend und damit strafrechtlich relevant sind. Wie man die Lüge erkennt und Lügner entlarven kann und wie das in einem Rechtsstaat geschehen darf, darüber berichte ich im Kapitel »Lügen«.

Kriminalromane und -filme, bei denen am Ende nicht die Aufklärung steht, sind bei den Konsumenten nicht beliebt, wie mir einige Fernsehschaffende erklärt haben. Warum? Weil Leser, Zuhörer und Zuschauer nicht nur mit menschlicher Neugier ausgestattet sind, sondern weil sie auch möchten, dass am Ende das Gute siegt und die Täter ihre gerechte Strafe erhalten. Diese Einstellung finde ich natürlich positiv, entspricht sie doch auch meinem Gerechtigkeitsempfinden. Da es sich hier aber um ein Sachbuch handelt, in dem es nichts zu verklären, aber einiges zu erklären gibt, habe ich ganz bewusst auch solche Fälle ausgewählt, die aus polizeilicher Sicht zwar als aufgeklärt galten, aber dennoch ungesühnt blieben, weil entweder die Beweise gar nicht erst für eine Anklage ausreichten oder weil am Ende ein Freispruch stand. Das ist eben auch eine Wahrheit, die man nicht verschweigen muss.

Aus rechtlichen Gründen wurden Namen und sonstige personenbezogene Angaben sowie örtliche und zeitliche Gegebenheiten verändert. Es handelt sich also um reale Fälle, die aber entsprechend abgewandelt wurden, um keine Persönlichkeitsrechte zu verletzen.

Josef Wilfling

Der Sadist

Barbara Meier war erst 42 Jahre alt, als sie grausam ermordet wurde. Kennengelernt hatte sie ihren Mörder in jener Kneipe im Münchner Süden, in der sie allabendlich zu Gast war und wo sie meist kräftig trank. Sie war groß, schlank und sah sehr gut aus. Die gepflegten langen schwarzen Haare, die nach wie vor wohlgeformte Figur und die langen Beine – sie trug meist auch noch ziemlich kurze Röcke, in denen sie aber keineswegs ordinär wirkte, sondern elegant und geschmackvoll – zogen die Blicke der Männer auf sich. Allerdings hatte der Alkohol, der auch ursächlich für ihren sozialen Abstieg war und welcher wiederum mit Scheidung und der Trennung von ihren Kindern begann, bereits Spuren in ihrem schönen Gesicht hinterlassen.

Alles, was ihr geblieben war, waren die Abende in ihrer Stammkneipe, in der sie ein gern gesehener Gast war. Alle Stammgäste mochten sie. Vielleicht auch deshalb, weil sie Männern gegenüber sehr großzügig war, was körperliche Gunst betraf. Viele Stammgäste hatten schon mit ihr geschlafen. Dennoch war sie geachtet bei den vorwiegend verheirateten Männern. Jedenfalls hätte es keiner gewagt, sie als leichtes Mädchen zu bezeichnen.

Barbara war gebildet, intelligent und eloquent, ohne aber vorlaut oder aufdringlich zu sein. Sie war belesen und stets bestens informiert über die Geschehnisse in der Welt. Immerhin war sie Chefsekretärin in einem großen Betrieb gewesen. Jetzt lebte sie von Sozialhilfe, wohnte in einem kleinen

Apartment ein paar Häuser weiter und verdiente sich ein paar Euro zusätzlich, indem sie für Stammgäste deren Lohnsteuerjahresausgleiche und Ähnliches erledigte. Einige Zeugen würden später behaupten, sie habe auch Geld von jenen Männern verlangt, die sie mit in ihre Wohnung nahm. Was sich aber nicht bewahrheitete. Lediglich um die Bezahlung ihrer Zeche musste sie sich nie Gedanken machen.

Jetzt lag Barbara tot auf ihrem Bett, und von ihrer Schönheit war nichts mehr übrig, weil bereits die zweite oder dritte Generation von Maden dabei war, ihre sterbliche Hülle zu entsorgen. Dieser sich zersetzende, stinkende Haufen organischer Substanzen führte mir immer wieder drastisch vor Augen, wie vergänglich wir sind und wie sich der menschliche Körper nach Eintritt des Todes sukzessive in seine Bestandteile aufzulösen beginnt.

Die Leiche lag auf dem Rücken, die Beine waren weit gespreizt. Der Geschlechtsakt war vermutlich das Letzte, was Barbara Meier in dieser Welt miterlebt hatte. Zumindest sah es so aus. Fast ein bisschen zu auffällig deuteten nicht nur die Art und Weise, wie sie dalag, sondern auch die Strapse, die dazugehörigen Seidenstrümpfe sowie die hochhackigen Stöckelschuhe auf ein sexuelles Geschehen hin. Die Handgelenke waren mit einem Bademantelgürtel vor dem Körper zusammengebunden und ließen auf sadomasochistische Praktiken schließen, wobei die gefesselten Hände bereits in die von Maden zerfressene Bauchhöhle hineingefallen waren.

Die spätere genaue Untersuchung des Gürtelknotens ergab, dass Barbara die Fesselung nicht selbst angelegt haben konnte. Doch nicht geklärt werden konnte, ob sie damit einverstanden war oder ob ihr die Hände zwangsweise zusammengebunden worden waren. Das Ganze sah überhaupt sehr gestellt aus, fast wie drapiert. Wurde der Leichnam eventuell erst nachträglich in diese Position gebracht?

Ein weißer Damenschlüpfer lag neben der Toten auf dem

breiten Bett. Vielleicht hatte sie ihn getragen, bevor sie die Reizwäsche anlegte. Routinemäßig sah ich mich um in der kleinen Wohnung. Eine große Porträtaufnahme, die auf der Anrichte stand, zeigte das Bild einer wunderschönen Frau. Ein schauerlicher Kontrast zum übel riechenden, in Verwesung und Fäulnis befindlichen Körper hier auf dem Bett.

Da Ermittler berufsbedingt sehr genau hinschauen müssen, auch wenn der Fäulniszustand noch so fortgeschritten ist, blieb uns ein grausiges Detail nicht verborgen. Es war ein Kollege des Erkennungsdienstes, der es als Erster entdeckt hatte. Dann starrten wir alle gemeinsam auf diese Stelle und sahen etwas, was man auch als langjähriger Mordermittler nicht sehr oft sieht, weil es eher selten vorkommt. Es war ein starkes Indiz für das Vorliegen sogenannten Fremdverschuldens: Beide Brustwarzen fehlten, und es sah laut erster Begutachtung eines Rechtsmediziners nicht so aus, als könnten diese durch Madenfraß abgenagt worden sein. Aber nachdem wir auch nach gründlichster Suche die Brustwarzen nicht gefunden hatten, gab es dafür nur zwei Erklärungen. Entweder wir hatten sie übersehen, oder der Täter hat sie beseitigt. Dabei fielen mir zwei Fälle ein, bei denen die Brustwarzen der Mordopfer ebenfalls abgetrennt worden waren. In einem Fall hatte sie der Täter wieder ausgespuckt; Jahre später konnte daran seine DNA festgestellt werden, was zu seiner Überführung und Verurteilung reichte. In einem anderen Fall wurden einem Opfer die Brustwarzen mit einer Schere abgeschnitten, sie wurden nie gefunden.

Das Apartment war mit billigen Möbeln ausgestattet, aber dennoch recht geschmackvoll eingerichtet. Die kleine Kochnische war sauber und aufgeräumt. Auffälligkeiten gab es ansonsten nicht, insbesondere waren keinerlei Kampfspuren zu sehen. Nur etliche leere und noch volle Flaschen verschiedenster Alkoholika – vorwiegend Wein, Sekt und Cognac – ließen erkennen, dass hier jemand lebte, der gerne trank. Lebensmittel waren dagegen kaum vorhanden.

Auf dem kleinen Tischchen, das im Wohnraum vor einer kleinen Couch stand, fanden wir zwei bereits ausgetrocknete Sektgläser und eine halb leere Flasche. Der Aschenbecher quoll über, es waren Zigarettenkippen ihrer bevorzugten Marke, aber auch andere. Und wir entdeckten die Reste eines Joints. Barbaras letzter Besucher war also Drogenkonsument. Sie selbst soll ausschließlich die Droge Alkohol konsumiert haben.

Die Erkennungsdienstbeamten fanden verschiedene frische Fingerspuren an den Gläsern, die von Barbara sowie einer weiteren Person stammten. Letztere hatte sich also keine Mühe gegeben, Fingerabdrücke zu vermeiden. Was jedoch nicht automatisch bedeuten musste, dass sie nicht schon von vornherein vorgehabt haben konnte, Barbara zu töten. Selbst hartgesottene Mörder sind nervös und machen jene Fehler, nach denen wir Ermittler suchen und von denen wir profitieren.

Der Rechtsmediziner vermutete eine Liegezeit des Leichnams von etwa drei bis vier Wochen, und er fand keine Verletzungen, wie sie hätten vorhanden sein müssen, wäre der Tod durch Erstechen, Erschlagen oder Erschießen verursacht worden. Um feststellen zu können, ob Barbara erwürgt oder erdrosselt worden sei, müsse die Obduktion abgewartet werden, die noch in der Nacht im Institut für Rechtsmedizin stattfand.

Der Verdacht bestätigte sich: Barbara Meier war durch Gewalteinwirkung gegen den Hals gestorben. Aufgrund der Fäulniserscheinungen ließ sich jedoch nicht mehr feststellen, welche Art von Gewalt das gewesen sein könnte. Das gebrochene Zungenbein und die beiden gebrochenen Kehlkopfhörner waren zwar klassische Anzeichen für eine Gewaltanwendung gegen den Hals, wie zum Beispiel Würgen oder Drosseln, aber auch ein Sturz hätte die Todesursache sein können. Das war ein Ergebnis, das uns Ermittler natürlich nicht zufriedenstellte. Von Erdrosseln spricht man übrigens, wenn als Tatwerkzeug ein Hilfsmittel wie beispielsweise ein Gürtel, ein

Strick, ein Kleidungsstück oder anderes verwendet wurde, und von Erwürgen, wenn mit den Händen der Hals zugedrückt wurde. Drosselwerkzeuge können Spuren hinterlassen und unterscheiden sich häufig von dem Befundmuster, das bei einem Würgevorgang entstehen kann.

»Mit hoher Wahrscheinlichkeit« sei das Fehlen der Brustwarzen auf keinen Madenfraß zurückzuführen. Es sehe eher so aus, als deute die scharfrandige, etwas gezackte Abtrennung auf ein Abbeißen denn auf ein Abschneiden hin. Wieder dieses »mit hoher Wahrscheinlichkeit«, das wir Ermittler genauso lieben wie die Formulierung »nicht ausschließbar« oder »anatomisch nicht nachweisbar«. Da sind die »erheblichen Zweifel« der Verteidiger quasi schon vorprogrammiert. Es war zum Verzweifeln.

Wissenschaftler dürfen ausschließlich objektiv nachweisbare Erkenntnisse verwerten, wir Ermittler müssen auch den sogenannten Modus Operandi, also das Tatmuster, in unsere Überlegungen mit einbeziehen. Dadurch ist gegebenenfalls ein Rückschluss auf die Psyche eines Täters möglich. So hatten wir keine Zweifel, dass das Abtrennen der Brustwarzen auf sadistische Neigungen hinweisen würde. Konnte es sein, dass wir es mit einem Täter zu tun hatten, der die Brustwarzen absichtlich verschluckt hatte?

Wir begannen unsere Ermittlungen wie immer von innen nach außen. Das heißt, die Nachforschungen fangen stets beim Opfer an. Die Erstellung eines sogenannten Opferbildes gehört also zu den ersten Maßnahmen. In diesem Fall hatten wir Glück, weil es eine gute Freundin gab, und zwar die Wirtin, bei der Barbara täglich zu Gast war. So gelang es uns relativ schnell, eine Art Lebenslauf zu erhalten. Zunächst aber klärte sich die Frage, warum Barbara in den vergangenen zwei Wochen in ihrer Stammkneipe nicht vermisst worden war.

Barbara Meier besuchte gelegentlich für etwa zehn bis 14 Tage ihre fast 70-jährige verwitwete Mutter, an der sie sehr hing und die in einer kleinen Gemeinde im Hunsrück lebte. Deshalb wurde die Wirtin erst unruhig, als Barbara sich nach 14 Tagen noch immer nicht zurückgemeldet hatte. Dass Barbara telefonisch nicht erreichbar war, bedeutete nichts. Sie ging zu Hause so gut wie nie ans Telefon, und ein Handy besaß sie nicht. Mehrfach sah die Wirtin daher an der Wohnung nach, aber die Vorhänge waren unverändert zugezogen, und auf Läuten wurde nicht geöffnet. Irgendetwas konnte da nicht stimmen. In Begleitung zweier Stammgäste und des dortigen Hausmeisters drang die Wirtin schließlich bis an die Wohnungstür vor. Einer der Stammgäste arbeitete bei einem Bestattungsinstitut und erkannte den Geruch, der aus dem Briefkastenschlitz strömte. Man rief die Polizei.

Ein Schlüsseldienst öffnete die Wohnungstür, die lediglich ins Schloss gezogen war, der Schlüssel selbst lag in der Wohnung. Es fanden sich keine Hinweise auf ein gewaltsames Eindringen. Ein Schwall jenes unvergleichlichen Geruchs drang auf den Flur, als die Tür geöffnet war. Einer der Polizisten musste hineingehen. Nach 20 Sekunden kam er zurück, stürmte ans Flurfenster, riss es auf und schnappte nach Luft. Der andere Polizist rief die Kripo, ohne nachzufragen. Was sein Kollege vorgefunden haben dürfte, war klar.

Vor genau 14 Tagen, in der Nacht vom 20. zum 21. September, so die Wirtin, habe sie Barbara letztmals in der Kneipe gesehen. Sie sei wie immer gegen 20.00 Uhr gekommen und habe an der Theke gesessen. Das Lokal sei gut besucht gewesen. Kurz vor der Sperrstunde habe dieser Mann das Lokal betreten. Da sie erst um 2.00 Uhr schließe, kämen oft noch Gäste aus den umliegenden Gaststätten zu einem »Absacker« zu ihr.

Sportlich und gut gekleidet sei der Mann gewesen, auffallend groß, mindestens 1,90 Meter, schlank, fast schlaksig, schätzungsweise 40 bis 45 Jahre alt und attraktiv. Er hatte blondes, volles Haar und wirkte sympathisch. Kein Schönling, aber mit sehr markanten, männlichen Zügen und einer stattlichen Nase, die besonders auffallend war. Sie sei sofort auf ihn aufmerksam geworden. Und natürlich auch Barbara, die den Fremden förmlich anzog. Nach etwa einer halben Stunde verließen sie gemeinsam das Lokal. Die beiden schienen es jedenfalls eilig zu haben, als ob sie es gar nicht mehr erwarten könnten. Der Mann sei ihr übrigens völlig fremd gewesen, sie hatte ihn noch nie zuvor gesehen. Sie habe auch keinen Namen gehört und wisse weder, woher er kam, noch, wo er wohne.

Diesmal hatten wir Glück mit der sofortigen Hausbefragung, denn wir fanden eine Nachbarin, die einen entscheidenden Hinweis geben konnte, der sich mit den Angaben der Wirtin deckte und diese ergänzte. Die junge Physiotherapeutin, deren Wohnung an die von Barbara grenzte, berichtete, sie habe ihre Nachbarin definitiv letztmals in der Nacht zum 21. September, also vom Freitag auf den Samstag, so gegen 2.00 Uhr im Treppenhaus gesehen, und zwar in Begleitung eines Mannes. Warum sie so sicher sei, dass es sich um die Nacht auf den 21. September gehandelt habe? Weil sie gerade aus dem Krankenhaus heimgekommen sei, nachdem sie Stunden vorher in einen Verkehrsunfall verwickelt und dabei leicht verletzt worden war.

Zufällig sei sie mit Barbara im Treppenhaus zusammengetroffen, man habe sich aber nur ganz kurz unterhalten. Barbara habe ihr gesagt, dass sie morgen oder vielleicht auch erst übermorgen zu ihrer Mutter fahren würde. Die Nachbarin hatte deshalb die Werbung und die Zeitungen, die vor Barbaras Tür lagen, ab Montag weggeräumt, so wie sie es gegenseitig vereinbart hatten, wenn eine von ihnen verreiste. Die Zeitungen wären noch in ihrer Wohnung. Den Mann in Barbaras Begleitung habe sie nicht weiter beachtet. Sein Gesicht hätte sie nicht sehen können, weil er sich abgewandt hatte. Sie könne nur sagen, dass er auffallend groß und schlank gewesen sei. Und dunkel gekleidet.

Etwa eineinhalb Stunden später, so gegen 3.30 Uhr, habe sie einen Schrei gehört. Es gebe keinen Zweifel, dass er aus Barbaras Wohnung gekommen sei und dass diese geschrien hatte. Die Nachbarin habe sich trotzdem nichts dabei gedacht, da sie angenommen habe, es sei ein Lustschrei gewesen. Andernfalls hätte sie reagiert. Als sie circa 20 Minuten später die Tür schlagen hörte und Schritte auf der Treppe nach unten vernahm, ging sie davon aus, dass der Liebhaber gegangen sei. Dass es zum Zeitpunkt des Schreies ziemlich genau 3.30 Uhr war, wisse sie deshalb noch, weil sie aufgrund der Schmerzen schlecht schlafen konnte und dauernd auf die beleuchteten Ziffern ihrer Uhr geschaut habe.

Nach Sachlage gab es keine begründeten Zweifel daran, dass der letzte Begleiter auch der letzte Besucher gewesen sein dürfte und der letzte Besucher auch der Täter. Ein weiterer Hinweis darauf, dass Barbara in dieser Nacht gestorben bzw. umgebracht worden sein dürfte, war die Tatsache, dass ab diesem Zeitpunkt kein einziges Telefonat mehr aus ihrer Wohnung geführt wurde, obwohl sie gewöhnlich täglich mit ihrer Mutter telefonierte. Den endgültigen Hinweis lieferte aber die Sichtung der Zeitungen, welche die Nachbarin in Verwahrung genommen hatte. Die älteste Ausgabe war die vom Samstag, dem 21. September. Das konnte nur bedeuten, dass Barbara ihre Zeitung nach diesem Freitag nicht mehr in die Wohnung geholt hatte. Und dafür gab es nur eine logische Erklärung: Sie war bereits tot. Also rückte der letzte Begleiter, der unbekannte Fremde, in den Fokus der Ermittlungen.

Es sah so aus, als hätten wir einen leicht zu klärenden Fall vor uns. Alles war stimmig, und durch die Wirtin hatten wir eine sehr gute Beschreibung des mutmaßlichen Täters. Wir mussten ihn nur noch finden, was allerdings nicht besonders schwierig zu werden schien. Seine Anwesenheit am Tatort konnte er nicht leugnen und wohl auch kaum, dass er der letzte

Besucher und damit derjenige gewesen sein muss, der dem Opfer möglicherweise die Brustwarzen abgebissen haben dürfte. Der Rest war Vernehmungsgeschick.

Einen ersten Dämpfer erhielten wir, als die Suche nach dem Täter in unserer Lichtbilddatei durch die Wirtin negativ verlief. Das bedeutete, dass der Gesuchte mit hoher Wahrscheinlichkeit noch nie erkennungsdienstlich behandelt worden war. Eine der wichtigsten weiteren Optionen war die Öffentlichkeitsfahndung, die jedoch nicht immer so ohne Weiteres möglich ist. Denn der Persönlichkeitsschutz und die Unschuldsvermutung setzen uns bei der Veröffentlichung von Namen und Bildern enge Grenzen. Erst wenn alle anderen Möglichkeiten ausgeschöpft sind, erlaubt uns die Staatsanwaltschaft, Lichtbilder von Tatverdächtigen oder gesuchten Beschuldigten zu veröffentlichen. In unserem Fall kannten wir aber weder einen Namen noch hatten wir ein Lichtbild. Lediglich eine Beschreibung und ein Fahndungsporträt, ein Phantombild, konnten wir den Medien anbieten.

Es versteht sich von selbst, dass auch alle anderen möglichen Maßnahmen ergriffen wurden, um Licht ins Dunkel zu bringen. Neben der Spurenauswertung, die allerdings nicht sehr ergiebig war und nichts brachte, was wir nicht schon wussten, waren dies in erster Linie Dutzende ausführlichster Vernehmungen. Jeder, der dem Umfeld des Opfers zuzurechnen war, wurde befragt, egal, wo die betreffende Person wohnte. Auch in der Heimatgemeinde wurden intensive Vernehmungen durchgeführt als Teil der Erarbeitung eines sogenannten Opferbildes. Barbaras Mutter war traurig und weinte. Versorgt wurde sie von einem Pflegedienst und ihrer älteren Tochter, die die Mutter tatsächlich in dem Glauben gelassen hatte, ihrer Lieblingstochter Barbara gehe es in München gut, sie habe dort eine gute Stelle gefunden und lebe in einer schönen großen Wohnung. Immerhin hatte die Mutter noch bestätigt, dass Barbara an besagtem Samstag, dem 21. September, sie besuchen wollte. Sie sei aber nicht gekommen, und auf Anrufe habe sie nicht reagiert. Allzu große Sorgen habe sie sich dennoch nicht gemacht, denn mitunter hatte es sich Barbara schon mal anders überlegt und sei mit ihrer neuen Freundin in München in Urlaub gefahren und hätte sich eine Zeit lang nicht gemeldet.

Ich wollte nicht beurteilen, ob es richtig war von Barbara und deren Schwester, ihre Mutter so anzulügen. Jedenfalls sah ich es nicht als meine Aufgabe an, dieser Frau die Wahrheit zu sagen. Also habe ich auch gelogen. Und ich habe mich gut gefühlt dabei.

Konrad Tauber, 45 Jahre alt, saß auf einer Bank in der Nähe der Universität und war in die Boulevardzeitung vertieft, die er kurz vorher aus einem Zeitungskasten entnommen hatte. Er las von der Auffindung der Toten und erschrak. Die Beschreibung des letzten Begleiters traf ziemlich genau auf ihn zu, und das Phantombild glich ihm auffallend. Er jedenfalls sah sich gut getroffen. Es würde nur noch eine Frage der Zeit sein, bis man ihn ermittelt haben würde. Er musste verschwinden.

Das kleine Zimmer im Studentenheim im Münchner Universitätsviertel bewohnte er seit etwa drei Monaten, obwohl er kein Student mehr war. Aber die eigentliche Inhaberin hatte ihm das Zimmer überlassen und war woanders untergekommen. Warum, sollten wir erst später erfahren. Und die vielen anderen Bewohner interessierte es nicht im Geringsten, ob er legal oder illegal hier wohnte, wer er war oder woher er kam.

Konrad Tauber kannte sich mit Studentenleben gut aus, auch wenn er sein Studium schon vor Jahren abgebrochen hatte. Als er nämlich erfuhr, dass er sich mit dem HIV-Virus infiziert habe, sah er keinen Sinn mehr in der Fortsetzung eines Studiums. Inzwischen war er bereits in Kategorie C eingestuft, was man als Aids im Endstadium bezeichnete. Seine sexuelle Präferenz hatte sich aber nicht geändert. Er bevorzugte nach wie vor harten Sex, obwohl ihm klar war, dass er sich genau dabei irgendwann und irgendwo angesteckt haben dürfte. Er brauchte eben die damit einhergehenden körperlichen Schmerzen und Qualen, allerdings nicht an sich selbst, sondern ausschließlich bei seinen Sexualpartnerinnen. Er selbst war ein eher wehleidiger Typ und sehr schmerzempfindlich.

Als Partnerinnen bevorzugte er in der Mehrheit junge Frauen, je jünger, desto besser. Allerdings verschmähte er auch ältere Frauen nicht, ebenso wenig wie Prostituierte oder Transsexuelle. An Partnerinnen mangelte es ihm nachweislich zu keiner Zeit. Dass er hochansteckend war, verschwieg er natürlich. Dadurch hatte er sich eigentlich jedes Mal eines versuchten Tötungsdeliktes schuldig gemacht. Denn also solches wurde der ungeschützte Verkehr mit ahnungslosen Sexualpartnern eingestuft. Erst ab Mitte der 1990er-Jahre machte man sich nur noch wegen gefährlicher Körperverletzung strafbar, wenn man als HIV-Infizierter bewusst und gewollt die Weiterverbreitung der Krankheit in Kauf nahm.

Wie sich herausstellen sollte, schien Konrad Tauber so etwas wie das »gewisse Etwas« besessen zu haben. Jedenfalls hatte er bei Frauen unglaublich viel Erfolg. Im Nachhinein diskutierten wir noch oft darüber, wie es möglich war, dass dieser doch immerhin schon reifere Mann mit dem zerfurchten Gesicht und der großen Nase so viele junge, hübsche Studentinnen in seinen Bann ziehen konnte.

Konrad Tauber setzte sich beispielsweise zu jungen Frauen auf eine Bank, begann ein Gespräch und schaffte es innerhalb kürzester Zeit, dass ihm die eine oder andere aufs Zimmer folgte und sich ihm dort hingab. Eigenartig war, dass seine Opfer im Nachhinein auch nicht so recht erklären konnten, was sie an ihm so Besonderes gefunden hatten. Aber alle sagten, er sei unglaublich charmant gewesen und habe hochintelligent gewirkt. Es schien auch nicht nur seine rhetorische Begabung gewesen zu sein, die ihn gerade bei jungen Frauen so erfolgreich machte, irgendwie war es wohl die lässige, coole Art, die er an den Tag legte. Natürlich dachten wir Ermittler auch an irgendwelche Drogen, mit denen man Personen gefügig machen kann, aber nichts davon traf zu. Erst ganz am Ende wussten wir, dass er es in ganz besonderem Maße verstand, eine Mischung von Souveränität und Mitleid zu erregen. War das vielleicht der Grund, warum er bei Frauen so erfolgreich war?

Luisa Naumann lag auf dem dreckigen Fußboden, die Arme waren mit Kabelbindern auf den Rücken gefesselt, die Beine waren mit Klebeband zusammengebunden. So wurde sie aufgefunden, nachdem sie sich befreien konnte und mit den Füßen so lange gegen die Tür getreten hatte, bis jemand aufmerksam wurde, den Hausmeister holte, der die Zimmertür mit einem Ersatzschlüssel aufsperrte. Mit Klebeband war auch ihr Kopf umwickelt, sodass der Mund gänzlich verschlossen war. Luft bekam sie nur durch die total verkrustete Nase. Sie war nur mit einem dünnen Herrenhemd bekleidet, ihr Unterleib war nackt und blutverkrustet, so weit man das bei flüchtigem Hinsehen überhaupt beurteilen konnte. Jedenfalls waren die Umstehenden schockiert, so erbärmlich, bemitleidenswert und schrecklich war dieser Anblick. Der Notarzt stellte eine Stich- oder Schnittwunde am Bauch fest, die jedoch nicht so weit in die Tiefe ging, dass innere Organe verletzt wurden. Der Hals wies Würgemale auf, das Gesicht war dick angeschwollen, ebenso die Augen. Die Rettungssanitäter legten sie vorsichtig auf die Bahre und transportierten sie ins Krankenhaus.

Auf dem Tischchen in der allenfalls zehn Quadratmeter großen Studentenbude lag die Boulevardzeitung mit seinem Phantombild, die Konrad Tauber mitgebracht hatte. Es waren nur wenige Stunden, die wir zu spät gekommen waren. Jetzt war Luisas Peiniger und Vergewaltiger weg. Nicht einen einzigen Gegenstand hatte er zurückgelassen. Auch nicht das Küchenmesser, mit dem er die junge Studentin gequält und verletzt hatte. Das Einzelbett war kot- und blutverschmiert, und die Nasszelle samt Toilette sah ekelerregend aus.

Sie, die 24-jährige Germanistikstudentin, würde später aussagen, sie sei überzeugt gewesen, er würde sie töten. Schließlich hätte er sie ja gar nicht überleben lassen können. Dass sie ihn anzeigen würde, davon konnte er doch ausgehen nach diesem Martyrium, dem er sie ausgesetzt hatte. Dann aber sei er heimgekommen, völlig gehetzt wirkend, habe seine Sachen in eine Sporttasche gepackt und sei innerhalb von Minuten verschwunden, ohne sie auch nur noch eines einzigen Blickes zu würdigen. Er habe die Tür zugezogen und von außen versperrt.

Luisa Naumann war glücklicherweise nicht lebensbedrohlich verletzt worden. Der Bauchschnitt hatte die Bauchdecke nicht eröffnet, und der Darm war unversehrt. Der Schnitt war auch nicht so tief greifend, dass man ein versuchtes Tötungsdelikt hätte unterstellen können. Die junge Frau war zwar nach zwei Tagen vernehmungsfähig, psychisch allerdings würde sie ihr ganzes Leben gezeichnet bleiben. Das war uns klar und auch ihren Eltern, für die eine Welt zusammengebrochen war. Dass sich die Tochter, die in München ein eigenes Studentenzimmer zur Verfügung hatte, freiwillig in die Wohnung eines ihr fremden, wesentlich älteren Mannes begeben hatte, hatte insbesondere den Vater schwer geschockt. Ich musste mit Engelszungen auf ihn einreden, damit er sich gegenüber seiner Tochter die Enttäuschung nicht anmerken ließ. Das ist mir schließlich auch gelungen, denn Luisa hätte in dieser Situation keine Vorwürfe ertragen können. Zumal der wirkliche Schock noch kommen sollte.

Eine Kollegin fand Zugang zu Luisa Naumann und konnte mit viel Einfühlungsvermögen in Erfahrung bringen, was sie durchlitten hatte. Demnach hatte sie sich fast eine ganze Woche in Taubers Gewalt befunden. Kennengelernt habe sie ihn rein zufällig vor der Mensa, wo er auf einer Bank saß. Er habe ihr von sich erzählt, von Spanien und seinen Reisen und von seinen Plänen, die er noch habe. Er habe Jura studiert und sei viel in der Welt unterwegs, vorwiegend für gemeinnützige Organisationen und ausschließlich in Entwicklungsländern, um anderen Menschen zu helfen.

Irgendwie sei sie fasziniert gewesen von seiner männlichen, überlegenen, selbstsicheren Art. Er habe sie auf einen Kaffee eingeladen und in sein Zimmer, das er vorübergehend bewohne, solange er sich in München aufhalte. Eine Art Notlösung, da er Hotels hasse und meide. Der Altersunterschied habe sie nicht gestört, er hatte angegeben, 39 Jahre alt zu sein.

Sie hätten Rotwein getrunken und Sex gehabt. Ungeschützt, und sie habe bei ihm auch den Oralverkehr durchgeführt. Sie habe später, als der Rotwein schon seine Wirkung getan hatte, auch nichts dagegen gehabt, sich die Hände mit Kabelbindern fesseln zu lassen. Er sagte, es würde sie und ihn antörnen, und sie wollte es halt mal ausprobieren. Natürlich wäre sie nie damit einverstanden gewesen, hätte er ihr Schmerzen angekündigt oder gar Verletzungen.

Aber dann habe sich fast schlagartig alles geändert. Plötzlich sei er wie verwandelt gewesen. Damit begann die Hölle für Luisa Naumann. Er habe sich nicht nur geweigert, die Fesseln wieder abzunehmen, er habe auch angefangen, sie zu quälen. Immer wieder habe er sie gebissen, vor allem in die Brüste, und ihr damit gedroht, die Brustwarzen abzubeißen. Bei dieser Schilderung wurde ich plötzlich hellhörig, denn jetzt hatten wir eine Zeugenaussage zu dieser seltenen Perversion. Als sie schreien wollte, habe er ihr den Mund zuerst zugehalten und ihr dann Ohrfeigen gegeben. Er habe ihr ein Messer an den Hals gesetzt und ihr gedroht, sie abzustechen. Sie sei vor Angst wie gelähmt gewesen und habe fortan alles über sich ergehen lassen. Wenn er sie vergewaltigt habe, habe er ihr gleichzeitig den Hals zugedrückt und sie gewürgt; sie habe einige Male befürchtet, zu ersticken. Beim Verlassen des Zimmers – manchmal blieb er mehrere Stunden lang weg – habe er sie zusätzlich mit Klebeband an den Füßen gefesselt und auch an das Bettgestell, außerdem habe er ihr den Mund verklebt, sodass sie nicht um Hilfe schreien konnte.

Hin und wieder habe sie etwas zu trinken bekommen und ein paarmal auch ein Stückchen Pizza. In diesen Phasen sei er plötzlich wieder der verständnisvolle, sanftmütige Mann gewesen, als den sie ihn kennengelernt hatte. Aber immer nur kurz. Mehrmals täglich habe er sie vergewaltigt und auf andere Art und Weise sexuell missbraucht. In den letzten drei Tagen habe er nur noch Analverkehr praktiziert, und danach musste sie seinen Penis in den Mund nehmen und ablutschen. Er genoss diese Demütigungen offensichtlich, wobei seine Potenz erstaunlich gewesen sei. All ihr Bitten und Flehen hatten nicht geholfen, es war, als steckten zwei Personen in ihm.

Als sie sich einmal geweigert habe, den Oralverkehr auszuführen, weil sie einen starken Brechreiz bekam, verletzte er sie mit einem Messer am Bauch, indem er ganz langsam ins Fleisch hineinschnitt. Sie habe Todesangst gehabt.

Als Luisa Naumann und ihre Eltern erfuhren, dass ihr Peiniger an Aids erkrankt ist und sich nach einigen Wochen herausstellte, dass die junge Frau tatsächlich infiziert worden war, brach für sie eine Welt zusammen. Ob Luisa Naumann heute noch lebt, entzieht sich meiner Kenntnis.

Konrad Tauber war uns entwischt. Auf seine Spur waren wir nicht nur durch die Aussage Luisas gekommen, auch der Hinweis eines Studenten hatte uns in das Heim geführt, weil er in unserem Phantombild jenen merkwürdigen Typen zu erkennen glaubte, den er schon des Öfteren dort gesehen habe.

Der Kreis schloss sich langsam. Der Mann, der Luisa festgehalten, vergewaltigt und misshandelt hatte, war mit hoher Wahrscheinlichkeit auch der Mörder von Barbara Meier. Die sexuellen Praktiken wie Fesselung und Würgevorgang stimmten in beiden Fällen auffallend überein. Es gab keine vernünftigen Zweifel, dass wir es hier mit einem Serientäter zu tun haben könnten, auch wenn man erst ab drei Opfern von einem solchen sprechen kann. Leider gab es noch keine DNA-Analysen, sodass wir auf die üblichen Fahndungs- und Identifizierungsmöglichkeiten beschränkt waren. Den Namen bzw. die Personalien des groß gewachsenen, gut aussehenden, blonden Mannes kannten wir deshalb noch immer nicht. Luisa gegenüber hatte er sich Mike genannt. Aber das war mit hoher Wahrscheinlichkeit ein Falschname.

Wir machten die tatsächliche Mieterin des Zimmers im Studentenheim ausfindig und trafen sie auch in ihrer anderen Bleibe, einer karitativen Einrichtung, an. Die Sozialpädagogikstudentin stammte aus derselben Gemeinde wie der Gesuchte, und sie kannten sich. Die junge Frau war sozial sehr engagiert und kümmerte sich ehrenamtlich unter anderem um Aidskranke. Ich konnte mir sofort vorstellen, dass Konrad Tauber ihr gegenüber wohl als das aufgetreten war, was er nur nach außen hin war: als armer, bedauernswerter Kranker, der Liebe und Zuneigung suchte. Es bedurfte einiger Überzeugungsarbeit, bis die Studentin uns endlich den Namen des Flüchtigen sagte. Nicht einmal der Hinweis, dass es um Mord und Vergewaltigung ginge, hatte die angehende Pädagogin beeindrucken können. Erst das Angebot, sie mit dem Opfer zu konfrontieren, bewirkte ihr Umdenken.

Konrad Tauber erhielt Sozialhilfe, und er wurde von einem Rechtsanwalt vertreten, der ihn wiederum gegenüber dem Sozialamt vertrat. Da er sich unterversorgt und schlecht untergebracht fühlte, weigerte er sich, in das Apartment einzuziehen, das ihm zugewiesen worden war. Er bestand wegen seiner Erkrankung auf einer Zweizimmerwohnung mit separater Toilette, denn er könne seinen Besuchern und Betreuern nicht zumuten, dieselbe Toilette zu benutzen wie er. Später sollten wir in Erfahrung bringen, dass er vorübergehend sogar bei einer Richterin untergekommen war, die ihn in seinen Belangen unterstützte. Ja, er war halt ein Frauentyp.

Die Staatsanwaltschaft beantragte und erhielt einen Haftbefehl gegen Konrad Tauber. Zum einen reichten dafür die Indizien in Bezug auf den Mord aus, zum anderen galten die schwere Freiheitsberaubung und die vielfachen Vergewaltigungen als bewiesen. Jetzt mussten wir ihn nur noch finden, was uns allein schon deshalb möglich erschien, weil er Sozialhilfe bezog. Also fragten wir beim Sozialamt nach und bekamen eine Abfuhr. Ein Haftbefehl rechtfertige nicht die Umgehung des Datenschutzes, teilte man uns mit, als wir wissen wollten, wann und wo der Gesuchte das Geld abholen könnte. Ein hoher Vertreter dieser zweifelsohne sehr wichtigen Behörde belehrte uns, dass die Unschuldsvermutung auch für Sozialhilfeempfänger gelte, und zwar bis zur Rechtskraft eines Urteils. Daran ändere auch ein Haftbefehl wegen Mordes nichts. Deshalb würde Herrn Tauber die ihm zustehende Sozialhilfe über seinen Anwalt nachgesandt. Mein Hinweis, wonach der Mann sehr gefährlich sei und eventuell wieder vergewaltigen oder töten könnte, überzeugte nicht. Das eine habe mit dem anderen nichts zu tun. Mein Gegenargument, dass man seiner aber möglichst schnell habhaft werden sollte, weil er eine permanente Gefahr darstelle und sich jeden Moment ein neues Opfer suchen könne, schien den Behördenvertreter sogar zu entsetzen. Ob ich mir einbilden würde, dass sie einen der ihnen anvertrauten Bürgerinnen oder Bürger an die Strafverfolgungsbehörden ausliefern würden? Der Vertrauensverlust, der damit verbunden wäre, hätte katastrophale Folgen. Auch ein

Richter könne sie dazu nicht zwingen. Da hatte er recht. Es gilt nun einmal die Unschuldsvermutung bis zur Rechtskraft eines Urteils. Auch wenn meine Polizistenseele schier am Zerspringen war.

Wie gut, dass es noch anständige Menschen gibt, wie jene zwei Damen und zwei Herren aus der Gemeinde, aus der auch unser Gesuchter entstammte. Die Herrschaften waren eigens nach München gekommen und hatten bei unserer Dienststelle vorgesprochen. Es handelte sich um Mitglieder der dortigen Niederlassung eines gemeinnützigen Verbandes, der es sich zur Aufgabe gemacht hatte, armen, hilfsbedürftigen Mitmenschen zu helfen. Die sehr höflichen und freundlichen Leute erklärten uns, Konrad Tauber seit Jahren zu betreuen, und baten um die Adresse von Luisa Naumann. Auf die Frage, was sie von der jungen Frau wollten, sagten sie allen Ernstes, diese bitten zu wollen, ihre Anzeige zurückzuziehen. Konrad Tauber sei schließlich ein schwer kranker Mann und könne, solange er sich auf der Flucht befinde, nicht ausreichend betreut und versorgt werden. Er benötige Medikamente, ärztliche Versorgung, und es sei ein Gebot der Nächstenliebe, ihm zu helfen.

Ich war zunächst sprachlos und dann überzeugt davon, dass diese Leute nichts wussten über den Mann, der ihnen so wichtig zu sein schien. Deshalb klärte ich die Damen und Herren zunächst darüber auf, dass es sich bei Vergewaltigung um ein sogenanntes Offizialdelikt handle, das von Amts wegen verfolgt würde, unabhängig vom Willen der Geschädigten. Außerdem dürften sie ja der Presse entnommen haben, dass wir Konrad Tauber auch im Zusammenhang mit einem Tötungsdelikt suchen würden, weil er im Verdacht stehe, eine andere Frau umgebracht zu haben.

Wenn ich nun glaubte, die vier Christenmenschen würden vor Schreck blass werden und sofort eine Kehrtwende machen, musste ich mich eines Besseren belehren lassen. Das Gegenteil war der Fall. Der Wortführer teilte mir nun mit, Konrad Tauber habe diesen Mord nicht begangen. Sie hätten mit ihm ein einziges Mal telefonischen Kontakt gehabt, und er habe versichert, diese Frau nicht umgebracht zu haben. Ich war wie elektrisiert. Aha, dachte ich, sie müssen wissen, wo er ist. Ich rief den Staatsanwalt an, und alle vier wurden in den kommenden Stunden getrennt vernommen. Keiner von ihnen wollte gewusst haben, von wo aus Konrad Tauber angerufen habe, wo er sich befand oder wohin er sich abzusetzen gedachte. Noch einmal versuchte ich, ihnen die Gefährlichkeit des Mannes vor Augen zu führen, vergeblich. Es war, als würde ich gegen eine Wand reden. Ich konnte sie einfach nicht überzeugen, obwohl ich ihnen schilderte, in welchem Zustand sich das Opfer befand und wie sehr diese junge Frau leiden würde. Nun wurde ich etwas deutlicher. Sie würden sich, sollten sie ihm bei seiner Flucht behilflich sein, wegen Strafvereitelung strafbar machen. Vor allem aber, so gab ich zu bedenken, würden sie große Schuld auf sich laden, sollte der gesuchte Verbrecher erneut vergewaltigen oder gar morden. Die Gutmenschen pflichteten mir in allen Punkten bei, aber meine Argumente prallten an ihnen ab. Selbstverständlich würden sie sich auch gerne um die junge Frau kümmern, meinten sie, aber zu Handlangern der Strafverfolgungsbehörden wollten sie nicht werden.

Der Staatsanwalt sah keine Handhabe, gegen die vier Christenmenschen strafrechtlich vorzugehen. Ihre Einlassungen, sie seien nur ein einziges Mal vom Flüchtigen angerufen worden und wüssten nicht, wo er sich aufhalte, seien nicht zu widerlegen. Unseren Vorschlag, die Telefonanschlüsse dieser Leute überwachen zu lassen, da die Wahrscheinlichkeit groß sei, dass sich der Gesuchte noch einmal meldet, lehnte er ab. Es war zum Verzweifeln. Aber man soll die Hoffnung nie aufgeben. Auf völlig unfruchtbaren Boden waren meine eindringlichen Worte dann doch nicht gefallen.

Am nächsten Tag rief doch tatsächlich eine der Damen heimlich an und erklärte vorsichtig, sie könne sich vorstellen, wohin sich Konrad Tauber abgesetzt haben könnte. Sie wisse zwar nicht die genaue Adresse, aber die ungefähre Gegend, in die er sich früher schon immer wieder zurückgezogen habe. Und zwar auf eine verlassene Schaffarm, auf der er schon wiederholt Urlaub gemacht habe, in der Nähe einer spanischen Kleinstadt. Es gebe dort auch einen Arzt in der Stadt, bei dem er sich regelmäßig Medikamente besorgen würde. Wie der heiße, wisse sie nicht. Er sei Spanier, spreche aber auch Deutsch.

Die Staatsanwaltschaft erwirkte einen internationalen Haftbefehl und stellte ein Rechtshilfeersuchen an die spanischen Behörden, nach Konrad Tauber zum Zwecke der Auslieferung an Deutschland zu fahnden und ihn festzunehmen. Gleichzeitig schalteten wir die deutsche Botschaft in Madrid ein und baten um Unterstützung. Der dortige Verbindungsbeamte des Bundeskriminalamtes kümmerte sich um den Fall. Der Kriminalhauptkommissar des BKA, ein tüchtiger Mann, setzte sich in Marsch.

Es vergingen drei Wochen. Wir korrespondierten fleißig mit dem Kollegen und konnten so zumindest einigermaßen mitverfolgen, wie er dem Gesuchten auf die Spur kam. Den Arzt ausfindig zu machen sei kein Problem gewesen, aber ihn zu befragen, ohne den Unterschlupf des Gesuchten zu kennen, erschien ihm zu riskant, zumal es viele verlassene Schaffarmen in dieser Gegend gäbe. Also blieb nur eine Observation. Dann war es so weit. Der Ermittler aus Spanien rief an und teilte uns mit, dass Konrad Tauber festgenommen werden konnte, dass ihm der internationale Haftbefehl bereits eröffnet worden sei und dass er sich in Abschiebehaft befinde. Zur Sache habe er keine Angaben gemacht, außer dass er die im Haftbefehl beschriebenen Vorwürfe weit von sich weise. Vor dem Haus seines Arztes, bei dem er sich mit Medikamenten versorgte, habe man ihn bis zu dem Bauernhof verfolgt, auf dem er sich zurückgezogen hatte. Dort habe er sich widerstandslos festnehmen lassen.

Im Schafstall dieses heruntergekommenen Anwesens, der nur notdürftig hergerichtet und bewohnbar gemacht worden war, wurde eine 28-jährige deutsche Rucksacktouristin aufgefunden, die mindestens drei Wochen lang von Konrad Tauber dort gefangen gehalten worden war. Sie musste in ein Krankenhaus eingeliefert werden, weil sie sich in einem sehr schlechten gesundheitlichen Zustand befand, auch wenn derzeit keine akute Lebensgefahr vorliege. Die junge Frau, so viel könne er sagen, habe ein unbeschreibliches Martyrium hinter sich. Ein näherer Bericht würde natürlich noch folgen. Die Angehörigen der jungen Frau seien verständigt und zu ihr unterwegs.

Ich selbst habe die junge Frau nie zu Gesicht bekommen. Das war auch gar nicht erforderlich. Es genügte die Lektüre der ausführlichen Vernehmung, die ich drei Wochen später zu lesen bekam. So lange hatte es gedauert, bis Nicole Bertsch in der Lage war, zu sprechen. Es war das schrecklichste, schlimmste und ekelerregendste Dokument, das ich in 42 Jahren Polizeidienst jemals zur Kenntnis nehmen musste. Die Torturen, die beschrieben waren, toppten sogar noch jene, die Luisa Naumann durchleiden musste. So wurde Nicole Bertsch beispielsweise gezwungen, sexuelle Handlungen an und mit einem streunenden Hund vorzunehmen, den Konrad Tauber eingefangen und genauso gequält hatte wie das Mädchen. Zum anderen litt er ständig an Durchfall und ließ sich von seiner Gefangenen säubern – mit der Zunge, wohlgemerkt. Konrad Tauber war ein Mensch, der sich am Leid seiner Opfer ergötzte. Je mehr er sie demütigen konnte, desto mehr Freude schien er zu empfinden. Er war ein hochgradiger Sadist.

Nicole Bertsch musste in eine psychiatrische Klinik eingewiesen werden, ihr Leben war zerstört. Auch sie hatte sich mit dem HIV-Virus infiziert. Psychisch wurde sie ebenfalls nie mehr gesund. Ob sie es zwischenzeitlich geschafft hat, doch noch Suizid zu begehen – versucht hat sie es immer wieder –, entzieht sich meiner Kenntnis.

Zwischenzeitlich waren drei Monate vergangen. Die Auslieferung von Konrad Tauber stand an. Ein Kollege und ich sollten ihn in Spanien abholen und per Flugzeug nach München bringen. Konrad Tauber wurde uns am Flughafen von der spanischen Polizei übergeben. Er war mit Plastikfesseln fixiert. Dann aber passierte das, was mir nicht hätte passieren dürfen. Es war das erste und auch letzte Mal, dass ich meine Emotionen nicht im Griff hatte und mich zu Worten hinreißen ließ, die ich niemals hätte aussprechen dürfen. Jedenfalls war es schlagartig mit meiner sogenannten professionellen Distanz vorbei, als Konrad Tauber unvermittelt anfing, in Selbstmitleid zu verfallen und wie ein krankes Kind zu näseln: »Ich möchte Ihnen gleich sagen, dass ich krank bin und im Flugzeug nach dem Essen öfter zur Toilette muss.« Fast augenblicklich begann es in mir zu brodeln. Ich ging auf ihn zu mit einem Gesichtsausdruck, den mein Kollege später als gefährlich bezeichnete. Dann rastete ich verbal aus. »Wer sagt dir denn, dass du etwas zu essen bekommst?«, raunzte ich ihn an. »Und wer sagt dir, dass du im Flieger auf die Toilette gehen kannst? Du wirst weder etwas zu essen kriegen noch wirst du das Klo benutzen. Wenn es sein muss, stecke ich dich in einen Müllsack und binde ihn oben zu, dann kannst du bis München pissen und scheißen, so viel du willst. Hast du mich verstanden?«

Er starrte mich an, als käme ich von einem anderen Stern, und sprach fortan kein einziges Wort mehr mit mir. Mein Vorsatz, im Flugzeug mit ihm zu reden und ihn zu einem Geständnis zu bewegen, war zunichte. Er würdigte mich keines Blickes mehr, und ich konnte seinen Anblick nicht ertragen, ohne innerlich aggressiv zu werden. So saß mein Kollege auf dem Rückflug neben ihm, versorgte ihn auch mit Essen und versuchte, ihm einige Angaben zum Mord an Barbara Meier zu entlocken. Er bekam aber kein Geständnis. Stattdessen musste unser Gefangener immer wieder die Toilette benutzen, die er derart verschmutzte, dass sie für alle anderen Passagiere gesperrt werden musste.

Konrad Tauber machte keinerlei Angaben zu den Vorwürfen. Über seinen Anwalt, einen Pflichtverteidiger, bestätigte er den Kontakt zu Barbara Meier, bestritt aber den Mord. Er habe niemals gegen den Willen seiner Sexualpartnerinnen gehandelt und sah sich als Opfer, dem man helfen müsse. Aufgewachsen war er in einem katholischen Kinderheim, wobei nicht bekannt wurde, unter welchen Umständen er dort leben musste. Von sexuellem Missbrauch oder körperlicher Züchtigung wurde ebenfalls nichts bekannt. Wann und warum er sich zum Sadisten entwickelt hat, blieb im Dunkel. Merkwürdig erschienen uns jedenfalls seine engen Verbindungen zu verschiedenen katholischen Einrichtungen, die ihn sehr unterstützten, ohne dass er dafür irgendeine Gegenleistung erbringen musste.

Obwohl er sehr intelligent war, war er ein Versager. Man hatte ihn gefördert, ihn das Abitur machen und sogar studieren lassen. Aber alle Studiengänge, die er belegt hatte, brach er frühzeitig ab. Im Grunde genommen war er auch nie einer geregelten Arbeit nachgegangen. Er arbeitete gelegentlich für jene katholische Einrichtung, die zu nennen ich dieser zuliebe unterlassen mochte, und war auch längere Zeit im Ausland gewesen. Vermutlich hat er sich dort auch angesteckt. Denn sexuell war er hemmungslos. Ansonsten war er ein Blender, ein klassischer Schmarotzer, der immer nur auf Kosten anderer lebte.

Traurig fanden wir es, dass er schon ein halbes Dutzend Mal wegen sexueller Nötigung zur Anzeige gebracht worden war, und jeder, der die Akten las, konnte sofort erkennen, dass er seine Opfer immer auf die gleiche Art und Weise quälte, demütigte und verletzte. Aber nicht ein einziges Mal war er verurteilt worden. Entweder weil gar nicht erst Anklage erhoben worden war oder weil die Verfahren eingestellt wurden. Nicht nur wir, sondern auch unser Staatsanwalt waren davon überzeugt, dass wir es mit einem gefährlichen Serientäter zu tun hatten, der vielleicht sogar schon getötet haben könnte. Aber diesmal würde er nicht mehr davonkommen …

Wegen des Mordes an Barbara Meier wurde gegen Konrad Tauber ein Indizienprozess eingeleitet, die Verfahren wegen der Vergewaltigungen, sexuellen Nötigungen und Körperverletzungen wurden abgetrennt und sollten gesondert verhandelt werden. Der psychiatrische Sachverständige bescheinigte Konrad Tauber volle Schuldfähigkeit, sofern das Gericht von seiner Täterschaft ausgehen sollte. Er sei weder psychisch krank noch lägen Erkenntnisse vor, wonach er sich während seines Aufenthaltes in der Wohnung der Verstorbenen im Zustand einer tief greifenden Bewusstseinsstörung befunden habe. Allerdings weise er narzisstische Züge mit stark ausgeprägten sadistischen Neigungen auf. Er sei sehr stark ichbezogen, wobei die Grundlagen hierfür durchaus bereits in der Kindheit gelegt worden sein könnten. Obwohl in einem Heim aufgewachsen, sei er eher wie ein Einzelkind erzogen worden, was ungewöhnlich sei. Zu gewissen sexuellen Neigungen würde er stehen, bestreite jedoch, dass er jemals gegen den Willen seiner Sexualpartnerinnen gehandelt habe. Deshalb habe er auch die Tötung der Barbara Meier entschieden in Abrede gestellt.

Als ich in den Zeugenstand gerufen wurde, befragte man mich auch zu seiner Abholung in Spanien, da sich der Angeklagte bei Gericht bitterlich über mein Verhalten beschwert hatte. Wort für Wort wiederholte ich, was ich zu ihm gesagt hatte, schilderte dann aber ungefragt und dafür besonders ausführlich, aufgrund welchen Erkenntnisstandes meine innere

Abneigung so groß war. Ich entschuldigte mich für die »Entgleisung«, die letztendlich auf das arrogante Auftreten des Gefangenen zurückzuführen gewesen sei, und erhielt eine strenge Rüge des Vorsitzenden. Trotzdem konnte ich dem Gericht aufzeigen, dass es in allen Fällen, das Tötungsdelikt eingeschlossen, um sexuellen Sadismus ging und wie sehr sich die Fälle glichen. Alleine der einheitliche Modus Operandi sei ein Hinweis auf ein und denselben Täter. Natürlich wies der Verteidiger sofort darauf hin, dass ich kein Sachverständiger sei, womit er natürlich recht hatte, da die »anderen Verfahren« hier nicht verhandelt würden. Allerdings war die Sache mit dem Hund und den sonstigen Ungeheuerlichkeiten nun in den Köpfen der Richter, was meiner laienhaften Meinung nach nicht schaden konnte.

Es kam dennoch genauso, wie ich befürchtet hatte. Konrad Tauber selbst sagte kein einziges Wort zu den Vorwürfen. Es sprach nur sein Anwalt. Und der räumte zielgenau das ein, was er laut Aktenlage einräumen musste. Zum Beispiel, dass sein Mandant Barbara Meier in dieser Kneipe kennengelernt habe, mit ihr nach Hause gegangen sei, dort mit ihr getrunken und schließlich mit ihr geschlafen habe. An nähere Einzelheiten habe er keinerlei Erinnerungen mehr, bestreite aber vehement, in irgendeiner Form Gewalt angewandt zu haben. Und dann kam es: Die Brustwarzen habe er nicht abgebissen. Er habe zwar daran gesaugt, auch sehr heftig, aber dass er sie abgebissen haben soll, sei ja geradezu lächerlich. Er verbiete sich solche Unterstellungen.

Selbstverständlich habe er ihr auch gesagt, dass er HIV-positiv sei, aber das habe sie nicht gestört, da die Ansteckungsgefahr bei normalem Sex gering sei. Nach dem Geschlechtsakt habe er sich plötzlich vor der betrunkenen Frau geekelt und sei gegangen. Da habe sie mit Sicherheit noch gelebt. Möglicherweise sei sie auch noch mit dem Bademantelgürtel gefesselt gewesen, das wolle sein Mandant gar nicht abstreiten, auch wenn er daran keine Erinnerung mehr habe. Aber sie sei nicht ans Bett fixiert gewesen und hätte jederzeit selbstständig aufstehen können, führte der Anwalt weiter aus.

Das hatte sich sein Anwalt toll ausgedacht. Eine gute Verteidigungsstrategie. Aus den Akten und den Gutachten konnte er natürlich genau erkennen, was sein Mandant einräumen könnte und was nicht. Sein stärkstes Argument, warum sein Mandant kein Mörder sei, leitete er jedoch von der Tatsache ab, dass er doch die Studentinnen, die mit ihm »zusammen waren«, auch hätte umbringen können, wenn er das gewollt hätte. Aber die würden beide noch leben, und die Brustwarzen seien auch keiner abgebissen worden, resümierte er mit einer Ironie, die ich fast unerträglich fand, angesichts der Bilder, die ich noch vor mir hatte. Außerdem hatte er in der Sache unrecht. Im Falle des Tötungsdeliktes war er nämlich in einer fremden Wohnung (Opferwohnung), mit der ihn niemand in Bezug gebracht hätte. Er war also auf fremdem Terrain und rechnete damit, dass kein Rückschluss auf ihn möglich sein würde. Die beiden Studentinnen aber vergewaltigte und misshandelte er quasi in der eigenen Wohnung bzw. Unterkunft. Hätte er sie getötet, wäre der Verdacht natürlich sofort auf ihn gefallen. Denn sowohl bei der Studentenbude als auch beim Schafstall stand er als Bewohner bzw. Benutzer fest. Und was den Vorwurf der Vergewaltigung betraf, musste er sich keine allzu großen Sorgen machen, derlei Beschuldigungen hatte er bisher stets unbeschadet überstanden. Schließlich war er ja ein schwer kranker Mann, dem Tode geweiht. Das machte Eindruck und erregte automatisch Mitleid. Blieb nur zu hoffen, dass das Gericht die Fehlinterpretation des Rechtsanwaltes durchschaute.

Jetzt kam es auf den Rechtsmediziner an. Er schilderte akribisch alle Spuren, erklärte die festgestellten Verletzungen und referierte über die abgetrennten Brustwarzen. Dabei ließ er keine Zweifel daran, dass die Gewalt gegen den Hals der Frau todesursächlich war. Aber über die Art und Weise dieser Gewalt könne keine Aussage getroffen werden, führte er aus. Dazu sei die Fäulnis bereits zu stark fortgeschritten gewesen. Was er damit meinte, vollendete der Anwalt, indem er fragte: »Können Sie ausschließen, dass die Halsverletzungen auch durch einen Sturz entstanden sein können, beispielsweise auf eine Bettkante oder einen sonstigen Gegenstand?« – »Nein, das kann ich nicht«, antwortete der Mediziner logischerweise. Selbstverständlich könnte die Frau auch gestolpert und mit dem Hals auf eine Bett- oder Tischkante gefallen sein. Nähere Eingrenzungen seien aufgrund des bereits vorhandenen Fäulnisgrades nicht möglich. Dann kam die Sache mit den Brustwarzen. Auch hier konnte sich der Rechtsmediziner nicht festlegen. Nicht ausschließbar könnten die Brustwarzen auch durch Madenfraß vernichtet worden sein. Das scharfrandige Muster, das dabei entsteht, könne durchaus den Eindruck erwecken, als seien die Brustwarzen abgeschnitten worden. Das war's.

Konrad Tauber wurde von der Anklage des Mordes freigesprochen. Das Gericht stellte zwar fest, dass der Verdacht eines Tötungsdeliktes nach wie vor gegeben sei, aber ohne eine sichere Todesursache könne keine Verurteilung erfolgen. Würde feststehen, dass es tatsächlich Gewalt in Form des Erwürgens oder Erdrosselns war, wäre der Angeklagte verurteilt worden. Man könne aber nicht jemand wegen Mordes verurteilen, wenn man gar nicht sicher sein könne, ob das Opfer auch wirklich ermordet worden sei. Aufgrund der fortgeschrittenen Fäulniserscheinungen konnten die Rechtsmediziner die genaue Todesursache nicht mehr feststellen und damit natürlich auch nicht unterstellen, dass es sich um einen Würge- oder Drosselvorgang gehandelt haben muss. Nicht ausschließbar könnte die Frau tatsächlich auch gestürzt sein. Sie sei immerhin starke Alkoholikerin gewesen. Das Aufschlagen auf einer

Kante wie an einem Tisch oder einem Bettrahmen könne wie ein Handkantenschlag wirken und ebenso zum Bruch von Kehlkopfhörnern und Zungenbein führen. Eine gesicherte Aussage dahingehend, dass es sich um Fremdverschulden gehandelt haben müsse, sei deshalb nicht möglich. Insofern könne man auch die Abtrennung der Brustwarzen dahingestellt sein lassen.

Ich habe mir nach diesem Freispruch schwere Vorwürfe gemacht, weil ich überzeugt bin, dass ich ihn zu einem Geständnis hätte bewegen können, wäre ich ihm anders entgegengetreten und hätte ihm nicht meine tiefe Abneigung spüren lassen. Glücklicherweise ist mir Derartiges nie mehr passiert, vielleicht auch deshalb, weil mir dieser Fall eine Lehre war. Wie gut, dass er wenigstens wegen der Vergewaltigungen in Haft bleiben musste und auch hier eine langjährige Freiheitsstrafe zu erwarten hatte. Oder doch nicht?

Da sich sein Gesundheitszustand verschlechtert hatte, wurde er in ein Krankenhaus verlegt, weshalb sich die Hauptverhandlung wegen Vergewaltigung der beiden jungen Frauen immer wieder verzögerte. Plötzlich war Konrad Tauber trotz Bewachung durch einen Justizbeamten aus dem Krankenhaus ausgebrochen. Monatelang blieb er verschwunden, bis er plötzlich freiwillig wieder auftauchte, aber nur, weil er in jene Spezialabteilung zurückwollte, bei der andere Monate warten müssen, bis sie einen Platz bekommen. Er wurde sofort wieder aufgenommen. Reden durften wir Ermittler dennoch nicht mit ihm, weil er uns keine Audienz gewährte und rechtlich eine solche nicht erzwungen werden kann. Ja, manchmal war es schon schwer, unsere liberale, freiheitliche Grundordnung zu verteidigen – und zu ertragen.

Konrad Tauber wurde nicht mehr verhandlungsfähig und deshalb nie verurteilt für das, was er getan hatte. Die Eltern der beiden jungen Frauen, deren Leben er zerstört hatte, waren tief verzweifelt darüber, dass die Verbrechen an ihren Kindern nicht gesühnt wurden. Konrad Tauber starb drei Jahre später. Bis dahin lebte er noch in der Spezialklinik. Ich bin überzeugt, dass er an seine Opfer keinen einzigen Gedanken mehr verschwendete. Oder hat er als Sadist die Erinnerung an diese gar genossen?

Der Narzisst

Begonnen hatte es mit etwas, mit dem die meisten Morde beginnen, nämlich mit einer Liebesgeschichte. Sie nahm ihren Anfang in der Wüste Negev in Israel, wo sie eine Autopanne hatte, die deutsche Wissenschaftlerin. Der junge Mann, der sie mitnahm, war sehr charmant und ihr auf Anhieb sympathisch. Am Ende der langen Autofahrt nach Rehovot hatten die beiden vereinbart, sich wiederzusehen. So hatte sie begonnen, diese ungewöhnliche Beziehung zwischen David Lieberman und Dr. Renate Pesch. Obwohl er mit seinen 26 Jahren deutlich jünger war als die 34-jährige Deutsche, ging sie eine Beziehung mit ihm ein. Die hochbegabte Ärztin, die am Weizmann-Institut in Rehovot ein Stipendium hatte und in der Krebsforschung arbeitete, verliebte sich in den gut aussehenden Mechaniker, obwohl er intellektuell weit unter ihr stand. Aber das störte sie nicht, Überheblichkeit und Standesdünkel waren ihr ohnehin fremd. In David glaubte sie den Mann fürs Leben gefunden zu haben, obwohl sie alsbald spürte, dass er ihr nicht dieselben Gefühle entgegenbrachte wie sie ihm. Aber das störte sie nicht, die Liebe würde schon noch kommen, hoffte sie. Nach anfänglichen Ressentiments der Familie ihres jungen Liebhabers gegen sie als Deutsche wurde sie aber aufgrund ihres liebenswürdigen und offenen Wesens sehr schnell akzeptiert und schließlich herzlich aufgenommen. Davids Vater betrieb eine kleine Schlosserei, die der Familie ein gediegenes Auskommen sicherte.

Enttäuscht war Renate nur darüber, dass David nicht zu

ihr ziehen wollte, obwohl sie eine eigene Wohnung in Rehovot hatte. Ihn interessierte aber mehr die materielle Seite der Beziehung. Insbesondere hatte er ein Faible für schnelle Autos, die in Israel mit hohen Zöllen belegt waren. Also kaufte ihm Renate einen Opel Kadett GSI in Deutschland, den er dann nach Israel überführte. Das Fahrzeug wurde ein Jahr später völlig ausgebrannt aufgefunden, wobei ein Brandbeschleuniger verwendet worden war. Die Autoschlüssel sollen angeblich aus Renate Peschs Wohnung gestohlen worden sein. Zu undurchsichtig für die israelische Versicherung, die sich weigerte, für den Schaden aufzukommen. Nicht aber für die deutsche Vollkaskoversicherung, die sofort 15 900 DM an Lieberman ausbezahlte.

Die Verliebtheit von Renate ging sogar so weit, dass sie sich von David dazu überreden ließ, bei der Einreise nach Israel seinen Koffer durch die Zollabfertigung zu schmuggeln. Daraufhin meldete ihn David Lieberman als gestohlen und kassierte die Gepäckversicherung.

Einige Monate später erhielt Renate Pesch ein Stipendium der Deutschen Krebsforschungsgemeinschaft am renommierten Sloan-Kettering-Institut in New York. Also siedelte sie nach New York über, obwohl ihr David angekündigt hatte, mit ihrem Weggang aus Israel sei die Beziehung beendet. Doch da sein Laden in Rehovot – er handelte erfolglos mit Autozubehör – vor dem Bankrott stand, änderte er seine Pläne und besuchte seine ihm hörige Geliebte in der Folgezeit mehrmals in New York. Bei diesen Besuchen sprach Renate von Heirat und gemeinsamen Kindern, er lehnte eine Familiengründung aber strikt ab, da er sich nicht einschränken lassen wolle. In dieser Zeit pflegte er aufwendige Hobbys wie Reisen und Fallschirmspringen und erwarb sogar eine Jachtlizenz. Dadurch geriet er in immer größere finanzielle Schwierigkeiten, weshalb er einen abermaligen Versicherungsbetrug plante. Schließlich beschäftigte er sich seit Langem intensiv mit Versicherungen und hatte sich entsprechendes Fachwissen angeeignet. Jedenfalls schien es ihm der einzige Weg zu sein, an größere Summen Geldes zu kommen, ohne eine Leistung erbringen zu müssen.

In Israel hatte David insgesamt drei Lebensversicherungen für sich abgeschlossen, bei zweien war Renate Pesch die Begünstigte, bei der dritten sein Vater. Dann aber ließ er heimlich auch bei der dritten Police das Bezugsrecht ändern und setzte anstatt des Vaters auch hier seine Freundin als Begünstigte ein. Sein Plan war, sich für tot erklären zu lassen. Renate sollte dann sämtliche Versicherungssummen kassieren und an ihn weitergeben. Als versicherungstechnisch alles abgeschlossen war, inszenierte er »sein Verschwinden« und versteckte sich fünf Tage lang im Nationalpark »Adirondak«. Der Plan scheiterte, weil Renate seine Eltern informierte. Sofort ließen sie über die israelische Botschaft eine groß angelegte Suchaktion unter Leitung des örtlichen Sheriffs beginnen. Deshalb konnte ihn Renate telefonisch davon überzeugen, wieder »aufzutauchen«. David kehrte widerwillig nach New York zurück, rief den Sheriff an und erzählte diesem, er habe sich in den Wäldern verirrt gehabt.

Wiederum einige Monate später musste David Lieberman sein Geschäft in Israel aufgeben. Also entschloss er sich, nun doch endgültig zu Renate nach New York zu ziehen. Dort würde er als ihr »Verlobter« auch eine Arbeitserlaubnis bekommen. Mit seinem Weggang nach New York kündigte Lieberman seine drei Lebensversicherungen mit der Begründung, er benötige in Israel keine Versicherungen, wenn er tatsächlich in New York lebe. Die auf das Leben von Renate Pesch abgeschlossenen Versicherungen kündigte er jedoch nicht, sondern bezahlte die hohen Beiträge bis zuletzt weiter und sogar aus eigener Tasche. Renate wusste davon nichts. Schließlich hatte David Lieberman in den USA und in Israel insgesamt monatlich circa 500 Dollar an Versicherungsbeiträgen zu entrichten, obwohl er kein Einkommen hatte.

Während David Lieberman dabei war, die günstigsten Versicherungsbedingungen auszuloten, änderte er auch seinen Lebensplan. Um eine längerfristige Arbeits- und Aufenthaltserlaubnis zu bekommen, musste er Renate Pesch heiraten. Sie willigte in die Eheschließung sofort ein, allerdings stellte Renate eine Bedingung: Sie wollte unbedingt ein Kind. David Lieberman teilte den Kinderwunsch nicht und konnte sie dazu überreden, damit noch zu warten. Sie war zunächst damit einverstanden.

Vier Monate später wurde die Ehe in New York geschlossen, ohne dass die Familien der beiden davon wussten. Sie wurden erst später vor vollendete Tatsachen gestellt.

Nun trat etwas ein, womit David nicht gerechnet hatte. Seine Frau setzte die »Pille« ab und plante endgültig und unwiderruflich ein Kind. Spätestens jetzt nahm der seit Langem in seiner Vorstellung reifende Plan konkrete Formen an. Er musste handeln.

Zugute kam ihm zunächst, dass Renate sehr gerne reiste. Sie freute sich auch schon seit Langem auf die in naher Zukunft geplante Reise nach Peru. Irgendwann im kommenden Februar, also in etwa drei Monaten, sollte es losgehen. Doch so lange wollte und konnte David Lieberman nicht mehr warten. Würde Renate schwanger werden, würde sie die beschwerliche Reise nach Peru nicht mehr mitmachen. Also musste er die Tour vorziehen.

Obwohl Renate in ein wichtiges Projekt eingebunden war und eigentlich nicht schon im Dezember nach Peru wollte, wurde sie wie immer von David vor vollendete Tatsachen gestellt. Er hatte alle Einzelheiten geplant, die Tickets besorgt und eine Woche vor Reisebeginn noch schnell eine ungewöhnlich umfassende Reiseversicherung mit Leichenrückführungsgarantie abgeschlossen, obwohl bereits ausreichender Versicherungsschutz durch die Bezahlung mit Kreditkarte bestanden hätte.

Am 24. Dezember flogen sie von New York nach Lima und trafen dort am 25. Dezember ein. Von Lima bereisten sie in den folgenden Tagen das Land und kamen am 1. Januar in der Stadt Cuzco an. Am 5. Januar fuhren sie schließlich mit dem Zug nach Korihuayrachina, Kilometer Nr. 88, dem Ausgangspunkt ihrer auf drei Tage angelegten Wanderung auf dem Inka-Pfad. Einer Reisegruppe, die zur selben Zeit unterwegs war, schlossen sie sich nach seinem Willen bewusst nicht an, da sie schneller vorankommen wollten, als dies in einer Gruppe möglich ist.

In ihrem ersten Nachtlager kam es zu einem Zwischenfall. Männer mit Lampen schlichen ums Zelt. Renate bekam große Angst, aber glücklicherweise passierte nichts. Ihr Mann beruhigte sie, und so setzten sie ihren Weg alleine fort, obwohl sie immer wieder Kontakt zu jener Gruppe von Touristen hatten, die zur selben Zeit auf dem Pfad unterwegs war. Letztmals trafen sie auf die Gruppe in den Abendstunden des 6. Januar am Campingplatz Pacamayo. Renate wollte die Nacht im sicheren Camp bleiben, er aber zog es vor, weiter zur Ruine Runcuracay aufzusteigen. Als sie dort ankamen, war es bereits dunkel. Sie waren ganz alleine an diesem Platz und schlugen ihr Zelt in unmittelbarer Nähe des runden historischen Bauwerkes auf.

Die argentinische Zahnärztin Ina Lopez verließ am 7. Januar um 4.30 Uhr als Erste der insgesamt 17-köpfigen Touristengruppe ihr Zelt auf dem Campingplatz Pacamayo. Alle anderen schliefen noch. Ihr Ziel war die berühmte Inka-Stadt Machu Picchu. Bereits am Vorabend hatte sie ihrem Führer Johnny Corr erklärt, eher als die anderen zu dieser letzten Etappe aufbrechen zu wollen, um in der dünnen Höhenluft nicht hetzen zu müssen. Am späten Nachmittag wollte sie nämlich noch rechtzeitig den Zug zurück nach Cuzco erreichen. Vor ihr und ihrem persönlichen Träger lag ein steiler Aufstieg hinauf zur Ruine Runcuracay und von dort weiter zum gleichnamigen Pass in circa 4000 Metern Höhe. Dann würde es bis Machu Picchu etwa acht Stunden fast nur noch bergab gehen.

Ina Lopez ging betont langsam und vorsichtig. Der Pfad war zwar mit breiten Findlingen ausgelegt und daher gut ausgebaut, aber nach etwa 20 Minuten begann es zu regnen. Der Aufstieg dauerte circa 40 Minuten. Als sie und ihr Träger die Ruine erreicht hatten, ein rundes, gut erhaltenes Bauwerk aus der Inka-Zeit, sahen sie ein Zelt, welches rechterhand in einer Wiese stand, circa 50 Meter unterhalb des Pfades. Sie gingen an dem Bauwerk vorbei, weiter bergauf. Ina Lopez hatte die Absicht, ein Foto von der Ruine zu machen, wollte aber das störende Zelt nicht auf dem Bild haben und ging den Pfad weiter nach oben.

Plötzlich tauchte von oben kommend ein Mann auf. Beim unmittelbaren Zusammentreffen mit ihr erschrak dieser und machte ein Gesicht, aus dem blankes Entsetzen abzulesen war. Er wirkte, als ob dieses plötzliche Aufeinandertreffen eine Gefahr für ihn darstellte. Jedenfalls kehrte er vor der Frau und ihrem Träger um und rannte die Stufen wieder nach oben. Dann aber kam er doch wieder nach unten auf sie zugelaufen. Kurz vor den beiden stoppte er abrupt, starrte sie an, drehte sich dann aber doch wieder um und hastete die Stufen abermals hinauf. Dieser Vorgang wiederholte sich fünf- bis sechsmal. Während der gesamten seltsamen Aktion sprach er kein Wort. Schließlich blieb er, offensichtlich notgedrungen, doch vor Ina stehen und sprach sie in Englisch an. Sie konnte ihn jedoch nicht verstehen, da sie kaum Englisch sprach. Ina sah aber, dass sein T-Shirt im Bauchbereich voll Blut war und die Hose im Gesäßbereich einen auffallend kreisrunden Blutfleck hatte. Außerdem waren seine Hände blutverschmiert. Da die Ärztin an dem Mann, den sie später als David Lieberman identifizieren sollte, selbst keine Verletzungen erkennen konnte, nahm sie an, dass möglicherweise ein Begleiter von ihm verletzt sein könnte. Da er von oben gekommen war, vermutete sie, irgendwo weiter oberhalb könnte jemand gestürzt sein.

Als Ärztin versuchte sie, etwas über die Art der Verletzungen zu erfahren. Sie fragte: »Donde?«, was zu Deutsch »wo?« heißt. Daraufhin berührte der Mann seinen Kopf. Sein weiteres Gestikulieren konnte sie allerdings nicht einordnen. Das seltsame Verhalten des Mannes machte ihr Angst. Sie sagte zu ihm die Worte »Medicos« und »Doctor« und zeigte in Richtung Camp Pacamayo, da sich dort Dr. Willis aufhielt, ein peruanischer Arzt, und der Weg nach unten nicht weit war. Tatsächlich sagte der Mann »Gracias« und ging nach unten. Sie sah ihm nicht mehr nach, sondern setzte ihren Weg hastig fort. Aufgrund des Vorfalles und ihrer Annahme, ein Begleiter dieses Mannes könnte weiter oben gestürzt sein, achtete sie auf Blutspuren, konnte aber keine entdecken. Nach circa einer Stunde traf sie auf mehrere Arbeiter, die von ihrem Träger über den seltsamen Vorfall informiert wurden.

Um 8.00 Uhr brach Johnny Corr mit den anderen 16 Personen seiner Gruppe zur letzten Etappe auf. Etwa gegen 9.00 Uhr erreichten die Ersten die Ruine Runcuracay. Als einige von ihnen die Ruine besichtigten, kam David Lieberman auf sie zu. Er trug jetzt keine blutverschmierte Kleidung mehr. Mehrere Leute hörten vom Zelt her ein lautes Röcheln und Stöhnen. Lieberman sagte: »Someone shot my wife.« Der Arzt Willis, ein ausgebildeter Sanitäter sowie Johnny Corr eilten zum Zelt. Dort fanden sie eine schwer verletzte Frau vor. Sie lag in Rückenlage in einem Schlafsack, dessen Reißverschluss zugezogen war. Am Kopf, der unmittelbar am Zelteingang lag, sah der Arzt geronnenes Blut. Er begann es zu entfernen. Jetzt erst bemerkte er die Schusswunde. Er stellte fest, dass noch keine Versorgung erfolgt war. Die Frau lebte, atmete selbstständig, war jedoch nicht ansprechbar. Er untersuchte sie, machte Tests und diagnostizierte einen komatösen Zustand.

Dann legte er ihr einen Kopfverband an und überwachte Puls und Pupillen.

Johnny Corr schickte Träger los, die Hilfe holen sollten. David Lieberman stand indessen untätig dabei oder bewegte sich im Bereich des Zeltes. Auf Fragen des Arztes berichtete er von einem Überfall durch zwei Männer. Auf seine Frau sei geschossen worden, ihm habe man 1 000 Dollar geraubt. Die Täter seien uniformiert gewesen, eine Art Polizeiuniform. Sie hätten Mützen getragen. Während des Überfalles sei er außerhalb des Zeltes gewesen, seine Frau innerhalb. Etwas später fragte auch der Sanitäter nach dem Tathergang. Ihm erzählte Lieberman, er habe geschlafen, als der Schuss gefallen sei, und wäre erst vom Geräusch aufgewacht.

David Lieberman begab sich mehrfach ins Zeltinnere und suchte etwas. Johnny Corr bemerkte dies und suchte das Zeltinnere selbst ab. Dort fand er am Zeltboden die Hülse einer 9-mm-Patrone. Er zeigte sie Lieberman, der sie in die Hand nehmen wollte. Aber Corr gab ihm die Hülse nicht, sondern steckte sie in eine kleine Plastiktüte und übergab diese später der Polizei. Komisch, dachte er, sie liegt mit dem Kopf am Zelteingang, der Kopfteil seines Schlafsacks aber befindet sich an der hinteren Zeltwand. Das würde ja bedeuten, dass sie nicht Kopf an Kopf gelegen haben, sondern jeweils mit dem Kopf an den Füßen des anderen. Noch misstrauischer geworden, suchte er nun das Zeltinnere genauer nach weiteren Spuren ab und fand etwas, das später von entscheidender Bedeutung sein sollte: am Boden, ziemlich genau in der Zeltmitte zwischen den Schlafsäcken, stellte er Hirnmasse fest, die mit Geschossteilen vermischt war und sich in einem handtellergroßen Bereich konzentrierte. Obwohl es ihn große Überwindung kostete, sammelte er die Teile mit einer Messerklinge auf und füllte sie in eine Plastiktüte.

Aufgrund der Wetterlage in Runcuracay konnte ein Hubschrauber dort nicht landen. Es vergingen Stunden des Wartens. Da sich das Wetter nicht besserte, bauten die Helfer schließlich eine provisorische Trage und entschlossen sich, die Schwerverletzte zu einem etwa zehn Kilometer entfernten, tiefer gelegenen Hubschrauberlandeplatz zu bringen. Dr. Willis, der Sanitäter, Johnny Corr und zwei über Funk verständigte und herbeigeeilte Beschäftigte des Nationalen Kulturinstitutes trugen Renate Pesch, während David Lieberman selbst während des Transportes nur seinen sowie den Rucksack seiner Frau geschultert hatte. Auf der Hälfte des Weges kamen ihnen zwei Polizeibeamte entgegen, die sich dem Trupp anschlossen. Als sie am Hubschrauberlandeplatz angekommen waren, wurde David Lieberman befragt. Er behauptete, wie schon zuvor, sie seien von zwei Männern überfallen worden, einer habe ohne Vorwarnung auf seine im Zelt liegende Frau geschossen. Die Polizisten glaubten ihm nicht, machten ihm aber vorerst keine Vorhaltungen. Beide waren erfahrene Beamte und seit vielen Jahren für diesen Bereich zuständig. Noch nie hatte es in diesem Nationalpark einen bewaffneten Raubüberfall mit tödlichem Ausgang gegeben.

Die beiden Polizeibeamten durchsuchten sowohl den Rucksack des Opfers als auch den von David Lieberman. Im Rucksack von Renate Pesch fanden sie deren Geldbörse mit Ausweisen, 200 Dollar sowie 300 peruanischen Soles, in dem ihres Mannes war ebenfalls eine Geldbörse mit ähnlichem Inhalt. Man zeigte ihm diese und hielt ihm vor, wie dies mit seiner Tatversion, er habe den Räubern seine Geldbörse mit 1 000 US-Dollar Inhalt gegeben, zu vereinbaren sei. Lieberman schwieg und wandte sich ab. Leider unterließen sie es, den Rucksack des Israeli sicherzustellen und später im Inneren untersuchen zu lassen. Eine dort transportierte Waffe hätte möglicherweise Schmauchspuren hinterlassen.

Renate Pesch und David Lieberman wurden später, als ein Hubschrauber landen konnte, nach Cuzco geflogen, und die Schwerverletzte wurde in ein Krankenhaus gebracht. Gegen

22.00 Uhr holte die Polizei David Lieberman zur Vernehmung ab. Von einem Spezialisten wurden wenigstens seine Hände auf Schmauchspuren untersucht, wobei an beiden Händen Bleiantragungen festgestellt wurden, die entstehen, wenn man mit einer Faustfeuerwaffe geschossen hat.

David Lieberman wurde in das deutsche Konsulat der Elisabeth Schwarzenberg gebracht. Da das Tatopfer deutsche Staatsangehörige war, war das deutsche Konsulat eingeschaltet worden, von wo aus alle weiteren Schritte koordiniert werden sollten. Die Konsulin, die eine Behinderung hatte und aufgrund einer Fußverletzung hinkte, schien dem Charme des jungen Israeli sofort verfallen gewesen zu sein. Zumindest war sie vom ersten Augenblick an und ohne sich erst einmal informieren zu lassen, bemüht, dem jungen Mann ihre Hilfe angedeihen zu lassen.

Obwohl in den Augen der Polizei verdächtig, erhielt David Lieberman zunächst einmal Gelegenheit, zu telefonieren. Später konnte nachvollzogen werden, dass er nichts Wichtigeres zu tun hatte, als sofort die Reiseversicherungsgesellschaft in New York anzurufen und sich zu erkundigen, ob sie auch wirklich, wie vertraglich vereinbart, die Kosten für den Rücktransport einer Leiche übernehmen würden. Die Versicherungsangestellte, mit der er telefoniert hatte, konnte sich übrigens auch nach über zwei Jahren noch sehr gut an dieses merkwürdige Telefonat erinnern. Noch nie hatte sie erlebt, dass sich jemand, schon bevor ein Mensch gestorben war, um die Rückerstattungsmodalitäten Sorgen machte.

Am 8. Januar begann um 23.00 Uhr die polizeiliche Vernehmung, bei der auch ein von der Konsulin verständigter Anwalt anwesend war. Lieberman sprach von einem Überfall durch zwei Männer. Die Täter beschrieb er nun wie folgt: »Das Einzige, was ich bemerken konnte, war, dass die Person mit der Waffe eine hellgrün gelbliche Hose trug und einen Kasack, Typ weites Sakko in schwarzer Farbe. Ich konnte auch bemerken, dass er wie ein Mestize aussah, mit schwarzen Haaren. Er hatte keine Gebirgsschuhe an. Betonen möchte ich, dass er einen kurzen Haarschnitt hatte, nach Art der Militärangehörigen. Den anderen konnte ich nicht erkennen, weil er außerhalb des Zeltes war. Ich hörte nur, wenn sie miteinander sprachen.«

Die peruanischen Polizisten glaubten ihm nicht. Da aber bei der Untersuchung seiner Hände nur Bleianhaftungen und keine sonstigen Bestandteile festgestellt worden waren, die im Pulverschmauch einer abgefeuerten Patrone gewöhnlich enthalten sind, fehlte ein eindeutiger Beweis. Was allerdings logisch war, da er sich natürlich die blutbesudelten Hände gewaschen hatte. Wodurch zwar die Zusatzstoffe abgespült worden sein dürften, nicht aber das Blei. Das Blei an seinen Händen war zwar ein gewichtiges Indiz dafür, dass er einen Schuss abgefeuert haben könnte – wie sonst sollte Blei an seine Hände gekommen sein? –, und auch das Fehlen der anderen Substanzen hätte sich aufgrund der verstrichenen 15 Stunden erklären lassen, aber es war eben kein eindeutiger Beweis.

Die Ermittler mussten jedoch auch noch aus einem anderen Grund kapitulieren. Die Beschützerin des Tatverdächtigen, Frau Honorarkonsulin, unterbrach mit scharfen Worten die Vernehmung ihres Schützlings und tat unmissverständlich kund, dass sie dem jungen Mann glauben würde. Gleichzeitig beschuldigte sie die Polizei, von den wahren Tätern aus den eigenen Reihen nur ablenken zu wollen.

Renate Pesch lag in einer Klinik in Lima, wo sich kompetente Ärzte mit aller Kraft um sie bemühten. Am nächsten Tag traf ihr Bruder aus Deutschland ein. Im Krankenhaus fiel diesem das seltsame Benehmen seines Schwagers auf. Er telefonierte ständig mit irgendwelchen Leuten, und es hatte den Anschein, als ob ihm alles wichtiger wäre als der Zustand seiner Frau. Da der Bruder von seiner Schwester wusste, dass David wiederholt Versicherungsbetrügereien begangen hatte, wurde er misstrauisch. Schließlich fragte er seinen Schwager unvermittelt: »David, warst du das?« Und David reagierte keineswegs schockiert oder empört über diese Frage, sondern antwortete derart trocken und emotionslos, als sei dieser Verdacht geradezu selbstverständlich: »Wo denkst du hin, ich habe Renate geliebt.«

Am 13. Januar wurden die lebenserhaltenden Geräte und Apparaturen mit Einverständnis des Ehemannes abgeschaltet, nachdem Renate Pesch für hirntot erklärt worden war.

Am 14. Januar konnte David Lieberman mithilfe der Konsulin ungehindert ausreisen, obwohl er zu einer erneuten Vernehmung vorgeladen war. Elisabeth Schwarzenberg begleitete ihn persönlich zum Flughafen in Cuzco. Anscheinend fürchtete sie, ihr Schützling könnte doch noch verhaftet werden.

Am 20. Januar wurde der Leichnam der Dr. Renate Pesch nach München überführt. Den Begleitpapieren war lediglich zu entnehmen, dass sie einen Kopfschuss erhalten hatte, an dessen Folgen sie verstorben war. Mehr nicht.

Am 21. Januar wurde der in Formalin konservierte Leichnam in München nachobduziert. Die inneren Organe waren bereits entfernt. Entscheidend war aber der Schädel. Deutlich war das Einschussloch im linken oberen Stirnbereich erkennbar, mit einem »Fastaustritt« im Hinterhauptsbereich. Das Projektil, das bei der Erstobduktion demnach noch im Schädel gesteckt haben muss, war allerdings nicht mit übersandt worden. Wie festgestellt, verstarb Renate Pesch an einem Kopfsteckschuss, wobei es sich nicht um einen aufgesetzten oder einen Nahschuss unter 50 Zentimeter gehandelt haben dürfte. Sonstige Zeichen äußerer Gewalteinwirkung waren nicht festzustellen.

Am 22. Januar kam David Lieberman nach München, um an der Beisetzung seiner Frau teilzunehmen. Anderntags stellte sich der junge Witwer notgedrungen einer Vernehmung bei der Mordkommission. Deren Zuständigkeit ergab sich aus der Tatsache, dass es sich um ein Verbrechen an einer deutschen Staatsangehörigen handelte, die ihren letzten inländischen Wohnsitz in München hatte. Und weil das deutsche Strafrecht immer dann greift, wenn deutsche Staatsangehörige im Ausland einer Straftat zum Opfer fallen oder selbst eine solche begehen, bestand für die hiesigen Strafverfolgungsbehörden, also Staatsanwaltschaft und Polizei, eine Ermittlungspflicht.

Zuständig für den Fall war die von mir geleitete 5. Mordkommission. Schon bei der ersten Vernehmung, die durch zwei sehr erfahrene Mitarbeiter durchgeführt wurde, fiel auf, dass David Lieberman unter enormer Anspannung stand, auch wenn er sich bemühte, selbstsicher und souverän zu erscheinen. Er wirkte wie ein introvertierter Mensch, schüchtern, fast gehemmt, aber auch irgendwie lauernd. Er hatte, wie wir es nennen, die »Antennen ausgefahren« und konnte seine Nervosität nicht so verbergen, dass es erfahrene Vernehmer nicht bemerken würden, obwohl sein Gesichtsausdruck durch ein beständiges Grinsen dominiert wurde. Die Vernehmung wurde auf Video aufgezeichnet. Das ist zwar ungewöhnlich für eine Zeugenvernehmung, war aber sinnvoll, wie sich noch erweisen sollte. Nervosität alleine rechtfertigt schließlich noch keinen Rückschluss auf eine Täterschaft. Wer ist nicht nervös, wenn er in eine Mordsache verwickelt ist – auch ohne Täter zu sein – und von der Mordkommission vernommen wird? Hier seine Version des Tathergangs:

»Ich hörte, dass jemand den Reißverschluss des Zeltes öffnete. Durch dieses Geräusch wachte ich auf. Ich drehte mich langsam um. Ich hörte einen Schuss. Wir schliefen mit unseren Köpfen Richtung Zeltöffnung. Ich schaute zurück und sah einen Mann mit einer Waffe in der Zeltöffnung, und nachdem ich den Schuss gehört hatte, hörte ich auch, wie ein anderer Mann schrie. Ich habe nicht verstanden, was er sagte, aber der Ton in der Stimme war so, als ob er meinte: ›Was ist passiert?‹

Der Mann, der die Waffe hielt, rief etwas zurück. Auch das habe ich nicht verstanden. Es hörte sich an wie: ›Es ist okay, nichts ist passiert!‹ Er richtete dann die Waffe auf mich, er sagte ›Money‹ in gebrochenem Englisch. Ich drehte mich um, nahm aus meiner Jeans, die neben mir lag, meine Brieftasche. Ich gab sie ihm, dann zeigte er auf Renate und sagte wieder ›Money‹. Ich sagte zu ihm auf Englisch: ›Wir gehören zusammen‹, und zeigte dabei auf meinen Ehering. Er schaute mich noch eine Sekunde lang an und ging dann fort.«

Zur Beschreibung der Täter und zu seinem Verdacht gab er an: »Braune Haut, schwarze Haare, khakifarbene Hose, eine schwarze Pilotenjacke. Der Mann war unrasiert, er trug einen Zwei- oder Dreitagebart. Er hatte nichts auf dem Kopf. Er hatte kurze, bis über die Stirn fallende Haare. Er sah aus wie ein Peruaner, war nicht alt, vielleicht um die dreißig. Meinem Gefühl nach war er nicht größer als ich, ich bin 1,74 Meter. Meiner Einschätzung nach haben uns die Leute überfallen, die auch schon eine Nacht vorher mit Lampen an unser Zelt geleuchtet haben. Vielleicht sind sie uns gefolgt. Ich meine aber auch, dass der Täter anfänglich gar nicht die Absicht hatte, zu schießen.«

Uns Ermittler, die wir wichtige Vernehmungen innerhalb des Teams stets gründlich analysieren, beschlich ein ungutes Gefühl. Der Gedanke, ein Räuber habe die Frau erschossen und den Mann überleben lassen, war gewöhnungsbedürftig, um es vorsichtig auszudrücken. Jedenfalls fand sich nichts Vergleichbares in der Kriminalliteratur. Und warum hatten die Täter Geld genommen, die teure Ausrüstung aber zurückgelassen? Komisch war auch, dass der Ehemann im Verlaufe der weiteren Vernehmung ein gewisses Verständnis für den Schützen aufzubringen schien, als er erklärte, hätte sie nicht nach dessen Waffe gegriffen, hätte der Räuber möglicherweise gar nicht geschossen. Konnte er wirklich den Dreitagebart des Schützen bemerkt haben? War es nachvollziehbar, dass er ganze vier Stunden neben seiner sterbenden Frau sitzen blieb, anstatt sofort Hilfe zu holen? Warum war er mit ihr überhaupt zu einer so einsamen Stelle aufgestiegen, obwohl 300 Meter unterhalb ein bewachter, sicherer Campingplatz gewesen wäre und seine Frau wegen eines Vorfalles in der vorangegangenen Nacht ohnehin schon Angst gehabt haben soll?

Am Ende seiner Schilderung des Tathergangs blieb eine Menge Ungereimtheiten. Vor allem aber war zum damaligen Zeitpunkt das Wichtigste nicht erkennbar: ein Tatmotiv! Dr. Renate Pesch war beruflich gut situiert und hätte eine große Karriere vor sich gehabt. Sie war aber nicht reich. Und wie David Lieberman angab, sei das Leben seiner Frau auch nicht sehr hoch versichert gewesen. Es habe lediglich eine Lebensversicherung auf Gegenseitigkeit gegeben, die bereits vor vier Jahren in Israel abgeschlossen worden sei, kurz nachdem man sich kennengelernt hatte. Aus ihr habe er »nur« 100 000 US-Dollar zu erwarten. Tötet man deshalb vier Jahre später einen Menschen, den man aufrichtig liebt? Andererseits mutete es schon sehr merkwürdig an, dass ein verliebtes junges Paar so kurz nach dem Kennenlernen nichts anderes im Sinn gehabt haben soll, als eine Lebensversicherung abzuschließen.

Nach der Beisetzung seiner Frau verließ David Lieberman Deutschland sofort wieder. Seine Schwiegereltern waren misstrauisch geworden und hatten doch noch unbequeme Fragen gestellt. Beispielsweise, warum er seine alte, abgegriffene Geldbörse noch besaß, obwohl er sie doch angeblich den Räubern ausgehändigt hatte.

David Liebermans Spur verlor sich. Nur hin und wieder meldete er sich beim älteren Bruder seiner verstorbenen Frau in München. Anscheinend wechselte er häufig seinen Aufenthaltsort, pendelte zwischen New York, Kalifornien und Israel hin und her und unternahm zahlreiche Reisen in alle Welt.

Ein Laptop war sein ständiger Begleiter. Damit kommunizierte er täglich mit Freunden, Verwandten und Bekannten. Tausende von E-Mails, in denen er seine Befindlichkeiten schilderte, setzte er ab, und allen suggerierte er seinen Verdacht, bei den Verbrechern könne es sich nur um peruanische Polizisten oder Militärangehörige gehandelt haben.

Die Ermittlungen stagnierten. Über die deutsche Botschaft in Lima war lediglich in Erfahrung gebracht worden, dass die peruanische Polizei David Lieberman im Verdacht hatte, seine Frau selbst erschossen zu haben, da es seit Jahren auf dem Inka-Pfad außer einfachen Diebstählen keine Raubüberfälle oder sonstigen Gewalttaten mehr gegeben habe.

Aber trotz all dieser Indizien sahen wir wenig reelle Chancen, dieses Verbrechen jemals aufklären zu können. Ein Tatort, der in einer entlegenen Hochgebirgsregion im fernen Peru liegt! Keine Tatwaffe, kein Projektil, keine Patronenhülse, keine Zeugen, keinerlei Beweismittel. Das Tatzelt sei in Peru zurückgeblieben, er wisse nicht, ob es noch existiere, er habe es im deutschen Konsulat in Cuzco zurückgelassen, erklärte Lieberman. Dort war es nicht mehr, angeblich hatte es die Konsulin ebenso wie die Schlafsäcke und sonstige mögliche Spurenträger längst entsorgen lassen.

Zwei Jahre später. Eine Versicherungsgesellschaft aus New York meldete sich völlig überraschend bei der Familie Pesch und hielt Nachfrage nach bestimmten Unterlagen, da David Lieberman die Auszahlung von 300 000 Dollar aus einer Lebensversicherung seiner verstorbenen Frau beantragt habe, bei der er als Begünstigter eingetragen war. Und nicht nur das: Er habe bereits aus zwei anderen Versicherungen circa 400 000 US-Dollar ausbezahlt bekommen. Ebenso 50 000 Dollar aus einer Reiseversicherung und circa 390 000 Euro aus israelischen Versicherungen.

Jetzt hatten wir einen ersten Beweis dafür, dass uns der so verzweifelt wirkende Witwer bei seiner Vernehmung bewusst und gewollt belogen hatte. Natürlich war er vorsorglich zur Aufenthaltsermittlung ausgeschrieben worden, was nichts anderes bedeutete, als dass uns jede Passkontrolle gemeldet wurde. Wobei er nach wie vor als Zeuge eingestuft war, denn grundsätzlich ist es ja nicht verboten, hohe Versicherungen abzuschließen.

Am 9. April reiste David Lieberman tatsächlich in München ein. Dass er sich damit in die Höhle des Löwen begab, ahnte er nicht. Noch am Flughafen nahmen ihn die Sachbearbeiterin und ihr Kollege freundlich in Empfang und fuhren mit ihm zur Dienststelle. Hier kam es dann zu einer erneuten, stundenlangen Zeugenvernehmung, die mit seinem Einverständnis sowohl auf Tonband als auch auf Video aufgenommen wurde.

David Lieberman ahnte ganz offensichtlich nicht, dass die Ermittler bereits Kenntnis davon hatten, wie ungewöhnlich hoch er das Leben seiner Frau versichert hatte. Nur so ist zu erklären, warum er weiterhin log. Das Leben seiner Frau sei von ihm nicht hoch versichert worden, beteuerte er abermals. Dann aber kamen die Fakten auf den Tisch, und die Vernehmung kippte. Mit der Folge, dass er nach und nach einräumen musste, doch wohl einige Versicherungen am Laufen gehabt zu haben. Derartige Abschlüsse seien allerdings für amerikanische Verhältnisse völlig normal, rechtfertigte er sich. Aber ist es normal, monatlich mehr für Versicherungsbeiträge auszugeben, als man verdient? Und warum hatte er es bisher verschwiegen, wenn es so normal war? David Lieberman wurde zum Beschuldigten. Als solcher machte er keine Angaben mehr und bestellte sofort einen renommierten Münchner Anwalt.

David Lieberman wurde wegen Mordverdachts festgenommen, am 14. April erging auf Antrag des Staatsanwaltes Haftbefehl wegen Mordes. Damit begann ein Ermittlungsmarathon, der wohl einmalig in der deutschen Kriminalgeschichte sein dürfte. Nachforschungen in Europa, Nord- und Südamerika, Asien und Australien waren erforderlich. Neben dem Münchner Anwalt hatte David Lieberman einen Starverteidiger aus Israel eingeschaltet, der allerdings vorwiegend aus der Ferne agierte. Fünf Haftprüfungen waren zu überstehen, bis die Anklageschrift zwei Jahre später stehen sollte. Dreizehn Rechtshilfeersuchen nach Peru, USA und Israel waren gestellt worden. In allen drei Ländern wurden die Ermittlungen in hervorragender Weise unterstützt, ganz besonders kooperativ war aber die Kriminalpolizei in Israel. Dorthin hatte die erste Dienstreise der Sachbearbeiterin und des Staatsanwaltes geführt, um Ermittlungen zum Umfeld David Liebermans und den dort abgeschlossenen Versicherungen zu führen sowie die Wohnung seiner Eltern in Rehovot zu durchsuchen. Auch die israelische Botschaft in Berlin unterstützte die Ermittlungen der deutschen Kriminalpolizei in jeder Hinsicht. Zum ersten Mal seit Kriegsende war ein Israeli in Deutschland des Mordes beschuldigt worden. Ein heikles Thema, das muss man nicht verhehlen. Umso erfreulicher war die Zusammenarbeit mit den israelischen Behörden, die selbst nach mehreren Interventionen seitens der Familie Lieberman objektiv und sachlich urteilten.

Eine Dienstreise führte zwei Kollegen nach USA. Mithilfe des FBI konnten wichtige Erkenntnisse zu den dort bestehenden Versicherungen erlangt werden. Zahlreiche Zeugen aus dem Umfeld des Beschuldigten und des Opfers waren zu vernehmen. Den dubiosen Versicherungsabschlüssen und aufschlussreichen Betrügereien David Liebermans im Vorfeld der Tat war dort eine Privatdetektei auf die Spur gekommen. In den USA ist es üblich, dass Versicherungen Detektive einsetzen, wenn sie Verdacht schöpfen.

Die äußerst komplizierten Ermittlungen zu den zahlreichen

Versicherungen in Israel und USA konnten nur durch professionelle Versicherungsexperten nachvollzogen werden. Dieser Abschnitt war besonders umfangreich und arbeitsintensiv, aber natürlich sehr wichtig, schließlich lag darin das Tatmotiv begründet.

David Lieberman hatte mit Versicherungsabschlüssen jongliert wie ein Zirkusartist mit seinen Utensilien. Insgesamt waren 13 Versicherungsangebote eingeholt, geprüft, abgeschlossen, widerrufen, neu beantragt und verändert worden. Am Ende war das Leben der Renate Pesch ohne ihr Wissen allein in den USA durch eine Kapitallebensversicherung, eine Risikolebensversicherung, eine Unfallversicherung und eine Reiseversicherung im Gesamtwert von 838 505 US-Dollar abgesichert. Hinzu kamen noch die bereits erwähnten israelischen Versicherungen über insgesamt 300 000 Euro, die übrigens unmittelbar nach ihrem Tode zur Auszahlung gekommen waren.

Ein Spezialist vom Kommissariat für Wirtschaftsdelikte beim Polizeipräsidium München hatte die nicht minder schwierige Aufgabe, die Geldflüsse in den USA, in Israel und Deutschland genau nachzuvollziehen und transparent zu machen. Es war unglaublich, wie raffiniert David Lieberman den Fluss der Versicherungsgelder zu verschleiern versucht hatte. Er unterhielt in Israel und den USA insgesamt neun Bankkonten, von Renate Pesch waren in Israel noch zwei Konten vorhanden, von denen sie gar nichts gewusst hatte. In den USA verfügte sie über ein Girokonto und zwei Kreditkartenkonten, ein weiteres Konto hatte sie in München. In der Zeit nach ihrem Tod bis kurz vor seiner Festnahme konnten Eingänge von insgesamt 1 802 641 Euro festgestellt werden, obwohl »nur« 1,2 Millionen Euro zur Auszahlung gekommen sind, da eine Versicherung sich geweigert hatte, 300 000 Dollar zu bezahlen. Es konnte nicht geklärt werden, wie dieser Differenzbetrag zustande kam. Möglicherweise hatte es noch weitere Versicherungen gegeben, die nicht bekannt geworden sind.

Insgesamt wurden über Hundert Zeugen vernommen, manche mehrfach und einige sehr lange und ausführlich. Nur wenige von ihnen hatten ihren Wohnsitz in Deutschland, alle anderen lebten auf der ganzen Welt verstreut und mussten erst mühsam ermittelt werden. Am Ende aber war zu allen Lebensabschnitten des Beschuldigten und des Opfers sowie zu ihrem gemeinsamen Lebensweg und -verlauf ein klares Bild gewonnen worden, das in erheblichem Widerspruch zu dem stand, welches David Lieberman gezeichnet hatte.

Tausende von E-Mails des Beschuldigten wurden ausgewertet, jede einzelne gelesen. Sein elektronisches Tagebuch, das er gelöscht hatte, war von den Technikern des Kommissariats 343 zumindest teilweise wiederhergestellt worden und lieferte wertvolle Erkenntnisse. Das gesamte Tagebuch war in Israel ausgedruckt aufgefunden worden. Aus dem Bekannten- und Freundeskreis der allseits sehr beliebten Renate Pesch wurden zahlreiche Briefe zur Verfügung gestellt, in denen sie ihre Probleme mit »ihrem David« schilderte.

Kernstück der Ermittlungen war aber wohl die aufwendigste Dienstreise in der bayerischen Polizeigeschichte zum Ort des Geschehens, an der ich leider nicht teilnehmen konnte, weil es in München üblich ist, dass nicht der Chef reist, sondern diejenigen, die die Hauptarbeit machen, also die Sachbearbeiter. Was ich für absolut richtig halte.

An der Dienstreise nach Peru nahmen neben dem zuständigen Staatsanwalt drei Ermittler teil, nämlich die Hauptsachbearbeiterin, deren Kollege und eine weitere Hauptkommissarin vom Kommissariat für Todesermittlungen, die perfekt Spanisch sprach. Darüber hinaus zwei Beamte des Erkennungsdienstes – einer davon professioneller Fotograf –, die dort einen lückenlosen Tatortbericht fertigen sollten. Und natürlich war auch ein Schusswaffenexperte des Bayerischen Landeskriminalamtes dabei.

Die umfangreichen Ermittlungen in der Hauptstadt Lima

und in Cuzco sowie die Organisation des beschwerlichen Aufstieges zu dem in 3800 Meter Höhe gelegenen Tatort wäre ohne die Hilfe des Verbindungsbeamten des Bundeskriminalamtes in Lima, eines Kriminalhauptkommissars, nicht möglich gewesen. Er hatte alles vorbereitet und schon im Vorfeld organisiert. Verbindungsbeamte des Bundeskriminalamtes sind in einer globalisierten Welt enorm wichtig geworden. Denn ohne Unterstützung durch diese Kolleginnen und Kollegen, die die Verhältnisse vor Ort kennen, die als Ermittler Sachverstand besitzen und über entsprechende Verbindungen verfügen, wären Auslandermittlungen vielfach zum Scheitern verurteilt.

Der Schusswaffenexperte unseres Landeskriminalamtes untersuchte alles, was im Zusammenhang mit Schusswaffen überhaupt möglich war. Die Bewaffnung der Polizei, die im Lande übliche und erwerbbare Munition und die Möglichkeiten, in Peru an illegale Schusswaffen zu gelangen, was übrigens keine Schwierigkeit darstellt. Nur die nachweislich sichergestellte Patronenhülse vom Tatort war spurlos verschwunden. Eigenartigerweise hatte sich zuletzt der Anwalt dafür interessiert, der David Lieberman in Peru vertreten hatte. Aber der Ingenieur hatte Teile des zersplitterten Projektils erhalten, die aus dem Schädel des Opfers entfernt worden waren. Die genügten für den Nachweis, dass bei der Tat amerikanische Hohlspitzmunition der Marke »Speer«, Typ Gold Dot, Kaliber 9 mm, verwendet worden war, Munition, die in ganz Peru nicht zu bekommen ist.

In der Klinik in Lima, in der Renate Pesch am 13. Januar verstorben war, konnten aufschlussreiche Erkenntnisse zum Verletzungsbild gewonnen werden. Die Vernehmung der dortigen Ärzte erfolgte nach einem Fragenkatalog, den die Rechtsmediziner aus München mitgegeben hatten. Und es konnten sogar noch die Röntgenbilder sichergestellt werden, auf denen der exakte Schusskanal zu sehen war. Diese wichtigen

Aufnahmen dienten als Grundlage für die Berechnungen der Rechtsmediziner und der Ballistiker des Bayerischen Landeskriminalamtes.

In Cuzco widmeten sich die Ermittler besonders der deutschen Honorarkonsulin, in deren Konsulat David Lieberman am 8. Januar von der peruanischen Polizei vernommen worden war. Wobei die Konsulin einen erstaunlichen Entlastungseifer gezeigt hatte. Bei ihr soll auch das Tatzelt und die sonstige Ausrüstung zurückgeblieben sein. Allerdings hatte die Konsulin bei zahlreichen telefonischen Nachfragen immer wieder behauptet, ihr peruanischer Ehemann habe das Zelt und die restliche Ausrüstung längst verbrannt. Einige Monate vor Beginn der Peru-Reise hatten sich die Gegenstände aber auf wundersame Weise doch noch gefunden, allerdings erst, nachdem der Verbindungsbeamte des BKA persönlich beim Ehemann vorgesprochen hatte. Und der Ehemann offenbarte schließlich, dass er das Zelt nicht verbrannt, sondern in seiner Firma aufbewahrt hatte.

Erst vor Gericht sollte die Konsulin zugeben, dass sie das Zelt zunächst in ihrem Privathaus gelagert hatte, da sie fest von der Unschuld ihres Schützlings überzeugt gewesen sei. Bleibt die Frage, warum sie dann in dem Zelt ein belastendes Indiz gesehen und es deshalb den Ermittlungsbehörden vorenthalten hat. Das Zelt war vom BKA-Ermittler schließlich nach München geschickt worden und konnte hier gründlich untersucht werden. Und wie sich erweisen sollte, waren nicht nur die gesicherten Spuren äußerst aufschlussreich. Auch die Handhabung des Zeltes wurde wichtig.

Von ihren Familienangehörigen wussten wir, dass Renate seit ihrer Jugend Tagebuch geführt hatte. Täglich, ohne Ausnahme, hatte sie ihre Erlebnisse und Empfindungen in Schulheften niedergeschrieben. Diese Aufzeichnungen waren im Besitz von David Lieberman. Der aber hatte die Herausgabe trotz eindringlicher Bitten verweigert. Aber warum? Seine Begründung, darin seien vertrauliche Dinge aus ihrer Ehe enthalten, die niemanden etwas angehen würden, war angesichts einer Mordanklage nicht nachvollziehbar. Denn wenn in diesen Tagebücher etwas gestanden wäre, das ihn hätte entlasten können, hätte er sie wohl sofort präsentiert. Nachdem aufgrund der vielen E-Mails und Briefe ohnehin die intimsten Dinge aus David Liebermans Leben bekannt geworden waren und er dies auch wusste, muss es etwas zu verschweigen gegeben haben, das einen Bezug zur Tat hatte. Insbesondere wäre natürlich das letzte Tagebuch von Interesse gewesen, das Renate während der Peru-Reise geführt hatte.

Was lange Zeit unbekannt war: David Lieberman war zwei Monate nach der Tat, am 19. März, erneut in Peru, nachdem ihm die Konsulin signalisiert hatte, das Verfahren gegen ihn sei eingestellt worden. Am 25. März war er heimlich in Machu Picchu. Was wollte er dort? Er war auf der Suche nach dem letzten Reisetagebuch seiner Frau. Nur so ist zu erklären, warum er während der U-Haft aus der JVA Stadelheim ein Kassiber, eine geheime schriftliche Mitteilung, nach Israel schmuggeln ließ, mit der Anweisung an seine Familie, sie sollten die Videos, die er bei diesem zweiten Peru-Besuch aufgenommen hatte, verschwinden lassen, niemand dürfe davon wissen. Der Kassiber war durch die israelische Polizei in der Wohnung der Eltern sichergestellt worden. Natürlich hatte sich David Lieberman auch hierzu eine nachträgliche Erklärung einfallen lassen müssen. Und die lautete, er habe schließlich bei der ersten Reise keine Gelegenheit mehr gehabt, Machu Picchu zu besuchen, das habe er nachholen wollen. Aber warum muss man das verheimlichen?

In Cuzco warteten bereits zwei peruanische Anwälte auf die deutschen Ermittler. Sie waren von der Familie des Beschuldigten engagiert worden und wollten unbedingt bei der Tatortaufnahme dabei sein. Doch die Ermittlungsrichterin vor Ort lehnte dies ab.

Am 20. März brach der Tross zum Inka-Pfad auf. Er bestand aus der gesamten deutschen Delegation, dem örtlich zuständigen Staatsanwalt und der Ermittlungsrichterin nebst Gerichtsschreiber sowie fünf Polizeibeamten. Die wichtigste Person aber war Johnny Corr, der Fremdenführer, der seinerzeit mit seiner Touristengruppe als einer der Ersten am Tatort war. Er stellte die Zelte sowie die Verpflegung. Seine 19 einheimischen Träger schleppten die gesamte Ausrüstung.

Genau wie das Ehepaar Lieberman fuhr man mit dem Zug von Cuzco nach Korihuayrachina Kilometer Nr. 88, dem etwa 2 500 Meter hoch gelegenen Ausgangspunkt zu dem auf fünf Tage ausgelegten Marsch mit dem Zielort Machu Picchu. Der Inka-Pfad ist ein abgeschlossener Naturpark und gehört zum Nationalpark Machu Picchu. Er steht unter staatlicher Kontrolle, am Ein- und Ausgang sind Kontrollposten installiert. Arbeiter sind ständig dabei, den teilweise schon von den alten Inkas mit Findlingen ausgelegten Pfad zu reparieren und instand zu halten.

Der »Eingang« befindet sich bei Kilometer 88, wo sich jeder Wanderer in ein Buch eintragen und 30 US-Dollar Gebühr entrichten muss. Die wichtigste Erkenntnis war hier: Die einzigen Touristen, die sich an jenem 5. Januar in das Kontrollbuch eingetragen hatten, waren Renate Pesch und David Lieberman. Außergewöhnlich war aber die Uhrzeit: 16.45 Uhr. Normalerweise beginnt niemand so spät am Nachmittag die Wanderung, da es um 19.30 Uhr bereits dunkel ist.

So gelangte man rasch zu jener Stelle, an der auch das Ehepaar Lieberman in der ersten Nacht ihr Zelt aufgeschlagen hatte und an der laut David Männer mit Lampen um das Zelt geschlichen sein sollen. Kein vernünftiger Mensch würde an diesem steilen und unbequemen Platz, direkt am Wegesrand, campieren. Nur 50 Meter weiter wäre eine ebene, bequeme Stelle gewesen. Warum also haben sie ausgerechnet hier ihr Zelt aufgeschlagen? Einzige plausible, wenn auch nicht beweisbare Erklärung: Er hatte nicht wissen können, ob sie auf dem offiziellen Platz alleine sein würden. Wären sie dorthin weitergegangen und hätten sich dort Leute und damit Zeugen befunden, wäre wohl die Version von den Unbekannten, die sie schon in der ersten Nacht in Angst und Schrecken versetzt hätten und die ihnen wahrscheinlich gefolgt sein dürften, nicht mehr haltbar gewesen. Nicht ganz ausgeschlossen ist auch, dass die Tat vielleicht schon hier geplant war.

Nach einer Übernachtung ging die Tour weiter, und schließlich erreichte der Tross nach einigen Strapazen das Camp Pacamayo. Lieberman hatte seinerzeit, als sie gegen 16.00 Uhr dort angekommen waren, darauf gedrängt, noch weiter zur Ruine Runcuracay aufzusteigen. Dort oben, in knapp 4 000 Metern Höhe, das hatte er vorher schon durch den Zoom seiner Videokamera ausmachen können, würde man ganz alleine sein.

Das Camp Pacamayo war Ausgangsbasis für die vorgesehenen Rekonstruktionen und Versuche. Als alle Expeditionsteilnehmer schliefen, kam es zu einem unglaublichen Vorfall: Obwohl fünf Polizisten das Camp sicherten, wurde mitten in der Nacht ein Zelt aufgeschlitzt und ein Rucksack gestohlen. Die Polizisten nahmen zwar sofort die Verfolgung auf, dennoch konnten die Diebe flüchten, vermutlich den Weg zurück Richtung Eingang. Sofort dachte man an die beiden Anwälte aus Cuzco, die über ihre Abweisung so verärgert waren. Sollte durch diesen Überfall demonstriert werden, wie gefährlich dieser Pfad ist und dass Diebe nicht einmal vor einem starken Polizeiaufgebot zurückschrecken würden?

Am Schauplatz des Verbrechens, einer kleinen Wiese circa 50 Meter neben der Ruine Runcuracay, von der aus man übrigens auf das Camp Pacamayo hinunterschauen konnte, wurde am nächsten Tag genau an der Stelle ein Vergleichszelt aufgebaut, an der vorher das Tatzelt gestanden hatte, wie man anhand des bereits sichergestellten Film- und Fotomaterials Liebermans rekonstruieren konnte.

Einen breiten Raum der Rekonstruktionen am Tatort nahm das Öffnen des Tatzeltes ein. Lieberman hatte, bevor das Originalzelt im Konsulat gefunden worden war, immer wieder behauptet, es habe nur einen bogenförmigen Reißverschluss im Eingangsbereich gehabt, das Vorzelt sei nicht verschließbar gewesen. Tatsächlich aber hatte das Zelt drei Reißverschlüsse. Einer verschloss das Vorzelt, zwei weitere das Innenzelt. Durch zahlreiche Versuche mit verschiedenen Personen konnte bewiesen werden, dass sich die Reißverschlüsse nur dann gut öffnen ließen, wenn man beide Hände benützt und das Zelt gut verspannt ist. Beim Öffnen mit nur einer Hand verklemmte sich bei fast allen Versuchen der Zipper, und ein weiteres Öffnen war dann nur sehr schwer möglich und wäre von den Insassen bemerkt worden. Keinem der Versuchspersonen war es gelungen, mit nur einer Hand das Zelt zu öffnen.

Es blieb also die Frage, wie es möglich gewesen sein konnte, dass Lieberman das Öffnen des Reißverschlusses gehört und gleichzeitig eine Pistole gesehen habe. Wie hätte dieser »Überraschungsangriff« funktionieren sollen, noch dazu, wenn der Täter gleich drei Reißverschlüsse hätte öffnen müssen? Damit war auch die Erklärung dafür gefunden, warum sich Lieberman nicht erinnern wollte, wo er das Zelt gekauft hatte und wer der Hersteller war, obwohl er es eigens vor der Reise neu erworben hatte. Kein Zweifel, er wollte die Beschaffung eines Vergleichszeltes verhindern.

Der deutsche Staatsanwalt testete mehrfach, wie lange man brauchen würde, den Weg hinunter zum Camp Pacamayo zu laufen, um dort Hilfe zu holen. Lieberman hatte angegeben, er habe drei bis vier Stunden für den Aufstieg gebraucht und deshalb darauf verzichtet, nach unten zu rennen, weil es zu weit gewesen wäre. Tatsächlich benötigte der Staatsanwalt ganze zwölf Minuten nach unten und 35 Minuten wieder nach oben.

David Lieberman hatte übrigens die Begegnung mit der

Ärztin Ina Lopez und ihrem einheimischen Träger in seinen ersten Vernehmungen verschwiegen. Vermutlich in der Hoffnung, man würde sie nicht finden. Sie konnte aber über Aufrufe in verschiedenen argentinischen Medien ermittelt werden. Sie war nach München gekommen, wo sie eingehend vernommen wurde. Auf den Stufen der Bavaria wurde die Begegnung mit David Lieberman nachgestellt. Diese Rekonstruktion widerlegte die Angaben des Täters eindeutig.

Der Schusswaffenexperte führte mehrere Schussversuche durch. Es sollte die Frage geklärt werden, ob man einen Schuss, abgegeben an der Ruine, unten im Camp Pacamayo hätte hören müssen oder können. Auf dem Weg waren im Abstand von einigen Hundert Metern Trail-Teilnehmer postiert. Die Versuche zeigten, dass man die Schüsse erst dann deutlich hören konnte, wenn man etwa die Hälfte des Weges nach oben bis zu einer Biegung hinter sich hatte. Diese Stelle dürfte die argentinische Ärztin ziemlich exakt gegen 5.25 Uhr erreicht haben. Da sie keinen gehört hatte, muss der Schuss auf jeden Fall vorher abgegeben worden sein.

Für die Ermittler gab es keine Zweifel mehr: Lieberman war nach oben gelaufen, um die Waffe zu entsorgen. Im Grunde hätte er sie überall den Hang hinunterwerfen können, sie wäre in diesem schluchtenartigen Gelände nie mehr gefunden worden. Dadurch war sein ursprünglicher Tatplan deutlich geworden: Seine Frau wird in einer einsamen Gebirgsregion in 3 800 Metern Höhe erschossen, und man findet weit und breit keine Tatwaffe. Damit könne er nicht Täter sein, zumindest könne man ihm die Tat nie nachweisen. Er musste die Waffe nur außerhalb des Bereiches bringen, den man seiner Vorstellung nach noch hätte absuchen können.

Oberhalb des Tatortes befinden sich zwei Lagunen bzw. kleinere Seen, die man in etwa 20 Minuten erreichen kann. Laut Waffenexperten ein idealer Ort, um eine Waffe für immer verschwinden zu lassen. Tauchgänge in dieser Höhe sind nicht möglich, die Absuche der Lagunen wäre außerdem aufgrund des tiefen schlammigen Grundes aussichtslos gewesen. Aber selbst wenn man die Waffe gefunden hätte, wären nach so langer Liegezeit die individuellen Merkmale nicht mehr bestimmbar und der Beweiswert wäre gleich null gewesen. Sollte Lieberman die Waffe in einen der beiden Seen geworfen haben und geht man davon aus, dass sich die Tat um 5.00 Uhr ereignet hat, hätte er für den Hin- und Rückweg circa 40 Minuten gebraucht. Und um circa 5.40 Uhr traf er auf die Zeugin Ina Lopez!

Am zweiten Tag versuchten die Ermittler zu rekonstruieren, wie sich die Situation dargestellt haben könnte, als Johnny Corr mit seiner Gruppe etwa vier Stunden nach Schussabgabe zum Tatort kam. David Lieberman hatte angegeben, seiner Frau Erste Hilfe geleistet zu haben, indem er die Wunde gesäubert und die Zunge festgehalten haben will, um einen Erstickungstod zu verhindern.

Lieberman hatte in seinen Vernehmungen wahrheitswidrig behauptet, Corr habe ihm die Hülse in die Hand gegeben, deshalb könnten seine Fingerabdrücke darauf sein. Da er die Waffe selbst geladen haben dürfte, wollte er damit vorbeugend eine Erklärung für seine möglicherweise vorhandenen Fingerspuren liefern. Weil Johnny Corr aber definitiv ausschloss, die Hülse aus der Hand gegeben zu haben, bezeichnete ihn Lieberman später als Lügner, der mit den Verbrechern wahrscheinlich unter einer Decke stecken dürfte.

Warum hat Lieberman nicht ein zweites Mal geschossen, als er sah, dass sie noch lebt? Seinen Anwälten zufolge spreche das gegen seine Täterschaft. Wir waren uns sicher, dass genau das Gegenteil der Fall ist. Mit Sicherheit wäre Lieberman sofort inhaftiert worden, wären auf Renate zwei Schüsse abgegeben worden. Niemand hätte ihm dann noch die Version vom Raubüberfall geglaubt. Einerseits hatte er ja behauptet, der Schütze habe wahrscheinlich gar nicht die Absicht gehabt, zu schießen, andererseits soll er dann gleich zweimal geschossen und ihn überleben lassen haben?

Ein weiteres stichhaltiges Argument, warum er keinen zweiten Schuss abgegeben haben konnte, lieferten die Rechtsmediziner. Der Schuss war nicht sofort tödlich. Aber das konnte Lieberman nicht wissen, denn zunächst muss Renate mindestens einige Minuten lang das Bewusstsein verloren und wie tot gewirkt haben, was Lieberman dazu veranlasst haben dürfte, die Tatwaffe sofort zu entsorgen. Nachdem er zurückgekommen war, röchelte die Schwerverletzte. Jetzt aber hatte er keine Waffe mehr und konnte nur noch hoffen, dass sie sterben würde, ohne vorher aufzuwachen. Nur deshalb war er vier Stunden neben ihr sitzen geblieben, ohne Hilfe zu holen. Natürlich könnte man jetzt die Frage stellen, warum er sie nicht anderweitig getötet hat. Aber wie? Erschlagen, erstechen, erwürgen oder erdrosseln? Das hätte deutliche Spuren hinterlassen! Bliebe noch ein Ersticken mit weicher Bedeckung. Aber genau diese Tötungsart setzt die Überwindung einer Hemmschwelle voraus, die wesentlich höher anzusiedeln ist als die feige Abgabe eines Schusses auf eine schlafende Person. Und Lieberman war feige ...!

Woher hatte David Lieberman die Schusswaffe? Hatte er sie in den USA besorgt und nach Peru geschmuggelt oder hatte er sie in Peru erworben? Diese Frage konnte letztlich nicht geklärt werden, allerdings kann mit hoher Wahrscheinlichkeit davon ausgegangen werden, dass er sie in den USA gekauft haben dürfte. Dafür sprechen einige starke Indizien. Zum einen handelt es sich um eine Munitionsart, die hauptsächlich in Amerika gebräuchlich ist. Auffallend war, dass Lieberman zwei Monate vor der Tat in Florida einen Führerschein erwarb, obwohl er bereits einen besessen hatte. Wozu benötigte er diesen zweiten Führerschein? Weil man in Florida nur mit einem im Lande erworbenen Führerschein eine Waffe kaufen kann. Aber wie bekommt man eine

Schusswaffe samt Munition per Flugzeug von den USA nach Peru?

Ein Sicherheitsoffizier der amerikanischen Flugsicherheitsbehörde gab die Antwort auf diese Frage. Befindet sich die Schusswaffe im aufgegebenen Gepäck, wird sie nicht als Bedrohung angesehen, da ein Zugriff während des Fluges nicht möglich ist. Nur das Handgepäck wird sorgfältig durchsucht. Einem »Vielflieger« wie David Lieberman war das mit Sicherheit bekannt. Speziell für diesen Flug von New York nach Lima, auch das konnte überprüft werden, hatte es keine besonderen Sicherheitschecks gegeben.

Die Delegation war aus Peru mit äußerst aufschlussreichen Indizien und Ermittlungsansätzen zurückgekehrt. Der Tatort, die Umgebung und alle relevanten Örtlichkeiten waren derart gründlich dokumentiert, vermessen und beschrieben worden, dass sich die Richter später ein so genaues Bild von den Gegebenheiten machen konnten, als wären sie selbst vor Ort gewesen. Anschaulicher hätte auch kein Tatort in München dargestellt werden können.

Das berühmte Tüpfelchen auf dem »i« aber lieferte die Wissenschaft. Immer wenn Täter nicht geständig sind, so wie in diesem Fall, suchen wir Ermittler nach Indizien und natürlich auch nach klaren Sachbeweisen. Wird nämlich eine Indizienkette durch einen Sachbeweis untermauert, kann das letzte Zweifel ausräumen. Einen solchen Sachbeweis lieferten schließlich nach intensivsten Versuchen, Untersuchungen und Analysen ein Rechtsmediziner und der Waffenexperte, der nach Peru mitgereist war. Grundlage war das originale Tatzelt, also der eigentliche Tatort, das noch im selben Zustand war, wie es damals sichergestellt worden war.

Das Corpus Delicti konnte also genau untersucht werden. Als Laie würde ich das, was die beiden Wissenschaftler herausgefunden haben, als Meisterleistung bezeichnen. Was dieser Arbeit nicht gerecht würde, da es sich um eine Sensation handelte. Das Ergebnis erlangte wissenschaftlich anerkannten Rang und ging in die Kriminalgeschichte ein. Die beiden Sachverständigen konnten nämlich zweifelsfrei nachweisen, dass die Spuren im Tatzelt nicht vereinbar waren mit der von David Lieberman abgegebenen Tatschilderung. Lieberman hatte demnach bewusst gelogen, um die eigentliche Tötungshandlung seiner Version vom unbekannten Räuber anzupassen, der ja auf Renate geschossen haben soll, weil sie nach der Waffe gegriffen habe. Was sie wiederum nur gekonnt hätte, wenn sie mit dem Kopf am Zelteingang gelegen wäre. Aber lag sie wirklich so im Zelt zum Zeitpunkt der Abgabe des Schusses? Das herauszufinden setzten sich die beiden Wissenschaftler als Ziel.

Anhand des am Schädel rekonstruierten Schusskanals konnte festgestellt werden, dass es sich um einen relativ tangentialen, also auf eine Rundung auftreffenden Schuss gehandelt haben muss, wobei das Projektil in der linken seitlichen Stirnregion eingedrungen war und sich beim Aufprall auf den Schädelknochen zerlegt hatte. Geschossteile seien an der Außenseite des Knochens entlanggeglitten und durch die Kopfhaut wieder ausgetreten, was zu einem zweiten Hautdefekt neben der Einschussöffnung geführt habe, so Rechtsmediziner.

Der Schusswaffensachverständige hatte am Zeltboden, genau an der Stelle, die vom Zeugen Johnny Corr als diejenige bezeichnet worden war, an der er Geschossteile und Hirnmasse eingesammelt habe, tatsächlich noch Bleiantragungen feststellen können. Ein objektiver Nachweis also für die Richtigkeit der Angaben des Zeugen. Allerdings, so der Experte, hätten diese Teile nicht in der Zeltmitte zu liegen kommen können, wenn der Kopf, wie von Lieberman behauptet, tatsächlich nahe am Eingangsbereich des Zeltes sich befunden hätte. Durch Schussversuche auf Gelatineblöcke konnte nachgewiesen werden, dass in diesem Fall alle Geschossteile einschließlich der Hirnmasse an der linken vorderen Zeltwand hätten konzentriert sein müssen und nicht in der Zeltmitte, wo sie sich tatsächlich gesammelt hatten. Dorthin nämlich können sie nur dann geschleudert worden sein, wenn der Kopf von Renate Pesch im Bereich der hinteren Zeltmitte gewesen war und sich relativ dicht am Boden befunden hätte. Also konnte sie nicht mit dem Kopf am Zelteingang gelegen haben, sondern andersherum ...!

Nach den Erkenntnissen des Rechtsmediziners und des Schusswaffensachverständigen muss sich die Tat so abgespielt haben: Renate Pesch hat in ihrem Schlafsack im Zelt an der Ruine Runcuracay geschlafen. Gegen 5.00 Uhr hat sich David Lieberman vorsichtig aus seinem Schlafsack geschält und die großkalibrige Pistole, die er während der gesamten Reise im Rucksack verborgen gehalten hat, genommen. Er ist leise zum Zeltausgang gekrochen, hat fast geräuschlos den inneren Reißverschluss geöffnet und dann den des Vorzeltes. Im Zelteingang hat er sich etwas aufgerichtet und umgedreht. Mit der Taschenlampe in seiner rechten Hand hat er seine Frau angeleuchtet. In der linken, dominierenden Hand hat er die Schusswaffe gehalten. Plötzlich hat Renate Pesch die Augen aufgeschlagen und sich etwas aufgerichtet, ins grelle Licht geblinzelt und instinktiv den Arm gehoben, um die Hand schützend vor das Gesicht zu halten. In diesem Moment hat Lieberman abgedrückt. Das großkalibrige Projektil ist am linken oberen Stirnbereich in ihren Schädel eingedrungen, hat das Gehirn durchschlagen und ist an der Innenseite des Hinterhauptsknochens zerborsten, wobei einzelne Bleiteile wieder ausgetreten sind und Gehirnmasse mit sich gerissen haben. Lieberman muss sich sicher gewesen sein, dass Renate tot sei, und hat nun ihren Körper samt Schlafsack umgedreht und ihn so abgelegt, dass der Kopf im vorderen Bereich des Zelteinganges zum Liegen gekommen ist. Dann hat er das Zelt verlassen, die Reißverschlüsse zugezogen und begonnen zu laufen.

33-mal war der Beschuldigte von den Sachbearbeitern vernommen worden, obwohl er von den Anwälten Sprechverbot erhalten hatte. Da er sich den Ermittlern geistig überlegen fühlte, missachtete er diesen Rat und wollte immer wieder ausloten, welche Erkenntnisse vorliegen und wie der Stand der Ermittlungen sei. Also plauderte er, wobei natürlich ein Geständnis nicht zu erwarten war. Täter, die aus reiner Habgier einen Menschen töten können, haben kein Gewissen und gestehen erfahrungsgemäß nur, wenn sie sich durch ein Geständnis die Verhängung der besonderen Schwere der Schuld ersparen wollen, was zumindest in Bayern bis zu zehn Jahre weniger Haft bedeuten kann. Aber auch wenn Lieberman keinerlei Schuld einräumte, redete er sich im Grunde genommen um Kopf und Kragen. Ich selbst führte eine Vernehmung, bei der ich ihm eingangs meine ehrliche Meinung zum Thema Habgier, Mord und Liebe sagte:

»Herr Lieberman, wenn Sie Ihre Frau wirklich geliebt haben, können Sie nach meiner Auffassung nicht der Mörder gewesen sein. Weil ich fest davon überzeugt bin, dass niemand einen Menschen tötet, den er aufrichtig liebt. Zumindest nicht, um sich zu bereichern.«

»Da gebe ich Ihnen recht. Kein Mensch tötet jemanden, den er liebt. Und ich habe meine Renate geliebt, bitte glauben Sie mir.«

»Könnte Ihre Frau Zweifel an Ihrer echten, aufrichtigen Liebe gehabt haben? Oder haben Sie ihr gezeigt oder sie spüren lassen, dass Sie sie wirklich lieben?«

»Ja natürlich, sie hat mich geliebt und sie wusste, dass ich sie auch über alles liebe. Wir haben unsere Liebe gelebt.«

»Keine Trennungsabsichten, keine Probleme, sondern ein Leben lang zusammenbleiben, miteinander alt werden? War das so?«

»Ja, das war unsere feste Absicht. Wir waren sehr glücklich, es ging uns gut, wir waren gesund und freuten uns am Leben.«

»Ich frage das, weil es faktisch eher so aussieht, als hätten Sie mit ihrem alsbaldigen Ableben gerechnet. Warum sonst hätten Sie so viele Risikoversicherungen auf ihr Leben abschließen sollen? Das tut man doch nur, wenn man damit rechnet, dass jemand sterben wird. Ihre Frau war gesund und munter und hatte eine hohe Lebenserwartung. Auch genetisch, wenn man Eltern und Großeltern betrachtet.«

»Risikoversicherungen sind in Amerika üblich, die schließt dort jeder ab. Genauso wie in Israel, einem sehr gefährlichen Land, wie Sie ja hoffentlich wissen. Außerdem gab es auch Kapitalversicherungen.«

»Ja, das ist bekannt. Aber warum haben Sie monatlich mehr Versicherungsprämien bezahlt, als Sie überhaupt verdient haben?«

»Renate und ich hatten gefährliche Hobbys.«

»Ach ja, welche denn?«

»Reisen. Wir reisten gerne in gefährliche Länder.«

»Und warum haben Sie dann nur das Leben von Renate versichert und Ihr eigenes nicht? Sogar in Israel war das Leben Ihrer Frau noch immer versichert, obwohl sie gar nicht mehr dort lebte und Sie genau aus diesem Grund Ihre eigene Versicherung gekündigt haben. Und das Beste ist, dass Ihre Frau gar nichts davon wusste. Sie hasste Versicherungen, wie wir wissen.«

»Renate hat sich für diese Dinge nicht interessiert.«

»Das stimmt. Deshalb konnten Sie ihr ja auch alle diese Abschlüsse unterjubeln und ihre Unterschriften bekommen. Sie hat gutgläubig gehandelt und wusste gar nicht, was sie da unterschreibt.«

»Ich habe mit Risikoversicherungen jongliert, um den günstigsten Abschluss herauszufinden.«

»Und warum haben Sie trotz ausdrücklicher Nachfrage verschwiegen, dass das Leben Ihrer Frau so hoch versichert war, als Sie diese Reise ohne Wiederkehr antraten?«

»Wenn ich es angegeben hätte, hätten Sie mir doch gleich von Anfang an unterstellt, dass ich sie umgebracht habe. Verstehen Sie das nicht?«

»Nein. Weil Sie nämlich sogar noch gelogen haben, als wir Ihnen ganz konkrete Vorhalte machten. Es ist auch nicht zu verstehen, warum Sie die eigenen Versicherungen gekündigt haben, die für Ihre Frau aber weiterlaufen ließen und fleißig die Prämien bezahlten, obwohl Ihnen finanziell das Wasser bis zum Halse stand. Wie lange hätten Sie das denn gemacht? Bis Ihre Frau 80 oder 100 Jahre alt geworden wäre? Wie lange hätten Sie ihr Lebensrisiko versichert? Ohne die Chance, irgendwann einmal kassieren zu können?«

»Dazu sage ich jetzt gar nichts mehr, Sie verstehen das einfach nicht.«

»Das stimmt. Weil es keinen Sinn macht. Niemand schließt Risikolebensversicherungen für eine Person ab, die ein völlig normales und gefahrloses Leben führt. Das tut nur, wer damit rechnet, dass die versicherte Person alsbald das Zeitliche segnet und er abkassieren kann. So ist es ja auch tatsächlich gekommen.«

David Lieberman hatte keine Gegenargumente mehr. Er wandte sich ab und drehte mir den Rücken zu. Was hätte er auch antworten können? Also versuchte ich es noch einmal mit dem Thema Liebe, auf das er vorher so »angesprungen« war.

»Herr Lieberman, noch einmal zur großen Liebe, die Sie für Ihre Frau empfunden haben. Dazu möchte ich Ihnen einige Textpassagen vorlesen, die Sie selbst geschrieben und später gelöscht haben. Unsere Experten konnten sie wieder lesbar machen.«

Nun las ich ihm einige Auszüge aus E-Mails vor, die zum Teil von Experten des bayerischen Landeskriminalamtes wiederhergestellt werden konnten, zum Teil von mehreren jungen Frauen stammten, mit denen er kommunizierte. In seinen Botschaften beklagte er nahezu ausschließlich das schwierige

Zusammenleben mit seiner Frau. »Mich ekelt vor ihr«, stand da zu lesen oder: »Sie will ein Kind, ich aber nicht«, oder: »Ich halte es nicht mehr lange aus mit ihr«, oder: »Mir graut davor, mit ihr im selben Bett schlafen zu müssen«, oder: »Mich hat ohnehin immer nur die materielle Seite dieser Beziehung interessiert«, usw.

»Das klingt aber nicht nach Liebe, Herr Lieberman. Das klingt eher nach Überdruss, Ablehnung und Hass. Das klingt eher, als wollten Sie die Frau loswerden. Wollen Sie dazu etwas sagen?«, fragte ich ihn.

Er schüttelte nur den Kopf, zum ersten Mal sichtlich verlegen, machte eine wegwerfende, eher hilflos wirkende Handbewegung und gab mir zu verstehen, er hätte jetzt keine Lust mehr an einem weiteren Vernehmungsgespräch. Und genauso, wie er es schon mit den Sachbearbeitern vorher Dutzende Male gemacht hatte, machte er es auch jetzt. Er setzte sein unvergleichliches Grinsen auf und sagte nur noch diesen einen Satz, den ich allerdings nie mehr in meinem Leben vergessen werde:

»Sie müssen nicht den Moralapostel wegen eines einzigen Todesfalles spielen, den Sie mir auch noch unterschieben wollen. Ihr Deutschen habt sechs Millionen von uns Juden ermordet.«

Ich war sprachlos und wusste zunächst keine Antwort. Dann sagte ich: »Ja, das stimmt. Aber die Frau, die Sie ermordet haben, hatte damit nichts zu tun. Die hat niemandem ein Leid zugefügt.«

Konnte es sein, dass er sie von Beginn an als geeignetes Opfer sah oder gar gezielt ausgesucht hatte? Wer schenkt schon einer Freundin, die er gerade vier Monate kennt, eine Lebensversicherung zum Geburtstag? Noch dazu eine Risikoversicherung, die nur dann Sinn macht, wenn der oder die Versicherte auch tatsächlich stirbt. Schlagartig kam in mir der schreckliche Verdacht auf, dass er im Holocaust die moralische Rechtfertigung für seine Tat gesehen haben könnte. Immerhin entstammte er einer Familie, die durch den Holocaust viele Angehörige verloren hatte. Sah er es als eine Art ausgleichende Gerechtigkeit an, ihr das Leben zu nehmen, um das seinige besser gestalten zu können? Eigentlich hoffe ich, dass ich mich irre. Ich fürchte aber, es ist wahr.

Der Beginn des Indizienprozesses vor dem Schwurgericht München I war natürlich von einem gigantischen Medieninteresse begleitet. Noch nie seit Kriegsende stand ein israelischer Staatsangehöriger in Deutschland wegen Mordes vor Gericht. Umso erstaunlicher war die Sachlichkeit, mit der dieser Umstand kommentiert wurde. Sowohl die Medien als auch jüdische Persönlichkeiten und Organisationen blieben fair und objektiv.

Das Schwurgericht machte sich seine Aufgabe nicht leicht. Jedes Detail wurde kritisch geprüft und bewertet. Jede Zeugin und jeder Zeuge wurde erschöpfend vernommen. Nichts, aber auch gar nichts, was im Rahmen der Ermittlungen zusammengetragen worden war, blieb unberücksichtigt. Zum ersten Mal in der Justizgeschichte wurde die Vernehmung eines Zeugen in Israel per Videokonferenz aus dem Gerichtssaal durchgeführt, sie dauerte vier Stunden.

Das Gericht hatte sich mit insgesamt mehr als 60 Beweisanträgen der Verteidigung auseinanderzusetzen. Wohl einmalig dürfte sein, dass ein Angeklagter, der während der gesamten Verhandlung geschwiegen hatte, im Rahmen seines Schlusswortes über 30 weitere Beweisanträge stellte.

Der Prozess sollte ein ganzes Jahr dauern, bis nach 56 Verhandlungstagen das Urteil gesprochen werden konnte. Auf den Tag genau fünf Jahre nach seiner ersten Vernehmung wurde es verkündet:

»Der Angeklagte David Lieberman wird wegen Mordes zu

lebenslanger Freiheitsstrafe verurteilt. Die Schuld des Angeklagten wiegt besonders schwer. Der Angeklagte trägt die Kosten des Verfahrens.«

Das Gericht war am Ende von der Schuld des Angeklagten überzeugt. Der 1. Strafsenat des Bundesgerichtshofes hat bereits knapp zwei Monate später beschlossen:

»Die Revision des Angeklagten gegen das Urteil des Landgerichts München I vom 22. Januar wird als unbegründet verworfen, da die Nachprüfung des Urteils aufgrund der Revisionsrechtfertigung keinen Rechtsfehler zum Nachteil des Angeklagten ergeben hat.«

David Lieberman wurde aufgrund eines bilateralen Abkommens zwei Jahre später an Israel ausgeliefert, wo er noch heute im Gefängnis sitzt. Er hat inzwischen acht Jahre verbüßt und wird mindestens noch weitere zehn Jahre in Haft bleiben müssen. Weil aber die Haftbedingungen in Israel angeblich nicht so angenehm sind wie hier in Deutschland, hat er inzwischen seine Rückverlegung beantragt. Ohne Rücksicht auf seine Familie, der er ursprünglich nahe sein wollte. Dass er mit seiner Tat auch das Leben insbesondere seiner Eltern zerstört hat, scheint ihn nicht zu interessieren.

Der Widerling

Dr. Rebhan ist beunruhigt. Er konnte seine Frau Daniela weder zu Hause noch im Büro erreichen. Heute Morgen hatte er gegen 7.30 Uhr als Erster das Haus verlassen, um zu einem Geschäftstermin nach Düsseldorf zu fliegen, und seine Frau wollte wie üblich gegen 8.30 Uhr mit dem Auto ins Büro fahren. Der kurze Termin war erledigt, und als Dr. Rebhan mit seiner Frau telefonieren wollte, erfuhr er von deren Sekretärin, dass diese heute gar nicht an ihrem Arbeitsplatz erschienen war.

Daniela Rebhan hatte definitiv keinen beruflichen Termin wahrgenommen und sich auch nirgendwo gemeldet. Ihr auffälliger Wagen stand weder in der Tiefgarage der Firma noch war er vor ihrem Wohnhaus geparkt. Allenfalls in der Garage hätte er noch stehen können, aber die war ebenso verschlossen wie sämtliche Fenster und Türen der Villa. Zumindest hatte dies ein Kanzleibote festgestellt, der eigens zum Haus der Rebhans geschickt worden war. Aber niemand reagierte auf mehrmaliges Läuten. Auch die unmittelbare Nachbarin, die zufällig gerade wegfahren wollte, hatte nichts Auffälliges bemerkt. Sie war sich aber sicher, dass Daniela Rebhan heute Morgen gegen 8.30 Uhr wie fast an jedem Tag mit ihrem »Flitzer« weggefahren war. Ob sie irgendwann wieder zurückgekommen war, konnte die Nachbarin nicht sagen. Von außen war am Haus und der Tür jedenfalls nichts Besonderes festzustellen – außer dass im Obergeschoss die Jalousien heruntergelassen waren.

»Das kann doch gar nicht sein«, schoss es Dr. Rebhan durch den Kopf. Seine Frau hatte mit keinem Wort erwähnt, dass sie zu Hause bleiben wolle. Das aber wäre die einzige Erklärung dafür, warum die Jalousien am Wohnhaus geschlossen waren. Denn auch wenn es ein kalter, trüber Dezembertag war, die Jalousien schlossen sich erst um 17.00 Uhr, und zwar automatisch. Und heute Morgen waren sie entsprechend der Programmierung pünktlich um 7.00 Uhr hochgegangen. Da war sich Dr. Rebhan sicher. Um sie wieder zu schließen, musste jemand die Automatik ausgeschaltet haben. Das war sehr merkwürdig.

Daniela Rebhan galt als äußerst zuverlässig und wäre ihrem Arbeitsplatz nie unentschuldigt ferngeblieben. Kann irgendetwas Unvorhergesehenes passiert sein, eventuell im Freundeskreis? Sofort beginnt Dr. Rebhan, private Kontakte abzutelefonieren, aber ohne Ergebnis. Blieb eigentlich nur noch eine Entführung. Aber warum hätte jemand ausgerechnet seine Frau entführen sollen? Sie waren zwar finanziell gut gestellt, aber nicht so reich, dass sie zum Objekt von Entführern hätten werden können.

Der 40 Jahre alte Dr. Rebhan war mit seiner Frau Daniela seit zwei Jahren glücklich verheiratet. Sie, eine ausgesprochen schöne, selbstbewusste 34-jährige Frau, arbeitete erfolgreich als Managementberaterin in einer großen Consultingfirma. Sie war dem Leben zugewandt, galt als sehr humorvoll und war hochintelligent. Er, groß, schlank und nicht weniger gut aussehend, arbeitete als Oberarzt in einer renommierten Privatklinik. Es gab weder berufliche noch private Probleme. Sie liebten sich sehr, hatten ein intaktes Umfeld und gute Freunde. Nirgendwo im Leben dieser beiden Menschen war auch nur die kleinste dunkle Wolken zu sehen …

Das Flugzeug aus Düsseldorf war um 14.45 Uhr in München gelandet, und Dr. Rebhan suchte sich ein Taxi. Auf der Fahrt zum Wohnhaus hatte er das dringende Bedürfnis, mit jemandem zu reden. Also unterhielt er sich mit dem Taxifahrer, der auf ihn einen seriösen Eindruck machte. Dr. Rebhan erzählte ihm von den merkwürdigen Umständen der Vermissung seiner Frau. Der Mann hörte geduldig zu und versuchte, seinen Fahrgast zu beruhigen, indem er die üblichen Floskeln von sich gab. Dr. Rebhan blieb dennoch furchtbar nervös, und je näher sie seinem Wohnhaus kamen, desto größer wurden Angst und Sorge in ihm. Also bat er den Taxifahrer, mit ins Haus zu kommen, er habe ein komisches Gefühl und fürchte, es könnte etwas Schlimmes passiert sein. Der Mann versprach, an seiner Seite zu bleiben.

Dr. Rebhan war um 15.35 Uhr an seinem Wohnanwesen in München-Solln eingetroffen. Zusammen mit dem Taxifahrer ging er zur Haustür. Er läutete mehrmals. Keine Reaktion. Der Taxifahrer, der hinter ihm stand, sah, wie seine Hände zitterten, als er den Schlüssel ins unbeschädigte Türschloss steckte und aufsperrte. Ebenso sicher war er sich, dass die massive Haustür nur ins Schloss gezogen und nicht versperrt war. Eine wichtige Beobachtung. Auch das Zusatzschloss sowie der Schließriegel waren nicht aktiviert, was auch von außen möglich gewesen wäre. Das war ungewöhnlich, denn Daniela sperrte die Tür immer zweimal zu und betätigte automatisch sämtliche Sicherungseinrichtungen, wenn sie das Haus verließ oder wenn sie alleine daheim war.

Beide Männer betraten das Haus. Laut rief Dr. Rebhan den Namen seiner Frau, während er hastig in alle Zimmer sah. Keine Reaktion, nichts Auffälliges. In den Räumlichkeiten des Erdgeschosses war sie jedenfalls nicht. »Das Auto«, dachte er. Wenn es nicht da ist, kann sie auch nicht da sein, so sein Rückschluss. Er öffnete die im Flur befindliche Zugangstür zur Garage. Nur sein eigener Mercedes stand dort, der Sportwagen fehlte. Jetzt war er fast etwas erleichtert. »Also muss sie weggefahren sein«, sagte er zum Taxifahrer, und dieser antwortete: »Es muss wohl so sein. Sonst wäre ja das Auto da.«

Einen Moment atmete Dr. Rebhan auf. Doch dann bat er den Fahrer, noch zu bleiben, er wolle erst im Obergeschoss nachsehen und prüfen, warum die Jalousien schon vorzeitig heruntergelassen worden waren. Beide Männer gingen nach oben. Alle Türen des Obergeschosses waren geschlossen, auf dem Flur gab es keine Auffälligkeiten. Dann öffnete er die Tür zum Schlafzimmer. Der Raum war dunkel. Er schaltete das Licht ein …

»O Gott, o mein Gott!«, schrie er und blieb einen Augenblick wie angewurzelt stehen. Auch der hinter ihm stehende Taxifahrer erstarrte. Schon der erste Blick fiel auf das in der Raummitte stehende breite Ehebett und wurde von dem, was dort zu sehen war, regelrecht angesogen. Diesen Anblick konnte man nicht falsch deuten. »Es war wie in einem Horrorfilm«, sagte der Taxifahrer kurze Zeit später aus. Ein nackter, über und über mit Blut besudelter Frauenkörper lag bäuchlings auf dem blutdurchtränkten Bett. Irgendwelche Worte stammelnd und mit weit aufgerissenen Augen trat Dr. Rebhan an das Bett, wobei er die Hände seitlich hochhielt, als wolle er sich ergeben. Der hinter ihm stehende Taxifahrer war nicht weniger schockiert und wandte sich sofort ab. Dass diesem Mann diese Bilder bis an sein Lebensende vor Augen schweben würden, wurde schon bei der ausführlichen Vernehmung deutlich, der er sich anschließend stellen musste. Beide Männer liefen aus dem Raum. Dr. Rebhan setzte sich auf einen Stuhl und war unfähig, zu handeln. Der Taxifahrer rief die Polizei.

Die beiden Männer warteten nicht länger als zehn Minuten, bis die ersten Polizeifahrzeuge vor Ort waren, sie in ihre Obhut nahmen und hinausführten. Die Villa samt Grundstück wurde großräumig abgesperrt. Die Beamten der Mordkommission übernahmen circa 45 Minuten später gleichzeitig mit dem Erkennungsdienst den Tatort. Eine Gruppe der Einsatzhundertschaft wurde angefordert, um sogleich mit der Befragung sämtlicher Anwohner im näheren Umkreis zu beginnen. Diese wichtige Maßnahme duldet keinen Aufschub. Denn je mehr Zeit verstreicht, desto mehr Informationen werden unter den Leuten ausgetauscht und durch Gerüchte und Eigeninterpretationen ersetzt. Jetzt war noch alles frisch. Der Polizeiapparat lief an.

Der Notarzt hatte keine Reanimationsmaßnahmen durchgeführt, da bereits sichere Todeszeichen in Form von Totenflecken festzustellen waren. Da diese auf Fingerdruck noch wegdrückbar waren und auch die Totenstarre noch nicht ausgebildet war, konnte der Todeseintritt kaum länger als drei Stunden zurückliegen.

Ein Arzt des rechtsmedizinischen Institutes, der die endgültige Todesbescheinigung erstellte, bescheinigte eine nicht natürliche Todesart nach Fremdeinwirkung: Verbluten nach innen und außen infolge mehrerer tiefer Einstiche rückseitig in den Thorax. Insgesamt wurden vier Einstiche in den Rücken festgestellt, Stichwerkzeug vermutlich ein Messer. Ein solches wurde am unmittelbaren Tatort nicht aufgefunden.

Bei einer ersten Begehung des Tatortes wurden folgende Auffälligkeiten festgestellt: Die Frau war wohl längere Zeit gefesselt gewesen und vermutlich mehrfach sexuell missbraucht worden, bevor sie getötet wurde. Der Spurensicherung stand deshalb eine Mammutaufgabe bevor. Schließlich musste das gesamte Haus vom Keller bis zum Dachboden in die Tatortarbeit einbezogen werden. Überall hatte sich der Täter bewegt, Behältnisse durchsucht, Lebensmittel und Getränke konsumiert und sich verhalten, als würde er hier wohnen.

Daniela Rebhan muss einen schrecklichen Tod gehabt haben. Gefesselt, geschändet, getötet: Das galt schon nach einer ersten Inaugenscheinnahme als gesichert. Welche Qualen, verbunden mit permanenter Todesangst, diese arme Frau erleiden musste, war offensichtlich, weil sich der Täter keine besondere Mühe gemacht hat, Spuren zu vermeiden oder zu beseitigen. Im Gegenteil: Es sah aus, als habe er bewusst eine Spurenlage erzeugt, die den Eindruck erwecken sollte, als hätten hier irgendwelche sexuellen Praktiken à la Sadomaso stattgefunden. Im Keller fanden sich zum Beispiel durchtrennte Kabelbinder, hier war sie gefesselt gewesen. Wie lange, ließ sich zunächst nicht sagen. Die tiefen blutunterlaufenen Furchen an ihren Handgelenken wiesen darauf hin, dass sie wohl immer wieder mit ihrem gesamten Gewicht in die Fesseln hineingefallen war und versucht hat, sich zu befreien.

Am Boden lag die Kleidung, die sie an diesem Tag getragen hatte, als sie das Haus verließ. Einschließlich der Unterwäsche. Die einzelnen Stücke waren unbeschädigt, also normal ausgezogen worden. Was die nackt an ein Rohr gefesselte Frau über sich ergehen lassen musste bzw. welche sexuellen Handlungen an ihr vorgenommen wurden, würde erst durch die Obduktion geklärt werden können. Irgendwann band der Täter sie wohl los, um sie nach oben ins Schlafzimmer zu bringen, wo er sie erneut mit den Händen am Rücken fesselte. Was er hier mit ihr gemacht hat, bedurfte ebenfalls der nachträglichen Klärung. Irgendwann hat er sie erstochen. So weit die erste Analyse.

Insgesamt bot sich ein Bild, das Folter und schreckliche Qual signalisierte. Hier war von einem Sexualmörder oder Triebtäter das sprichwörtliche Blutbad angerichtet worden, wie man es aus Horrorfilmen kennt. Oder war es doch eine Beziehungstat? Oder ein Auftragsmord, getarnt als Sexualüberfall? Alles war offen, wenn man es faktisch betrachtete. Aber da gibt es ja noch das berühmte Bauchgefühl. Und das tendierte in Richtung perverser Täter.

Dass unser Opfer durch vier tiefe Stiche in den Rücken getötet wurde, teilten wir selbstverständlich nicht der Öffentlichkeit mit. Außer den Ermittlern am Tatort einschließlich des inzwischen eingetroffenen Staatsanwaltes wusste also niemand, ob die junge Frau erstochen, erschlagen, erwürgt, erdrosselt, erschossen oder erstickt worden war.

Wir hatten noch am Tatort Gelegenheit, den Taxifahrer zu befragen. Dabei erwies es sich für uns von Nutzen, dass er so genau beschreiben konnte, was er gehört, gesehen und empfunden hatte. So war er sich beispielsweise sicher, dass der Ehemann nicht wusste, was ihn in seinem Haus erwarten würde und dass dessen Reaktionen nicht gespielt, sondern echt waren. Aber die Angst, seiner Frau könnte etwas passiert sein, die hatte er schon, als er ins Taxi einstieg, gab der Zeuge auf diese Frage an. Wusste er etwa zu diesem Zeitpunkt schon, was ihn zu Hause erwarten würde? Das könne er nicht beurteilen, sagte der Taxifahrer ehrlich und gehörte damit zu den eher seltenen Zeugen, die sich mit eigenen Interpretationen zurückhalten. Fest stand aber, dass die Möglichkeit, die Frau könnte auch einem Auftragsmord zum Opfer gefallen sein, eine der Ermittlungsrichtungen werden würde. Allein schon, um sich später nicht vorwerfen lassen zu müssen, man habe einseitig ermittelt.

Dr. Rebhan saß zum Zeitpunkt, als seine Frau von der Nachbarin beim Wegfahren gesehen worden war, nachweislich im Flugzeug, wie die Ermittlungsgruppe, die bereits auf der Dienststelle auf Hochtouren arbeitete, ziemlich rasch herausgefunden hatte. Ebenso schnell wurde sein Alibi überprüft, das für den ganzen Tag lückenlos war. Dr. Rebhan war demnach als Täter auszuscheiden. Allenfalls als Auftraggeber hätte er noch infrage kommen können. Ich habe jedenfalls in meiner Tätigkeit bei der Mordkommission mehr Auftragsmorde miterlebt als Giftmorde.

Dr. Rebhan wurde in die Räumlichkeiten der Mordkommission gebracht, wo sich eine Kollegin und ein Kollege um ihn kümmerten. Selbstverständlich hatte er den Status eines Zeugen, es bestand trotz der vagen Möglichkeit eines Auftragsmordes keinerlei Tatverdacht gegen ihn. Ihm war auch bewusst, dass wir ihn ausführlich vernehmen müssten, und er versicherte, alle unsere Fragen offen und ehrlich zu beantworten.

Hoffentlich auch die zu der Zeitschrift, die im Tatzimmer offen auf einer Anrichte lag und deren Leitartikel das Thema Bondage, Dominanz, Sadismus und Masochismus abhandelte. Das Magazin war aufgeschlagen, und die Abbildung zeigte eine Frau, die in äußerst knapper Reizwäsche mit den Händen auf dem Rücken gefesselt bäuchlings auf einem Bett lag. Fast genauso lag unser Opfer da. Die Zeitschrift stammte, wie sich herausstellen sollte, aus dem Nachttischchen des Dr. Rebhan.

Während die Ermittlungen auf Hochtouren liefen, fuhr ein Mann in einem schwarzen Ferrari auf dem Innsbrucker Ring in südlicher Richtung. An der Abfahrt auf die Autobahn A 8 zeigt die Ampel Rot. Er blieb auf der äußersten der drei Linksabbiegerspuren stehen, auf den beiden rechten Fahrbahnen floss der Verkehr geradeaus. Plötzlich scherte der Ferrari nach rechts aus. Offensichtlich wollte der Fahrer quasi in letzter Sekunde doch geradeaus weiterfahren und nicht auf die Autobahn abbiegen. Es kam zum Zusammenstoß mit einem städtischen Linienbus. Während der Busfahrer die Fahrgäste durch die hinterste Tür aussteigen ließ und dann mit seiner Zentrale telefonierte, war auch der Fahrer des Ferraris ausgestiegen. Er schaute sich kurz um, mischte sich dann aber unter die vielen Fahrgäste und entfernte sich langsam in Richtung Fahrbahnrand. Das sah der Busfahrer, stieg sofort aus und lief dem Mann hinterher. »Bleiben Sie mal stehen!«, rief er laut. Das nahm der andere zum Anlass, schneller zu laufen. Der Busfahrer nahm die Verfolgung auf und holte den Flüchtenden fast ein. Als dieser das merkte, blieb er abrupt stehen, drehte sich um, griff in die Innentasche seiner Jacke und hatte ein Springmesser in der Hand. Der Flüchtende rief nun dem nur wenige Meter entfernten Busfahrer zu: »Verpiss dich, du Arschloch, oder ich stech dich ab!« Dieser wich zurück. Der Unfallverursacher flüchtete weiter.

Mehrere Streifenwagen und ein Hundeführer beteiligten sich an der Suche nach dem Ferrari-Fahrer. Der Hund erschnüffelte ihn schließlich in der Grünanlage neben der Autobahn. Er kauerte hinter einem Busch, als ihn zwei Beamte der Zivilen Einsatzgruppe festnahmen, durchsuchten und anschließend zum Dienstwagen brachten. Er hatte kein Messer bei sich, obwohl ihn der Busfahrer zweifelsfrei wiedererkannte. Daraufhin suchte ein weiterer Hund nach dem Messer, das er unweit der Stelle, an der der Mann festgenommen worden war, im Gras aufstöberte. Ohne Hund wäre es wohl nur schwer zu finden gewesen, zumal es schon dämmerte.

Die Polizisten waren sich sicher, dass der schwarze Ferrari nicht dem Festgenommenen gehören konnte. Der Wagen war auf eine Frau zugelassen, der Mann muss ihn vermutlich entwendet haben, auch wenn er noch nicht als gestohlen gemeldet war. Aber ganz so einfach sollte es dann doch nicht werden.

Am Tatort in München-Solln begab sich der polizeiliche Einsatzleiter in sein Fahrzeug und setzte einen Zwischenbericht mit Fahndungsaufruf nach dem schwarzen Ferrari an die Einsatzzentrale ab:

»Isar XY mit Zwischenbericht. Tötungsdelikt an einer 34-jährigen Deutschen in deren Wohnanwesen. Möglicherweise Raubmord. Es fehlt der schwarze Pkw, Marke Ferrari, mit dem Kennzeichen M-XX …, zugelassen auf das Tatopfer. Es wird um Mitfahndung gebeten.«

Just in dem Moment, als die beiden Polizeibeamten mit ihrem Unfallflüchtigen losfahren wollten, war im Streifenwagen die Funkmeldung des Einsatzleiters vom Tatort zu hören. Auch der Unfallflüchtige auf der Rückbank des Streifenwagens konnte die Durchsage gut verstehen. Was dann passierte, ist dem nüchternen Bericht der beiden Polizisten zu entnehmen:

»Als der Beschuldigte im Fond unseres Streifenwagens saß und wir gerade losfahren wollten, kam über Funk die auch für unseren Festgenommenen deutlich hörbare Durchsage, dass im Zusammenhang mit dem Mord an einer Frau in München-Solln nach deren schwarzem Ferrari gefahndet würde. Fast

gleichzeitig drehten wir uns zu unserem Festgenommenen um, weil uns plötzlich klar war, dass der schwarze Ferrari unseres Festgenommenen das gesuchte Fahrzeug war. Die Kennzeichen stimmten überein. Noch bevor wir etwas sagen konnten, sagte der Festgenommene plötzlich: ›Das war ich!‹ Bevor wir überhaupt verstanden, was er meinte, fügte er wortwörtlich an: ›Ja, stimmt schon. Die Frau, die hab ich umgebracht. Ich hab sie erstochen. Im Schlafzimmer. So, jetzt wissen Sie's.‹

Als Erstes reagierte mein Kollege, der zum Festgenommenen sagte: ›Sie wissen schon, was Sie da sagen, oder? Damit haben Sie ein Geständnis abgelegt. Jetzt müssen wir Sie wegen Mordes festnehmen.‹ Fast gleichzeitig sprangen wir aus dem Wagen, rissen die hinteren Türen auf und zogen den Beschuldigten aus dem Auto, um ihn zu fesseln.

Bevor Perg weiterredete, belehrte ich ihn als Beschuldigten, indem ich ihn auf sein Aussageverweigerungsrecht und auf sein Recht, sofort einen Anwalt sprechen zu können, hinwies. Daraufhin antwortete er, das wisse er schon selbst, er kenne seine Rechte. Es habe aber eh keinen Sinn mehr, schließlich habe er das Auto der Frau gerade zu Schrott gefahren, und deshalb werde er jetzt sagen, was passiert ist. Dann redete er, und ich schrieb mit. Als Erstes sagte er unmittelbar nach dem Wegfahren, die Frau sei seine Geliebte gewesen, und den Wagen habe er mit deren Einwilligung benutzt …«

Der Festgenommene hatte reinstes Täterwissen preisgegeben. Die Kollegen hatten also den Täter festgenommen, das stand fest. Aber es bedeutete noch lange nicht, dass der Fall damit geklärt war. Wir waren erst am Beginn. Es sollte noch eine Reihe von Überraschungen und Aufregungen folgen. Momentan war noch kein einziges der sieben goldenen »W« der Kriminalistik (Wer? Wann? Wo? Was? Wie? Womit? Warum?) abschließend beantwortet. Sicher, man hatte einen Täter. Aber gab es Komplizen, Mittäter, Mitwisser oder Gehilfen? Oder gar einen Auftraggeber? Erst wenn auf alle sieben »W« eine Antwort gefunden ist, gilt ein Fall als geklärt. Bis dahin sollte es noch ein weiter Weg werden …

Konstantin Perg wurde zur Polizeiwache gebracht. Dort redete er ununterbrochen weiter. Ein Beamter notierte stichpunktartig seine Angaben, in denen er so viel Täterwissen von sich gab, dass keine Zweifel an seiner Täterschaft blieben. Später sollten sich diese Notizen, die der Beamte gemacht hat, für uns als sehr vorteilhaft erweisen. Bezüglich seines Motives und der Hintergründe log er natürlich, wie hätte es auch anders sein können. Alle Täter bedienen uns zunächst mit ihrer subjektiven Wahrheit. In diesem Fall wich diese aber besonders stark von der objektiven Wahrheit ab, wie sich erweisen sollte.

Als Erstes sollte Dr. Rebhan erfahren, dass der Wagen seiner Frau in einen Unfall verwickelt war und der Fahrer festgenommen wurde. Ich erklärte ihm, dass es sich bei dem Festgenommenen mit hoher Wahrscheinlichkeit um den Mörder seiner Frau handle. Wir konnten Dr. Rebhan somit als Tatverdächtigen ausschließen. Dass wir noch prüfen würden, ob der Festgenommene eventuell in seinem Auftrag gehandelt haben könnte – schließlich sind Auftragsmorde gar nicht so selten –, musste man nicht thematisieren.

Im Auto wurde übrigens auch die EC-Karte des Tatopfers gefunden. Noch bevor der Täter vernommen wurde, stand fest, dass bei der Filiale der dazugehörigen Bank 1 000 Euro aus dem Geldautomaten abgehoben worden waren. Das war kurz vor 12.00 Uhr. Wie der Täter später einräumte, war er mit dem Ferrari zu dieser Bank gefahren, um sich das Geld zu holen, die erforderliche PIN-Nummer hatte ihm seine Geisel bereitwillig gegeben. Wahrscheinlich hatte sie gehofft, er würde dann nicht mehr zurückkehren. Aber diesen Gefallen tat er ihr nicht. Er kam wieder und setzte fort, was er begonnen hatte. Spätestens jetzt dürfte Frau Rebhan gewusst haben, dass er sie nicht überleben lassen würde.

Konstantin Perg war um 15.00 Uhr erneut an einem Geldautomaten und versuchte, zum zweiten Male an diesem Tag 1 000 Euro abzuheben. Das funktionierte nicht, da das Tageskontingent erschöpft war. Danach war er nicht mehr im Tatanwesen, sondern vermutlich zu Hause in der Wohnung seiner Freundin. Damit stand fest, dass Daniela Rebhan vor 15.00 Uhr getötet worden war.

Der Festgenommene wurde mit Handschellen in die Räume der Mordkommission gebracht, nachdem er vorher im Institut für Rechtsmedizin körperlich untersucht worden war. Er wies keinerlei Verletzungen auf, auch keine Kratz-, Biss- oder sonstigen Abwehrspuren. Er stand nicht unter dem Einfluss von Alkohol und aktuell auch nicht unter dem von Drogen. Dass er Drogenkonsument war, ergab aber die Langzeituntersuchung. Wie er selbst einräumte, konsumierte er nahezu täglich Cannabis. Bei der erkennungsdienstlichen Behandlung war festgestellt worden, dass sein Körper großflächig mit zahlreichen Tattoos verziert war, meist waren es nackte Frauen in obszönen Posen oder sonstige sexuellen Motive, jede einzelne Darstellung mit einem anderen Frauennamen versehen, einschließlich des Namens seiner Freundin; nur passte die tätowierte Schönheit nicht zu der realen, wie wir noch feststellen durften.

Das äußere Erscheinungsbild sagt nicht immer, aber häufig viel über eine Person aus. Deshalb fragt man Zeugen, die jemanden beschreiben sollen, immer zuerst nach dem ersten Eindruck, den diese Person auf sie gemacht hat, bevor man Details wie Alter, Größe, Gestalt, Haare usw. abfragt. Der erste Eindruck bleibt am intensivsten im Gedächtnis und ist auch meist richtig. »Das äußere Erscheinungsbild ist eine bessere Visitenkarte als eine gedruckte, auf der nur Lügen stehen können«, sagte einst ein Ausbilder zu uns jungen Kommissaren.

»Schaut euch die Zähne an und die Hände, dann wisst ihr schon mal zu 50 Prozent, wo ihr diesen Menschen einordnen müsst«, riet er uns. Bei der Identifizierung unbekannter Leichen beispielsweise hat sich dies immer wieder bewiesen. Arbeiterhände sehen nun einmal anders aus als die eines Akademikers oder Geigers, und schlechte Zähne sind ein noch besserer Hinweis, in welche soziale Schicht eine Person einzuordnen sein könnte.

In unserem Fall hätten sicherlich 99 von 100 Zeugen beim ersten Anblick Konstantin Perg als heruntergekommenen Junkie eingeschätzt. Tatsächlich war der Mann, der in mein Büro hereingeführt wurde, äußerlich sehr ungepflegt. Seine fetten, strähnigen Haare hingen glatt herunter, er war unrasiert, und sein hageres, kantiges Gesicht mit den dunklen, stechenden Augen war pockennarbig. Zudem hatte er sehr schlechte, faulige Zähne, und wenn er sprach, stank er aus dem Mund. Er trug einen Nasenring, und die Ränder beider Ohren waren auf ihre gesamte Länge mit Ringen bestückt. Sogar in die Ohrläppchen waren Ringe eingearbeitet, durch die man den kleinen Finger hätte stecken können. Die rasierten Augenbrauen waren ebenfalls durchstochen und mit mehreren Ringen behängt.

Bei näherer Betrachtung seiner Kleidung hätte man fast lachen müssen, wäre es nicht so traurig gewesen, denn sie war nicht nur mindestens zwei Nummern zu groß, sondern es handelte sich auch um neuwertige Markenkleidung der teuersten Qualität. Ein Kollege, der sich besser auskannte als ich in solchen Dingen, schätzte alleine die schwarzen, gefütterten Stiefeletten auf mindestens 800 bis 1 000 Euro und die aus feinstem Leder und mit Pelz gefütterte dunkelbraune Lederjacke auf das Dreifache. Dazu trug er Markenjeans, ein neuwertiges T-Shirt einer bekannten Nobelmarke und einen dazu passenden ebenso edlen Pullover. Um sich die Kleidung kaufen zu können, hätten jedenfalls die 1 000 Euro nicht ausgereicht, die er vom Konto seines Opfers abgehoben hatte. Aber unser Beschuldigter war ja auskunftsfreudig.

»Super Klamotten, die Sie da anhaben. Alles neu?«, fragte ich ihn unvermittelt, und er löste ohne Umschweife dieses erste Rätsel.

»Die habe ich mitgenommen aus der Wohnung«, räumte er freimütig ein, und damit stand schon mal fest, dass es sich um Kleidung des Herrn Dr. Rebhan handelte. Er hatte sich aus dessen Kleiderschrank bedient. Selbstverständlich wurde die Kleidung sofort sichergestellt und durch die Kleidung ersetzt, die er fortan tragen würde, vermutlich für viele Jahre: einen blauen Drillich aus der Haftanstalt.

Normalerweise zeigen Menschen, die des Mordes beschuldigt werden, unmittelbar nach ihrer Festnahme verschiedenste Abwehrhaltungen, die von hartnäckiger Wortlosigkeit bis hin zu Aggressionen verbaler oder sogar körperlicher Art reichen. Nun erlebten wir erstmals einen Angeber, der auch noch stolz auf sein schreckliches Verbrechen war und damit prahlte, einen anderen Menschen geschändet und getötet zu haben. Das hatte Seltenheitswert. Dass jemand stolz ist, einen Menschen getötet zu haben, erlebt man allenfalls im Bereich der sogenannten Ehrenmorde oder des politisch-religiösen Fanatismus. Aber das hat nichts mit Angeberei zu tun, sondern mit Gehirnerweichung.

Ich habe im Laufe der Jahre gelernt, meine Gefühle selbst Kindermördern gegenüber zu beherrschen und zu akzeptieren, dass jeder Beschuldigte das Recht auf rechtliches Gehör hat. So wurde selbstverständlich auch diesem Beschuldigten eingeräumt, seine Wahrheit bzw. seine Sicht der Dinge zu Protokoll zu geben. Das tat er auch, und zwar mit Genuss. Besonders detailreich schilderte er in den folgenden Stunden jede sexuelle Handlung, die er an seinem Opfer vorgenommen hatte. Das ist bei klassischen Sexualtätern sehr ungewöhnlich, denn sie neigen eher dazu, sexuelle Details auszuklammern.

So haben diese Täter oft keine Probleme damit, Tötungshandlungen zuzugeben, aber hinsichtlich der sexuellen Praktiken, die sie an ihren Opfern vollzogen haben, schweigen sie sich aus. Konstantin Perg war anders. Er räumte den objektiven Tatbestand ein und verschwieg, beschönigte oder relativierte nichts. Was jedoch den subjektiven Tatbestand, also die Frage nach dem »Warum« betraf, log er hemmungslos.

Seine Kernaussage war: Er sei der Geliebte der Getöteten gewesen, alle sexuellen Handlungen seien einvernehmlich erfolgt, und die Tat sei die Folge eines heftigen Streites gewesen, der eskaliert sei. Der Streit wiederum sei entstanden, weil er sich mit dem Gedanken getragen habe, das Verhältnis zu beenden.

Sie, diese gebildete, wunderschöne Frau, soll also ihm, dem abgefuckten Junkie, heftige Vorwürfe gemacht haben, weil er sie verlassen wollte? Wie widerlich und unfassbar solche Behauptungen aus diesem Munde klangen, kann leider nur jemand nachempfinden, der es miterlebt hat. Ich füge das ein, damit man versteht, warum ich an dieser Stelle eine so negative Haltung einnehme. Es sollte nämlich noch schlimmer kommen. Die ganze Zeit haben wir uns gefragt, warum er dieses bereits erwähnte Magazin mit den diversen Abbildungen so offen hat liegen lassen, dass wir es garantiert nicht übersehen konnten. Es war reine Absicht. Sie seien beide Anhänger von Sadomaso-Praktiken, und dazu gehörten eben auch Fesselspielchen, erklärte er in einem Ton, der an Zynismus, Hohn und Spott nicht zu überbieten war. Alle, die sich in dem Vernehmungszimmer aufhielten, empfanden das so, und keiner von uns glaubte auch nur eine Sekunde lang, dass das, was der Beschuldigte hier von sich gab, der Wahrheit entsprach. Außerdem würde es ein Leichtes sein, im Rahmen der Erstellung eines Opferbildes, zu dem natürlich gerade bei Sexualmorden auch die sexuelle Präferenz gehört, das Gegenteil von dem zu beweisen, was der Beschuldigte behauptete.

Zumindest war jetzt klar, warum der Widerling, wie er von uns intern genannt wurde, so dreist log und worauf er hinauswollte. Wie schon erwähnt, hatte der Beschuldigte im Haus des Opfers sämtliche Schränke und Schubladen durchsucht. Dabei fand er im Nachttischchen des Ehemannes dieses völlig seriöse Magazin, das auch ich regelmäßig lese und das sich in dieser Ausgabe im Leitartikel mit der BDSM-Szene beschäftigte und dazu auch diverse Abbildungen von Fesselungen zeigte. Sofort zog er diese Bilder in seine Tatausführung mit ein. Mit diesem Ablenkungsmanöver sollten wir Ermittler auf eine falsche Fährte gelockt werden. Derartige Manipulationen am Tatort kommen häufig vor und gehören zum Bereich täuschenden Verhaltens. Jedenfalls ging er davon aus, seine Behauptungen würden wohl kaum widerlegbar sein.

Normalerweise werden Beschuldigte von maximal zwei Beamten befragt. Einer vernimmt, der andere mischt sich nach Möglichkeit zunächst nicht ein und notiert für spätere Nachfragen. Diesmal war es anders. Perg genoss es, dass vier Beamte seinen Ausführungen lauschten. Zunächst durfte er erst einmal nach Herzenslust lügen. Die Vernehmung dauerte die ganze Nacht. Am nächsten Tag wurde der Beschuldigte dem Ermittlungsrichter vorgeführt. Ebenso war bereits ein Pflichtverteidiger bestellt, der auch Gelegenheit hatte, mit seinem Mandanten zu sprechen. Dann war die Pressekonferenz. Selbstverständlich fragten die anwesenden Journalisten auch, ob es sich bei Frau Rebhan um ein Zufallsopfer handelte oder ob es eine Vorbeziehung gegeben habe. Sowohl der Staatsanwalt als auch ich erklärten, es sei absolut sicher, dass es keinerlei Vorbeziehung zwischen Täter und Opfer gegeben habe. Anschließend befragten die Journalisten wohl auch Pergs Anwalt, der ihnen die anderslautende Version seines Mandanten erzählte. Bei einer erneuten Rückfrage der Presse dementierte ich diese vehement. Es habe keine Vorbeziehung gegeben, versicherte ich. Noch am selben Tag, alle Informationen waren draußen, kam der Schock …

Einer der Sachbearbeiter betrat mein Zimmer und sagte mir Folgendes: »Da hat sich ein Zeuge gemeldet. Der Mann kennt das Auto unseres Opfers sehr gut, weil er es an Frau Rebhan verkauft hat, wie er sagt. In seiner Eigenschaft als Autoverkäufer bei der Firma, bei der sie den Ferrari tatsächlich gekauft hat. Das steht schon mal fest. Aber nicht nur das. Er hat Frau Rebhan erst am vergangenen Samstag, also vor zwei Tagen, an der Ecke Richard-Strauß-Straße/Einsteinstraße in ihrem Ferrari an der Kreuzung stehen sehen, und neben ihr habe genau jener junge Mann gesessen, der in der Zeitung als ihr Mörder abgebildet ist. Verbunden mit der Frage, wer ihn kennt und etwas über ihn zu berichten weiß. Und genau das würde der Zeuge hiermit tun.«

Ich wurde kreideblich. Und der Kollege merkte es. Jetzt war alles infrage gestellt. Konnte ich mich so getäuscht haben? Ich war mir doch so sicher, dass es niemals eine persönliche Verbindung zwischen diesen beiden Menschen gegeben haben kann. Als der Kollege auch noch hinzufügte, die Angaben des Zeugen seien sehr plausibel und auch sachlich richtig, war mir klar, dass ich eine schlaflose Nacht haben würde. Aber sollte sich das bewahrheiten, wäre es vor allem für den Ehemann ein Fiasko. Ich dachte an ihn und konnte ahnen, was dies für ihn bedeuten würde. Am nächsten Vormittag sollte der Zeuge zur Dienststelle kommen und aussagen.

Ich stand im Empfangsbüro unserer Dienststelle und beobachtete von hier aus, wie der Zeuge, ein großer, schlanker, seriös wirkender Mann in einem teuren dunklen Wintermantel und mit einem ebenso teuren Hut auf dem graumelierten Haar, pünktlich um 10.00 Uhr vom Kollegen empfangen und in dessen Büro geführt wurde. Ich ging hinterher. Gleich würde ich hören, was ich immer noch nicht glauben wollte.

Als der Herr Platz genommen hatte, stellte ich mich vor

und fragte ihn, ob es ihn störe, wenn ich anwesend bliebe. »Keineswegs«, antwortete der Herr in reinstem Hochdeutsch und lächelte freundlich. Kurz darauf begann die Vernehmung.

»Herr Müller, Sie haben sich freundlicherweise gestern gemeldet und einen Hinweis gegeben. Soweit ich das richtig verstanden habe, haben Sie als Verkäufer in einem Autohaus gearbeitet und den Ferrari an Frau Rebhan verkauft. Ist das richtig?«

»Ja, das trifft zu. Ich habe ihr den Wagen am 14. Januar dieses Jahres verkauft. Es war kein Neuwagen, der Kaufpreis betrug meines Wissens circa 80 000 Euro.«

»Nun haben Sie uns gestern am Telefon mitgeteilt, Sie hätten am vergangenen Samstag Frau Rebhan in ihrem Auto gesehen, und neben ihr hätte jener Mann gesessen, der in den Zeitungen abgebildet war. Könnten Sie bitte einmal detailliert beschreiben, was Sie da gesehen haben?«

»Nun, gesehen habe ich die beiden nicht direkt. Ich habe es mehr gefühlt, dass die zwei in dem Auto saßen. Ich bin mir aber sicher, dass es sich um den Wagen der Frau Rebhan gehandelt hat, der da an der Kreuzung stand. Ich konnte aber nicht erkennen, wer darin saß, habe es aber instinktiv gefühlt. Als ich nun in der Zeitung die Bilder ihres Mörders sah, sagte mir eine innere Stimme, dass er es war, der neben ihr saß.«

Ich kann gar nicht sagen, wie groß der Stein war, der mir in diesem Moment vom Herzen gefallen ist. Unser »Zeuge« war jedenfalls psychisch auffällig. Wie sich herausstellte, hatte er tatsächlich als Autoverkäufer in dem renommierten Betrieb gearbeitet, bis er anfing, seltsame Dinge zu tun und zu artikulieren. Er wurde vor einigen Monaten entlassen und befand sich in nervenärztlicher Behandlung. Dieses Beispiel hat mir aber wieder einmal gezeigt, dass man vor Überraschungen nie gefeit ist und den Dingen wirklich auf den Grund gehen muss, bevor man sie als gesichert betrachten kann. Rein intuitiv hätte ich auf Anhieb gesagt, der vornehme Herr mache einen glaubwürdigen Eindruck. Bei näherer Überprüfung jedoch stellte sich heraus, dass mich mein Bauchgefühl getäuscht hat – und das nach so langer beruflicher Erfahrung.

Drei Tage dauerten die Vernehmungen. Selbstverständlich wurde Konstantin Perg auch im Hinblick auf noch ungeklärte Verbrechen mit ähnlichem Modus überprüft. So zum Beispiel bezüglich eines Mordes in Nordbayern. Dort war eine Krankenschwester in einer Tiefgarage überfallen, mit einem Elektroschocker außer Gefecht gesetzt und schließlich erstochen worden. Aufgrund der ähnlichen Vorgehensweise wurde Perg auch zu diesem Verbrechen befragt, das in der Öffentlichkeit großes Aufsehen erregt hatte. Er zeigte auch noch die Symptome eines Trittbrettfahrers und hätte am liebsten diese Tat gestanden, um seinen Ruhm zu mehren. Natürlich ging sein Plan nicht auf. Trittbrettfahrer zu entlarven ist nicht schwierig.

Seit mehreren Wochen hatte Perg, wie wir später rekonstruieren konnten, die auffallend attraktive Frau Rebhan schon beobachtet, wenn sie morgens mit ihrem schwarzen Ferrari in die Tiefgarage des Bürogebäudes einfuhr. Eigentlich war er zunächst auf den Sportwagen aufmerksam geworden, den er als Autofreak sofort als einen Ferrari Testarossa erkannte. Doch als er die blonde, groß gewachsene Frau in dem Wagen zum ersten Mal gesehen hatte, hatte er sich spontan entschlossen, sie in seine Gewalt zu bringen. Er konnte die Schöne von der Wohnung seiner Freundin Jacqueline aus – eine eigene Wohnung hatte er nicht – mit einem Fernglas gut beobachten, wenn sie morgens mit ihrem Flitzer auftauchte. Wie er feststellte, kam sie zwar nicht an jedem Werktag zur selben Zeit ins Büro, aber an den Montagen war sie stets kurz nach 9.00 Uhr da. Also würde er das, was er vorhatte, an einem Montag ausführen müssen, überlegte er. In das Gebäude und die Tiefgarage zu gelangen war auch ohne Schlüssel kein Problem.

In den Morgenstunden herrschte dort reger Verkehr, und die Türen standen alle offen. Längst hatte er auch herausgefunden, welchen Stellplatz die 34-jährige Frau in der Tiefgarage hatte. Darüber hinaus wusste er bereits viel über die hübsche Managementberaterin, denn er war sogar schon mehrfach in ihrem Büro, ohne dass diese es ahnte, da seine Freundin Jacqueline als Putzfrau für die Firma arbeitete, die in dem Gebäudekomplex für die Reinhaltung der Büros zuständig war. Abends, wenn alle Angestellten das Gebäude verlassen hatten und nur noch die Putzkolonne unterwegs war, hatte er wiederholt seine Freundin begleitet und dabei auch das Büro betreten, in dem »die Frau seiner Träume« arbeitete. Er sah die Fotos auf ihrem Schreibtisch, er sah das Haus, in dem sie lebte, und fand sogar die Adresse.

Neben Kiffen gehörte es zur bevorzugten Freizeitgestaltung Pergs, zusammen mit seiner Freundin, von deren Einkommen und seinen Hartz-Leistungen er lebte, Swingerklubs aufzusuchen. Wobei die 27-jährige Jacqueline gut zu ihm passte, träumte sie doch davon, Pornoqueen zu werden. Mit ihr durften die Männer jedenfalls alles tun, was sie wollten. Jacqueline – sie hieß tatsächlich so – bewegte sich an der Grenze zur Debilität und war dementsprechend einfach strukturiert. Sie mochte es zudem, wenn ihr Freund Pornofilmchen drehte, was dieser auch reichlich tat. Am liebsten Nahaufnahmen, die teilweise derart ekelerregend waren, dass sich jedem normalen Betrachter wie beispielsweise mir der Magen umdrehte. Aber leider gehört das Sichten derartigen Beweismaterials eben auch zu den Aufgaben eines Ermittlers. Tatsächlich entdeckten wir eine Auffälligkeit, die später von entscheidender Bedeutung sein sollte, als es darum ging, das wahre Motiv des Mörders herauszuarbeiten.

Es stellte sich auch die Frage, inwieweit die einfältige Jacqueline in die Pläne ihres Freundes eingeweiht war. Immerhin wusste er über sein Opfer Dinge, die er möglicherweise von ihr erfahren haben dürfte. So zum Beispiel, dass die Managementberaterin unbedingt ein Kind wollte. In der Kanzlei, in der Jacqueline gelegentlich auch tagsüber putzte, war das kein Geheimnis, sie hätte es dort leicht erfahren können. Nicht aber ihr Freund. Also hatte er mit ihr über sein Opfer gesprochen. Was sie aber später heftig bestreiten sollte.

An diesem Montag lauert er seit circa 30 Minuten in einer Mauernische der riesigen Tiefgarage unmittelbar neben ihrem Garagenstellplatz. Nachdem Daniela Rebhan den Ferrari eingeparkt und den Motor abgestellt hat, springt er hinter der Mauer hervor, reißt die Beifahrertür auf und setzt sich in den Wagen. Bevor die Frau überhaupt realisiert, was da geschieht, hat er einen Revolver direkt auf ihr Gesicht gerichtet und herrscht sie an: »Bleib ganz ruhig, oder du bist tot.« Mit Angst in der Stimme fleht sie: »Bitte tun Sie mir nichts, bitte nicht!«

Für ihn ist damit der erste Schritt getan. Der überfallartige Angriff hat funktioniert: Das Opfer denkt nicht an Gegenwehr oder Flucht, sondern ist sofort paralysiert. Genauso wie er es sich ausgemalt hat. Also bleibt er bei der harten Tour und befiehlt ihr in »hartem Ton«, wie er es später ausdrückte, den Wagen zu starten und wieder aus der Garage zu fahren. Sie tut sofort, was er will.

»Wo ist dein Mann? Wer ist bei dir zu Hause?«, fragt er sie, als sie bei der Ausfahrt halten muss, um den Verkehr auf der schmalen Nebenstraße vorbeizulassen. »Niemand«, antwortet sie, »mein Mann ist verreist und sonst ist niemand in unserem Haus.« Dass sie Angst hat, sieht er ihr an. Für ihn ein Zeichen, dass sie nicht den Mut hat, zu lügen und irgendeinen Grund zu erfinden, warum man nicht zu ihr nach Hause könne. »Wer Angst um sein Leben hat, lügt nicht«, sagte er später. Er ist sich dennoch sicher, dass sie in ihm wohl »nur« einen Räuber sieht. Sie kann gar nicht ahnen, was er wirklich mit ihr vorhat. Wie auch? »Fahr zu dir nach Hause, und mach keinen Blödsinn. Ich weiß, wo du wohnst. Sonst bist du tot«, droht er ihr, und sie tut, was er sagt.

Während der Fahrt zielt er mit dem Revolver auf ihren Unterleib. Beim Beobachten des Verkehrs muss sie auch nach rechts schauen und sieht ihm direkt ins Gesicht. »Egal«, denkt er sich, sie wird eh keine Gelegenheit haben, mich zu identifizieren. Interessiert hätte es ihn aber schon, ob sie ihn eventuell sogar attraktiv fand. Wo er doch einmal gelesen hat, dass sich Entführungsopfer in ihre Entführer verlieben. Gedanken, die belegen, dass er wohl auch nicht zu den Hellsten zählte. Der ungepflegte und schmuddelige Typ hatte sich keine Mühe gemacht, sein Aussehen zu verbergen bzw. zu verändern. Ob es dem Opfer in den Sinn kam, dass das kein gutes Zeichen war, blieb im Dunkel.

Als sich die junge Frau einigermaßen gefangen hat, macht sie ihm ein Angebot, um herauszufinden, was er überhaupt will. »Wenn Sie Geld wollen, können wir doch auch zur Bank fahren, ich habe meine Scheckkarte dabei«, bietet sie ihm an. »Das kommt später«, antwortet er, »erst einmal will ich sehen, was ihr alles zu Hause habt. Und jetzt halt deine Fresse!« Er bleibt bei der harten Tour, um ihre Angst aufrechtzuerhalten. Er glaubte wirklich, ihr damit auch noch zu imponieren. Ist er doch felsenfest davon überzeugt, dass Frauen harte, kompromisslose Männer anziehend finden.

Frau Rebhan ist mit ihrem Entführer an ihrem Wohnhaus angekommen. Auf Befehl öffnet sie vom Auto aus das automatische Garagentor und fährt in die geräumige Doppelgarage ein. Das Tor schließt sich wieder, sodass sie nun abgeschirmt sind von der Außenwelt. Die ruhige Villengegend wirkt ohnehin wie ausgestorben an diesem Montagvormittag. Niemand war auf der Straße zu sehen, als sie durch die schmale Straße zum Haus fuhren.

Perg steigt aus, noch immer den Revolver in der Hand.

Direkt von der Garage gelangt man ins Haus. Dorthin dirigiert er seine Geisel. Als sich die Zugangstür hinter ihnen schließt, beginnt die Hölle für die junge Frau.

Frau Rebhan versucht noch einmal, ihn mit Geld zu locken. Sie verweist auf ihre Handtasche und die darin befindliche EC-Karte. Sie drängt ihm geradezu die dazugehörige PIN-Nummer auf und bietet ihm alles Geld und allen Schmuck an, der sich im Haus befindet. Alleine in ihrer Geldbörse hat sie fast 1 000 Euro. Aber das interessiert ihn nicht besonders. Dazu ist später noch Zeit, denkt er sich. Schmuck will er sowieso nicht haben. Weil das Risiko, geschnappt zu werden, wenn er ihn zu Geld zu machen will, zu groß ist. Außerdem ist er aus ganz anderen Gründen gekommen.

In dem Kellerraum, in dem allerlei Gerümpel aufbewahrt wird, verlaufen an der Decke mehrere Versorgungsrohre. Zwischen den Rohren und der relativ niedrigen Decke befindet sich ein schmaler Abstand. Er befiehlt der Frau, sich nackt auszuziehen. Daniela Rebhan fleht ihn an, ihr nichts zu tun, und droht vor Angst hysterisch zu werden. Also muss er wieder ein Zeichen setzen. Er schlägt ihr mehrfach ins Gesicht, wobei seine billigen Ringe entsprechende Verletzungen verursachen, wie auch bei der Obduktion festgestellt wurde. Dass sich das Oper ausgezogen haben muss, bevor es mit den Händen über Kopf gefesselt wurde, ist von der Tatsache abzuleiten, dass keine Beschädigungen an jenen Kleidungsstücken wie Bluse und Unterhemd vorhanden waren, die man hätte aufschneiden müssen, um sie trotz gefesselter Hände entfernen zu können.

Dann befiehlt er ihr, sich auf eine leere Getränkekiste zu stellen, die er im Kellerraum gefunden und unter das Rohr gestellt hat. Sie muss die Hände nach oben strecken und um das Rohr legen. Er steigt auf einen Stuhl und fesselt ihre Hände mit Kabelbinder – die er samt Zange zwei Wochen vorher in einem Baumarkt gekauft hat – oberhalb des Rohres zusammen. So steht sie nun da und kann mit ihren Beinen nicht mehr zutreten oder ausschlagen, ohne den Halt zu verlieren und mit dem vollen Körpergewicht an den gefesselten Händen zu hängen. Vermutlich war das auch mehrfach der Fall, denn die Verletzungen im Bereich der Handgelenke lassen diesen Schluss zu. Frau Rebhan ist ihrem Peiniger hilflos und wehrlos ausgeliefert. Ihr Wimmern und Weinen kann niemand hören, und selbst wenn sie laut geschrien hat, konnte das aus dem fensterlosen Kellerraum, den er ganz bewusst ausgesucht hat, nicht nach draußen dringen.

Bis zu diesem Punkt ließen sich die Ereignisse aufgrund der Spurenlage und der Ermittlungsergebnisse rekonstruieren. Das Ergebnis ist so eindeutig, dass es sich erübrigt, die daraus resultierenden Erkenntnisse den Aussagen des Täters gegenüberzustellen. Es konnte definitiv ausgeschlossen werden, dass Daniela Rebhan ihn, ihren heißgeliebten Liebhaber, wie so oft schon mit in die Villa genommen und sich freiwillig entkleidet hat und sich von ihm hat fesseln lassen. Diese zusätzliche Beschmutzung des Opfers ist an Bösartigkeit und Gemeinheit nicht zu überbieten. Wie weh dieser schlimme Zynismus dem Ehemann getan haben muss, konnte ich mir unschwer vorstellen.

Fest steht, dass die Frau über Stunden hinweg malträtiert und sexuell missbraucht wurde. Auf welche Art und Weise, konnte nicht sicher geklärt werden. Es liegt aber die Vermutung nahe, dass er sich irgendwelcher Gegenstände bediente. Irgendwann muss ihr klar gewesen sein, dass er sie nicht überleben lassen kann. Sie war schließlich intelligent genug, um zu realisieren, warum er sich keine Mühe gab, seine Identität zu verbergen oder zu verschleiern. Der klassische Verdeckungsmord wird ja bekanntlich gerade an Vergewaltigungsopfern praktiziert. Das Opfer wird erwürgt, erdrosselt oder erstochen, um den Vergewaltiger nicht identifizieren zu können.

Gegen 11.30 Uhr verlässt Konstantin Perg mit dem Ferrari das Tatanwesen, obwohl er nie einen Führerschein hatte und wohl auch nie einen bekommen würde. Zum einen, weil er schon wiederholt wegen Fahrens ohne Fahrerlaubnis aufgefallen war, und zum anderen, weil er als Drogenkonsument nie die medizinisch-psychologische Untersuchung (MPU) bestanden hätte. Dass er dennoch die Fahrt mit einem so auffälligen Auto wagt, kommt schon fast einem Selbststellungsversuch gleich. Aber seine Sucht, um jeden Preis aufzufallen und angeben zu können, ist stärker als die Angst vor Entdeckung. Also genießt er die Blicke, als er vor der Bankfiliale aussteigt und 1 000 Euro vom Geldautomaten abhebt. Dass er dabei von einer Kamera aufgenommen wird, ist ihm egal. Überhaupt tut er einiges, um uns Ermittlern die Arbeit zu erleichtern. Erst später, als uns klar wird, dass er alles auf die Karte der Freiwilligkeit setzt, werden seine Gedankengänge transparenter. Er wird den Kontakt zur Toten gar nicht abstreiten, sondern sogar bestätigen. Was aber die Art und Weise des Kontaktes betrifft, würde man ihm das Gegenteil von dem, was er behauptet, nicht nachweisen können: Er war ihr Geliebter, und sie hat alles freiwillig mitgemacht. Nur das Finale ist aus dem Ruder gelaufen …

Die vordergründigen Tatmotive schienen klar auf der Hand zu liegen. Zum einen ging es ihm um den Raub des Ferraris und um die Bereicherung durch Bargeld, zum anderen tötete er, um seine Vergewaltigungen zu vertuschen. Die Mordmerkmale der Habgier, der Befriedigung des Geschlechtstriebes, der Verdeckung einer Straftat und möglicherweise der Heimtücke und Grausamkeit in Verbindung mit Raub mit Todesfolge und Entführung schienen erfüllt und hätten ausgereicht, um ihn – rein theoretisch – zu einer fünfmaligen lebenslangen Freiheitsstrafe zu verurteilen. Allerdings gibt es erfahrungsgemäß immer ein Motiv hinter dem Motiv. Die Frage, die uns umtrieb, stellte sich nach Sichtung der vorhandenen Videofilme und der Ermittlungen in seinem Umfeld. Er schien ein sexueller Versager gewesen zu sein. Wie es seine naive Freundin formulierte: »Er kriegte einfach keinen hoch und konnte dann richtig böse werden. Einmal hat er in einem Klub eine hübsche Frau geschleckt, aber er konnte sie nicht richtig ficken, weil er keinen Ständer kriegte. Wie immer eigentlich. Da ist er ausgeflippt und hat getobt und randaliert. Bei mir ist er nicht aggressiv geworden, weil es mir wurscht war, wie er es macht. Er hat mich oft lange geleckt, dann nahm er die Finger oder die ganze Faust, aber reingesteckt hat er ihn eigentlich nie. Er hat immer gemeint, das langweile ihn, er würde es eben lieber anders machen. Ich glaube aber, dass er sich geschämt hat, weil sein Schwanz sehr klein war.«

Am Ende seiner Befragung nahm ich Perg ins sogenannte Kreuzverhör, in dem einem Beschuldigten Widersprüche, Lügen und anderslautende Aussagen vorgehalten werden.

»Herr Perg, Sie sagten, Sie hätten mehrfach den Geschlechtsverkehr mit dem Opfer ausgeführt. Bleiben Sie dabei?«

»Ja klar. Ich habe sie im Keller genommen, und zwar mehrfach im Stehen. Und später habe ich sie auf dem Bett gevögelt, sowohl anal als auch normal. Abgesehen davon hatten wir auch oralen Sex.«

»Komisch ist nur, dass wir keinerlei Sperma von Ihnen gefunden haben? Hatten Sie denn nie einen Samenerguss?«

»Ich habe ihn immer vorher herausgezogen, weil ich ja nicht blöd bin und weiß, dass man jemand durch Sperma identifizieren kann. Also habe ich in ein Taschentuch abgespritzt.«

»Wo haben Sie das gelassen?«

»Das habe ich weggeworfen in einen Müllcontainer, als ich unterwegs war.«

»Wo der genau steht, haben Sie natürlich vergessen, oder?«

»Sie sagen es. Keine Ahnung, wo das war, ich war an mehreren Stellen in dieser Zeit.«

»Herr Perg, Sie sind doch ein intelligenter Mensch und wissen doch selbst, dass Ihnen das Märchen von der Geliebten niemand glauben wird. Wenn Sie also kein eiskalter Mörder sein sollten, sollten Sie endlich selbst sagen, was wirklich passiert ist. Wobei wir nur an der Wahrheit interessiert sind. Könnte es also sein, dass Sie die Kontrolle über sich verloren haben? Vielleicht weil Sie wütend wurden? Es gibt Fälle, bei denen Männer ausgeflippt sind, weil sie von Frauen als Versager beschimpft oder ausgelacht wurden. Wir wollen nur wissen, was Sie wirklich veranlasst hat, die Frau zu töten.«

Nach einigem Zögern antwortet er: »Okay. Das mit der Geliebten war gelogen. Ich wollte ihr Auto, und ich wollte sie vergewaltigen. Aber das wäre gar nicht nötig gewesen, weil sie, als wir bei ihr zu Hause waren, selbst wollte, dass wir ins Bett gehen. Sie war einfach geil, und ich habe mitgemacht. Zuerst haben wir im Keller ein paar Fesselspielchen gemacht, dann sind wir ins Schlafzimmer. Sie erzählte mir, dass sie sich ein Kind wünschen, und das war für mich der Grund, warum ich nicht in ihr abspritzen wollte. Und Kondome lehne ich ab. Ich habe also vorzeitig abgebrochen, und darüber ist sie sauer geworden. Sie hat mich beschimpft und beleidigt, und daraufhin bin ich ausgerastet. Ich wollte sie eigentlich nicht töten und weiß gar nicht mehr, wie oft ich zugestochen habe. Ich hatte einen Blackout in dem Moment, das müssen Sie mir glauben. Ich bin jedenfalls kein eiskalter Mörder.«

Konstantin Perg war auf den Zug aufgesprungen. Die goldene Brücke, die ich ihm gebaut hatte – weg vom eiskalten Sexualverbrecher, hin zum tief gekränkten, im Affekt handelnden Verzweiflungstäter –, hat er überschritten. Ein klassisches Beispiel für den Versuch, die eigene Sicht der Dinge, auch subjektive Wahrheit genannt, in den Vordergrund zu stellen und Schadensbegrenzung zu betreiben. In diesem Fall hat mich aber etwas anderes sehr bedrückt: Ich konnte mir aufgrund dieser Aussage vorstellen, wie sehr die arme Frau um ihr Leben gefleht haben muss. In der Hoffnung, er würde Mitleid haben, hat sie ihm sogar von ihrem Kinderwunsch erzählt. Leider vergeblich. Psychopathen kennen keine Gefühle. Deshalb legte ich in meinen letzten Vorhalt all meine Verachtung, die ich für diesen Täter empfand. Es war falsch, das weiß ich, aber es hat mir gutgetan.

»Ich glaube Ihnen kein Wort. Ein Schlappschwanz sind Sie. Sie bekommen doch gar keinen hoch, sondern versagen regelmäßig. Und das macht Sie sogar dann aggressiv, wenn Sie Ihre Wut nicht abreagieren können, weil Sie nicht alleine sind, wie zum Beispiel in Ihren widerlichen Klubs. Deshalb haben Sie es bei einer Frau ausprobiert, die wehrlos war und andere Sorgen hatte, als sich über Ihren mickrigen Schwanz lustig zu machen. Und siehe da: Es hat trotzdem nicht funktioniert. Obwohl das Opfer in einer hilflosen Lage und Ihnen voll ausgeliefert war. Aus Wut darüber haben Sie die Frau getötet. Aber nicht spontan, sondern von Anfang an geplant. Schon als Sie die Frau in Ihre Gewalt gebracht hatten, war Ihnen klar, dass Sie sie töten würden, wenn es diesmal wieder nicht klappt.«

»Das stimmt nicht. Es war so, wie ich es gesagt habe.«

»Ein Feigling sind Sie also auch noch. Ein richtiger Mann würde zu seiner Tat stehen und nicht lügen. Also seien Sie endlich einmal ein Kerl! Und zu einem echten Kerl gehört auch, dass er zu seinen Schwächen steht. Ich frage Sie also noch mal: Stimmt es, was ich Ihnen vorgehalten habe?«

»Ja.«

Konstantin Perg wurde von einem renommierten Gerichtspsychiater untersucht, um feststellen zu lassen, ob seine Schuldfähigkeit zum Zeitpunkt der Tat aufgehoben oder eingeschränkt war. Denn schuldhaft handelt nach unserer Rechtsauffassung nur, wer zum Zeitpunkt der Tat nicht in der Lage war, das Unrecht der Tat einzusehen und nach dieser Einsicht zu handeln. So die juristische Formulierung.

Der Psychiater kam zum Ergebnis, dass die Steuerungsfähigkeit des Angeklagten weder aufgehoben noch eingeschränkt war. Er war und ist somit für seine Taten voll verantwortlich. Weder lag eine tief greifende Bewusstseinsstörung vor, wie beispielsweise bei Affekttaten oder Ausfallerscheinungen infolge Alkohols etc., noch litt er unter einer krankhaften seelischen Störung in Form von Schizophrenie oder einer hirnorganischen Anomalie. Sein Intelligenzquotient war überdurchschnittlich, es mangelte ihm aber an Bildung. Blieb die Frage, ob bei ihm eine Art sexueller Abartigkeit vorliegen könnte. Auch das war nicht der Fall, wenngleich man es als Laie hätte annehmen können. Schließlich schien sein ganzes Sinnen und Trachten auf Sex ausgerichtet gewesen zu sein. Trotzdem waren seine sexuellen Praktiken nicht als krankhaft bzw. pervers einzustufen, sondern als typisch für jemanden, der sich als sexueller Versager fühlt und deshalb anstatt des normalen Geschlechtsverkehrs Ersatzhandlungen wie Befriedigung mit den Fingern, Dildos, Oralverkehr u.a. Dingen bevorzugt. Damit war klar, woher die Zerreißungen bei unserem Opfer rühren konnten.

Dass Konstantin Perg in sozial schwachen Familienverhältnissen aufgewachsen ist, bedarf fast schon keiner besonderen Erwähnung mehr. Vater und Mutter waren Alkoholiker und Drogenkonsumenten. Ab seinem zwölften Lebensjahr war er vorwiegend in Heimen untergebracht. Insgesamt jedenfalls fehlte es ihm an jenen sieben Voraussetzungen, die für die gesunde Entwicklung eines Kindes unverzichtbar sind: Liebe, Geborgenheit, Angstfreiheit, Gewaltfreiheit, Drogenfreiheit,

Erziehung und Bildung. Obwohl Letztere möglich gewesen wäre bei einem Kind mit überdurchschnittlicher Intelligenz. Bekommen hat er sie nicht. Weil er nicht hatte, was jedes Kind braucht: gute Eltern.

Also entwickelte er sich zu einem Soziopathen, wie man es heute nennt, früher sprach man von Psychopathen. Der Psychiater bezeichnete ihn als Narzissten und als einen Menschen ohne Einsicht, Reue und Mitleid, dem die Fähigkeit zu moralischer Vernunft fehlt. Sein gefühlloses Verhalten generierte ausschließlich Sex ohne Liebe. Darüber hinaus ist er absolut stressresistent, ein hervorragender Lügner und ein gnadenloser Selbstdarsteller.

Konstantin Perg wurde zu einer lebenslangen Freiheitsstrafe verurteilt, einschließlich der Feststellung der besonderen Schwere der Schuld. Sicherungsverwahrung war nicht möglich, weil er als Ersttäter galt. Von heute an in etwa zehn Jahren ist er wieder ein freier Mann. Er ist dann 53 Jahre alt. Daniela Rebhan wäre dann 54 Jahre alt. Wäre ...

Opfer

Morde erregen Aufsehen und beherrschen die Schlagzeilen. Das mediale Interesse konzentriert sich jedoch vorwiegend auf die besonders spektakulären Fälle. Sind Prominente beteiligt, spielt es aber keine Rolle, ob sie Täter waren oder Opfer sind. Sie beherrschen immer die Schlagzeilen, und ihr tragisches Schicksal oder ihr verwerfliches Tun bleibt lange im Gedächtnis der Öffentlichkeit haften. Allerdings nicht detailliert. So wissen wohl die meisten Menschen um die Morde an Walter Sedlmayr und Rudolph Moshammer, aber die wenigsten kennen heute noch die Hintergründe oder können sich an die Täter erinnern.

Meist stehen bzw. standen Täter und Opfer in enger Beziehung zueinander, weshalb im Rahmen der Ermittlungen neben Täterbildern auch sogenannte Opferbilder erstellt werden, die Aufschluss geben sollen über Charakter, Lebenslauf und Lebensweise, sexuelle Präferenzen, Umfeld, Beruf, Vermögen, Glaubenszugehörigkeit und alles andere, was erforderlich ist, um herauszufinden, wer ein Interesse bzw. einen Grund gehabt haben könnte, diesem Menschen, der da tot vor einem liegt oder schwer verletzt wurde, das Leben zu nehmen. Wer oder was hatte die Tat verursacht? Handelte es sich beim Opfer um einen guten, liebenswerten, hilfsbereiten Menschen? War das Opfer nur zum falschen Zeitpunkt am falschen Ort? War es zu naiv, zu gutgläubig, zu blauäugig oder dem Täter gar hörig? Oder hat es provoziert, gedroht, erpresst oder beleidigt? War es gemein, bösartig, aggressiv, gewalttätig? Hatte es gar kriminelle Schuld auf sich geladen und Rachegelüste geweckt? Und warum weint diesem Opfer niemand eine Träne nach? War es eine Tat im Affekt, oder war sie geplant? Wo gab es Auffälligkeiten oder besondere Vorkommnisse im Leben der Täter, aber auch der Opfer? Diese und viele andere Fragen stehen im Raum, wenn es darum geht, herauszufinden, was geschehen ist …

Opfer erfahren in der Regel Mitgefühl. Schließlich sind sie – im wahrsten Sinne des Wortes – die Leidtragenden. Aber sie sind nicht die einzigen. Was zum Beispiel Menschen durchleiden, denen das Schlimmste widerfahren ist, das man erleiden kann, nämlich ein Kind gewaltsam verloren zu haben, das musste ich mehrfach hautnah miterleben. Doch großes Leid schweißt nicht immer nur zusammen, es kann auch trennen, da es vielen Paaren nicht gelingt, solche Schicksalsschläge gemeinsam zu bewältigen. Das könnte daran liegen, dass Menschen auf unterschiedliche Weise versuchen, das Trauma zu verarbeiten. Vielleicht können manche für die Art, wie der andere trauert, kein Verständnis aufbringen. Gegenseitige Vorwürfe und oft sogar Schuldzuweisungen bleiben dann nicht aus. Ich habe in solchen Fällen Angehörigen stets dazu geraten, von Anfang an professionelle Hilfe in Anspruch zu nehmen. Aber wie immer es auch endet: Diese Menschen sind ebenfalls Opfer – genauso wie die Angehörigen der Täter.

Nicht weniger tragisch kann es sein, wenn Angehörige von Tätern in Sippenhaft genommen und von ihrem privaten und beruflichen Umfeld unmenschlich ausgegrenzt werden. Was zum Beispiel Frauen und Kinder an Verachtung und Missachtung erleiden müssen, deren Ehemänner bzw. Väter wochenlang als Mörder in den Medien angeprangert wurden, kann sich wohl jeder selbst vorstellen. Mordfälle sind wie tödliche Lawinen. Der Aufbau auf nicht tragfähigem Untergrund verläuft weitgehend unbemerkt, und die aufziehende Gefahr wird entweder nicht erkannt oder ignoriert. Erst wenn sie zu Tal gestürzt sind, wird das Ausmaß ihrer Zerstörung sichtbar. Dann beginnt in der Regel die Suche nach der Ursache und den Schuldigen. Und die werden manchmal auch unter den Angehörigen von Tätern und sogar unter denen der Opfer gesehen.

Mitgefühl für die Opfer kann also auch mal ins Gegenteil umschlagen, und zwar dann, wenn irgendeine Form von Mitschuld erkennbar wird. So finden zwar die meisten Menschen, dass es keinerlei Rechtfertigung für vorsätzliche Tötungen gibt und geben darf, andererseits aber erfahren manche Mörder Verständnis, Zuspruch und sogar Milde bei der Strafzumessung, während diejenigen, die Opfer wurden, oft mit klammheimlicher Schadenfreude bedacht werden. Allerdings gibt es unterschiedliche Gewichtungen, wenn die vermeintliche Mitschuld von Opfern auf dem Prüfstand steht. Ist die Mitschuld auf Leichtsinn zurückzuführen oder einer Zwangslage geschuldet gewesen, dominieren meist Verständnis und Mitgefühl. Aber wehe, die Mitschuld von Opfern ist auf moralisches Fehlverhalten zurückzuführen. Man denke zum Beispiel an Ehebruch oder ungewöhnliche sexuelle Präferenzen, die allgemeinen Moralvorstellungen zuwiderlaufen und nicht einmal strafbar sein müssen. Dann schlägt das Pendel in die andere Richtung aus, und die Opfer fallen ganz schnell durch das moralische Raster ihrer Mitmenschen.

Als zum Beispiel bekannt wurde, dass der im Jahre 1990 brutal ermordete Volksschauspieler Walter Sedlmayr schwul war, ging ein Aufschrei des Entsetzens durch Bayern – nicht so sehr, weil er zu Tode gefoltert wurde, sondern weil dieser Paradebayer, die Ikone bayerischer Lebensart, homosexuell war. Dass sein Tod letztendlich nichts mit seiner sexuellen Präferenz zu tun hatte, sondern einen geschäftlichen Hintergrund hatte, wissen die wenigsten heute noch. Die meisten Leute assoziieren mit seinem Tod Homosexualität, Stricherkontakte und ein gefährliches Doppelleben. »So ganz unschuldig war er ja nicht an seinem Tod, der Sedlmayr«, meinen noch heute viele Menschen und sprechen ihm damit den Status des völlig unschuldigen Opfers ab.

Aber auch im heterosexuellen Bereich gibt es Abwertungen in Bezug auf die Opferrolle. Das zeigte der Fall eines seit 40 Jahren »glücklich« verheirateten Landwirts, den mir ein Insider ausführlich schilderte. Er ereignete sich in einer kleinen Gemeinde irgendwo in Bayern. Der Landwirt und natürlich auch einige andere »gestandene Mannsbilder« der Gemeinde vergnügten sich hin und wieder mit Prostituierten in der Tschechei. Eines Tages raubte man den Mann dort aus und brachte ihn um. Im Dorf brach daraufhin ein Sturm der Entrüstung los. Vor allem die Dorfbewohnerinnen ließen kein gutes Haar an ihm, obwohl der bislang sehr beliebte Mann hohes Ansehen genossen hatte. Damit war es schlagartig vorbei. Viele Frauen beschimpften den Landwirt plötzlich posthum als »alten Hurenbock«, der doch selbst schuld gewesen sei an dem, was ihm widerfahren sei.

Andererseits gibt es Opfer, die vorher Täter waren – zum Beispiel permanent gewalttätige Ehemänner –, und Täter, die vorher Opfer waren, wie beispielsweise die jahrelang geschlagene Ehefrau, die irgendwann zum Messer greift. Vor allem das Verhalten von Frauen, die Opfer häuslicher Gewalt geworden sind, ist für pragmatisch denkende Ermittler oft nur schwer nachvollziehbar. Warum bleibt eine Frau, die permanent körperlicher und seelischer Gewalt ausgesetzt ist, oft jahrelang bei ihrem Peiniger oder kehrt immer wieder zu ihm zurück? Die vier häufigsten Begründungen kennt jeder erfahrene Polizist: »Wo hätte ich denn hinsollen mit den Kindern?« oder »Ich habe ihn trotz allem noch geliebt« oder »Ich habe mich geschämt vor meiner Familie und den Leuten« und schließlich »Ich habe gehofft, dass er sich doch noch ändert«.

Man darf über solchen Opfer-Frauen trotzdem nicht den Stab brechen, denn sobald Kinder zu versorgen sind und sie kein eigenes Einkommen haben, sind ihre Chancen, wegzugehen und anderswo ein unbehelligtes Leben zu führen, sehr begrenzt. Und Kinder aus ihrer gewohnten Umgebung zu reißen und in eine ungewisse Zukunft zu führen ist nicht nur besonders problematisch, es ist meist auch gar nicht umzusetzen. In einschlägigen Fachartikeln habe ich gelesen, dass viele dieser Frauen nicht wahrhaben wollen, dass ihre Ehe gescheitert ist, weshalb sie nach außen hin den Schein einer intakten Familie aufrechterhalten. Erst wenn es unerträglich wird, flüchten sie in Frauenhäuser. Wenn man den amtlichen Statistiken glauben darf, sind das jährlich circa 45 000 Frauen.

Jede dritte Frau wurde schon einmal Opfer häuslicher Gewalt. Diese ist ein großes gesellschaftliches Problem und übrigens einer der fruchtbarsten Nährböden für Tötungsdelikte, oft einhergehend mit tage-, wochen- und sogar monatelangem Stalking, dem wir Polizisten und leider auch die Justiz relativ hilflos gegenüberstehen. Ich könnte auf Anhieb ein halbes Dutzend Tötungsdelikte an Frauen aufzählen, die vor ihrer Ermordung beobachtet, verfolgt, bedroht und attackiert wurden. »Es muss immer erst etwas passieren, bevor die Polizei eingreift«, lautet hinterher fälschlicherweise der Vorwurf. Die Polizei kann jedoch Haftbefehle weder beantragen noch erlassen. Das ist Sache der Justiz, und die wiederum ist an Gesetze gebunden. Die aber reichen in diesen speziellen Fällen nicht aus, um Stalker inhaftieren zu können, weil der Haftgrund »Wiederholungsgefahr« hier nicht greift, da die Wiederholung den Straftatbestand ja überhaupt erst ausmacht. Es ist also wirklich so, dass erst passieren muss, was eigentlich hätte verhindert werden sollen. Eine besonders für Polizisten sehr belastende Sachlage, weil man in die Defensive gedrängt wird und sich absolut hilflos vorkommt, obwohl man weiß, wie gefährlich Stalker werden können. Erst wenn der Übergriff erfolgt ist, darf man tätig werden und solche Männer aus dem Verkehr ziehen. Nach derartigen Dramen wird jedoch stets die Polizei nicht nur von den Angehörigen der Opfer kritisiert, sondern regelmäßig auch von den Medien. Meist lauten dann die Schlagzeilen: »Die Polizei wusste Bescheid, hat aber nichts getan.« Eigentlich müsste es heißen: »Die Polizei wollte etwas tun, durfte aber nicht.«

Inzwischen gibt es wenigstens ein Gewaltschutzgesetz, das die Polizei berechtigt, prügelnde Männer sofort aus der Wohnung zu entfernen – ein Fortschritt, der sicherlich viele gefährliche Eskalationen verhindert hat, aber natürlich nicht die Lösung des Problems bedeutet. Stalking wird in der Regel erst dann bekannt, wenn eine der verfolgten und bedrohten Frauen irgendwann doch noch getötet wurde oder sie sich zur Wehr gesetzt und ihren Peiniger umgebracht hat. Nahezu jede Woche ereignen sich solche Familiendramen irgendwo in Deutschland, und nicht selten kommt es vor, dass Kinder dabei zusehen mussten. Sie müssen ihr ganzes Leben lang mit den Folgen leben.

In diesem Zusammenhang ist übrigens auch folgende Feststellung interessant: Welche Bevölkerungsgruppe gilt als kriminellste und gefährlichste? Sind es etwa Mafiosi, Rocker, Zuhälter oder jugendliche Schläger? Weit gefehlt, es sind die Ehemänner. Viel zu viele von ihnen lassen ihren Frust an den Menschen aus, die ihnen am nächsten sind, und werden zu gewalttätigen und gefährlichen Personen. Von den vielen Tausend Polizisten, die jährlich im Dienst verletzt werden, sollen circa 80 Prozent auf das Konto randalierender, häufig unter Alkoholeinfluss stehender Ehemänner gehen. Und wenn ich meine persönliche Statistik zugrunde lege, handelt es sich bei den meisten der sogenannten Intelligenztäter, die den perfekten Mord zu begehen versuchen, ebenfalls überwiegend um Ehemänner. Und bei den Opfern handelt es sich nahezu ausschließlich um deren Ehefrauen oder Partnerinnen, die sie aus den verschiedensten Gründen umbringen wollen oder umzubringen versuchen.

»Man muss kein böser Mensch sein, um böse Taten zu begehen.« Dieser Satz stammt von Prof. Kröber, Chefpsychiater an der Charité in Berlin. Hier würde ich gerne ergänzend anfügen: »Und nicht alle Opfer böser Taten sind gute Menschen gewesen.« Denn ebenso wie es unterschiedliche Tätertypen gibt, gibt es unterschiedliche Opfertypen. Deshalb werden Täter nicht immer negativ und Opfer – mit Ausnahme von Kindern – nicht immer positiv gesehen. Werden Kinder getötet, machen sich zu Recht große Betroffenheit und blankes Entsetzen breit. Dennoch ist es kaum zu glauben, dass in unserem zivilisierten und sicheren Land wöchentlich drei Kinder umgebracht werden. Die meisten davon sind noch nicht einmal sechs Jahre alt. 2013 waren es 153 Kinder, die erschlagen, erstochen, erwürgt oder auf sonstige Weise ermordet worden sind. 2014 wurden 101 Kinder gewaltsam zu Tode gebracht. Dieser Rückgang berechtigt aber nicht zur Hoffnung auf dauerhafte Besserung, schon im nächsten Jahr kann die Opferzahl wieder steigen. Hinzu kommt, dass an jedem Tag des vergangenen Jahres 37 Kinder sexuell missbraucht worden sind, macht zusammen 13505 Opfer. Eine gewaltige Dunkelziffer kommt noch hinzu. Täter sind mehrheitlich Papi, Mami, Onkeln, Tanten, Nachbarn und andere Personen aus dem engeren Umfeld. Dort also, wo sich Kinder am sichersten und geborgensten fühlen, droht ihnen die größte Gefahr. Seit Jahren wird ein Gewaltschutzgesetz auch für Kinder gefordert, mit gesetzlich vorgeschriebenen Pflichtuntersuchungen, aber nichts ist bislang geschehen. Warum nur? Weil Kinder genauso wenig eine Lobby haben wie Tote?

Werden Kinder getötet, kann es keine Form von Verständnis für die Täter geben, fordern die meisten Menschen. Allerdings denken sie dabei an schreckliche Sexualmorde und kaum an Kindstötungen durch überforderte, verzweifelte oder psychisch kranke Mütter, wie sie leider viel zu häufig vorkommen. Ich selbst erinnere mich an ein Jahr, in dem ich mit einem halben Dutzend solcher Fälle konfrontiert worden war und fast selbst in eine psychische Krise geraten wäre, weil ich mich so hilflos gefühlt habe. Verdienen Mütter, die ihr Kind aufgrund einer Schwangerschaftspsychose oder fehlender Zukunftsperspektive getötet haben, Verständnis?

In einem aufsehenerregenden Fall, der erst kürzlich heftige Diskussionen auslöste, ging es um eine zur Tatzeit 18-Jährige, die ihr Neugeborenes unmittelbar nach der heimlichen Geburt mit einem Teppichmesser getötet hatte. Die Frau versteckte anschließend den Leichnam des Kindes wochenlang in einer Garage, bevor sie ihn in einen Korb legte, diesen an die Isar brachte und dort ins Wasser setzte. Korb und Leiche wurden entdeckt, und die Mutter des Neugeborenen – welches von der Polizei sinnigerweise »Moses« getauft worden war – konnte nach einem Hinweis ihrer eigenen Mutter, die den in Zeitungen abgebildeten Korb erkannt hatte, ermittelt und festgenommen werden. Als sicher feststand, dass ihr Enkelkind von der eigenen Tochter getötet worden war, nahm sie sich das Leben, indem sie vor einen Zug sprang. Sie konnte ihrer Tochter ebenso wenig verzeihen, wie es auch die gesamte Verwandtschaft konnte. Nach deren Meinung hätte die junge Frau keinen Grund gehabt, ihr Kind zu töten.

Ganz anders sah das die zuständige Staatsanwältin. Sie rückte in ihrem Plädoyer zunächst vom Mordmerkmal der Heimtücke ab und bezeichnete die Angeklagte selbst als Opfer. Die junge Mutter habe nach der Geburt sogar Glücksgefühle gehabt, ihr Baby auf den Arm genommen und es gesäubert, so die Anklagevertreterin. Zugleich aber habe sie sich in einem Gefühlschaos befunden, nachdem sie vom Freund verlassen worden war und sich von ihrer Familie unverstanden fühlte. Sie habe sich gefragt, wie sie das Kind unter diesen Umständen allein würde aufziehen können, habe keinen Ausweg erkannt und es schließlich mit dem Teppichmesser getötet. Nachdem sie das tote Kind monatelang in der Garage aufbewahrt und dort auch immer wieder aufgesucht hatte, habe sie es an die Isar gebracht, »auf dass der Fluss den Leichnam und damit auch ihre Sorge wegschwemme«, so die Staatsanwältin wörtlich. Ihr Fazit: »Sie ist nicht allein schuld, sie ist keine gewissenlose Mörderin.« Wegen Totschlags beantragte sie eine Haftstrafe von sechs Jahren und neun Monaten, der Verteidiger forderte fünf Jahre, und das Urteil lautete auf fünf Jahre und neun Monate. Damit waren alle zufrieden.

War das angemessen? Oder zu hart? Oder zu mild? Darf man die Heranwachsende, der volle Schuldfähigkeit bescheinigt wurde, wirklich auch als Opfer sehen? Wovon? Durfte sie ihre eigenen Befindlichkeiten und relativ überschaubaren Probleme über das Recht ihres Kindes auf Leben stellen? Immerhin hätte es andere Lösungsmöglichkeiten gegeben, wie man inzwischen weiß.

Sicher ist, dass hier wohl unterschiedlichste Sichtweisen zum Tragen kommen. Viele werden argumentieren, dass Tausende von Müttern auf der ganzen Welt, obwohl in größter materieller und seelischer Not, verzweifelt darum kämpfen, ihre Kinder durchzubringen, anstatt sich ihrer zu entledigen. Dagegen seien die Probleme dieser jungen Mutter, die jede Hilfe bekommen hätte, vergleichsweise gering gewesen. Andere argumentieren, man könne die völlig unterschiedlichen sozialen Lebensbedingungen nicht gegenüberstellen. Die Probleme einer bitterarmen jungen Mutter in einem Entwicklungsland seien ganz andere als die einer jungen Frau in unserem hoch entwickelten Wohlstandsstaat. Auch ein Vergleich mit den lebensfeindlichen Bedingungen, mit denen Hunderttausende von Müttern in der Nachkriegszeit alleine auf sich gestellt waren und die nur unter größten Entbehrungen ihre Kinder aufgezogen hatten, sei nicht angebracht, da es ganz andere Ausgangslagen sind. Es käme eben nicht nur auf die materielle Versorgung und die sozialen Verhältnisse an, sondern auch auf zwischenmenschliche, psychische und seelische Probleme. Und die seien eben individuell verschieden und sowohl zeit- als auch grenzenlos.

Glücklicherweise schaffen es die meisten jungen Frauen in ähnlicher Lage, sich zum Beispiel Hilfe bei sozialen Einrichtungen zu suchen. Dazu zählen übrigens auch die knapp 100 anonymen Babyklappen, die es inzwischen in Deutschland gibt und die einer Frau heutzutage in keinerlei Hinsicht mehr die Rechtfertigung geben, ihr Neugeborenes zu töten. Rund 300 Babys konnten auf diese Art und Weise bereits gerettet werden.

Wenn Mütter ihre Kinder dennoch töten, so meine Erfahrung, geschieht dies übrigens zu einem erheblichen Teil deshalb, weil diese Frauen samt Kindern von ihren Männern wegen einer anderen Frau verlassen wurden. Bei vielen Fällen, die ich im Laufe fast eines halben Jahrhunderts bei der Polizei miterleben musste, wollten die Frauen sterben und ihr Kind nicht in dieser bösen Welt alleine zurücklassen. Man spricht dann vom Mitnahme-Suizid. Auch hier handelt es sich letztlich um Täterinnen, die sich als Opfer fühlten und nahezu immer aus tiefer Verzweiflung handelten. Manchmal wollten sie aber auch den untreuen Mann bestrafen.

Bleibt noch ein letztes, glücklicherweise sehr seltenes Motiv, warum Frauen ihre Kinder töten. Eines, das nur sehr schwer nachvollziehbar ist, nämlich das der sexuellen Hörigkeit. Man spricht auch von krankhafter Liebe, die aber von den Betroffenen als echte, tiefe, bedingungslose Liebe empfunden wird. Es gibt schreckliche Beispiele für derartiges Verhalten in der Kriminalgeschichte, man erinnere sich zum Beispiel an den Fall »Weimar«, in dem die Mutter ihre beiden Töchter aus Liebe zu einem anderen Mann getötet hatte. Einem Menschen hörig zu sein macht willenlos und raubt die Fähigkeit, sich gegen bestimmte Handlungsweisen aufzulehnen. Man nimmt in Kauf, was keine Mutter unter normalen Umständen akzeptieren würde, nämlich die Misshandlung oder gar Tötung der eigenen Kinder.

Nie werde ich den Anblick des toten Körpers eines zweijährigen Mädchens vergessen, der im Institut für Rechtsmedizin in München obduziert wurde. Die Kleine war schrecklich zugerichtet worden, übersät mit Brandwunden, die durch brennende Zigaretten verursacht wurden. Das Martyrium dieses Kindes trieb selbst hartgesottenen Rechtsmedizinern, Polizisten und Juristen die Tränen in die Augen. Der 25-jährige neue Freund der Mutter hatte mit deren Billigung das »Hurenkind« über Wochen hinweg derart grausam misshandelt, dass ihm jeder, der die Einzelheiten kannte, den Tod an den Hals wünschte. So musste das kleine Mädchen stundenlang auf einem Bein und völlig nackt im eiskalten Keller stehen. Wenn es nicht mehr konnte, wurde es mit brennenden Zigaretten gefoltert. Besonders unerträglich war dabei der Umstand, dass die Mutter des Mädchens aus Angst, sie könnte den Geliebten verlieren, die Misshandlungen geduldet hat. Bis die Kleine tot war. Die Verurteilung dieses Mörderpärchens zu sechs Jahren Gefängnis wegen Körperverletzung mit Todesfolge wurde nicht nur als Skandal empfunden, es war ein Skandal. Einer der Fälle, wo man sich fragt, was wohl im Kopf solcher Richter vor sich gehen mag. Gott sei Dank hob der BGH das Urteil auf, und ein anderes Gericht verurteilte die beiden zu der Strafe, die sie verdient haben, nämlich zu lebenslanger Haft.

Zusammenfassend lässt sich also sagen, dass es einerseits Frauen gibt, die ihre Kinder töten und dennoch auf ein gewisses Maß an Verständnis treffen, andererseits gibt es solche, die tiefe Verachtung und abgrundtiefen Hass ernten, weil sie mütterliche Opferbereitschaft und Fürsorgepflicht vermissen ließen. Es hat sogar schon Mütter gegeben, die ihre Kinder verhungern ließen. Ein schrecklicher, grausamer Tod. Solche Kinder essen am Ende sogar ihre eigenen Fäkalien. Glücklicherweise sind derartige Fälle sehr selten, aber jeder einzelne Fall ist einer zu viel.

Man kann es drehen und wenden, wie man will, die Rolle der Opfer lässt sich nicht ausblenden, und manchmal wird sie zum Drama. Wie zum Beispiel der Mob im Internet einen Unschuldigen voreilig und in teilweise erschreckend primitiver Art mit Hasstriaden und Häme überschüttet hatte, zeigt der Fall des Parkhausmordes in Emden, bei dem ein elfjähriges Mädchen getötet worden ist. Ein 17-Jähriger, der vorher durch die Polizei überprüft worden war, wurde in einem Shitstorm der übelsten Form bedroht, obwohl er bereits als unschuldig galt. Der Junge erlitt dadurch ein Trauma.

In diesem Fall war der junge Mann, obwohl als Tatverdächtiger bereits ausgeschieden, plötzlich zum Opfer geworden. Und

Opfer wäre er heute noch, hätte man den wahren Täter nicht gefunden. Er wäre ganz sicher für alle Zeiten derjenige geblieben, der »es gewesen sein dürfte, dem man es aber nicht nachweisen konnte«. Ein Fall, der beweist, dass auch völlig Unbeteiligte zu Opfern werden können. Rufmord nannte man das früher, eine Bezeichnung, die zum Ausdruck bringt, dass man Menschen auch dadurch ermorden kann, indem man ihren Ruf und ihre Reputation zerstört. Heute spricht man von »Mobbing« oder »Shitstorm« und meint damit das Gleiche, nämlich die Art und Weise, wie man andere Menschen »fertigmachen« kann. Ich bin mir sicher, dass nicht wenige dieser Opfer sogar in den Suizid getrieben werden.

Anonymität wird allerdings nicht nur im Netz missbraucht. Hier ist es aber einfacher und sicherer, gehässige Kommentare zu verbreiten. Ein Eldorado für Feiglinge und solche, die gerne aus dem Hinterhalt agieren. Als Ermittler kämpft man aber auch gegen sogenannte Gerüchteküchen, gegen die Verbreitung ungesicherter Erkenntnisse hinter vorgehaltener Hand. Manche dieser Gerüchte erfüllen sogar den Straftatbestand der üblen Nachrede oder der Verunglimpfung Verstorbener. Von den beiden älteren Damen, die in der Schlange vor dem Kondolenzbuch anstanden und von denen die eine der anderen einen Satz zuraunte, den ich deutlich verstehen konnte: »Die war doch selber schuld, dass es so gekommen ist!«, erfuhr ich allerdings nichts Neues. Denn es hatte sich schon in der Anfangsphase unserer Ermittlungen herauskristallisiert, dass diejenige, die vom Grabredner mit salbungsvollen Worten als in jeder Beziehung wertvoller Mensch gepriesen wurde, in Wahrheit eine egoistische, raffgierige, selbstherrliche Person gewesen sein soll, die ihr gesamtes Umfeld angeblich terrorisierte, schikanierte und demütigte.

Die ermordete Millionärin wurde selbst von Freundinnen und Freunden als eine von der Sorte beschrieben, die sich mit ihrem vielen Geld Abhängigkeiten erkaufte, dadurch Macht über andere gewann und dies auch entsprechend auskostete. Mit ihrem despotischen Verhalten demütigte sie nicht nur Familienangehörige, Freunde und Bekannte, sondern auch ihre Angestellten. Alle mussten ihre Launen ertragen.

Vermutlich war das auch der Grund, warum niemand der Trauergäste am Grab eine Träne vergoss. Das gezeigte Entsetzen bezog sich wohl mehr auf ihren grausamen, brutalen und qualvollen Tod. War ihr doch der Schädel mit über 20 Schlägen vermutlich mit etwas Ähnlichem wie einem Montiereisen großflächig zertrümmert worden.

Der Täter wurde nach einem der längsten Indizienprozesse der bayerischen Kriminalgeschichte zu lebenslanger Haft verurteilt. Doch wie bei Indizienprozessen fast schon üblich, sprachen nach der Urteilsverkündung die Angehörigen und Freunde des Verurteilten von einem Justizskandal und einem Fehlurteil wegen der schlampigen, einseitigen Ermittlungen der Mordkommission, deren Chef ich war. Der Bruder des Täters behauptete in einem Zeitungsinterview sogar, ich hätte so kurz vor meiner Pensionierung keinen ungeklärten Fall hinterlassen wollen, damit meine »großartige Erfolgsbilanz« keinen dunklen Fleck bekomme. Deshalb sei ich unter Druck geraten und hätte alles darangesetzt, irgendjemand als Täter präsentieren zu können. Und da sein Bruder am besten gepasst habe, hätte ich ihn bewusst ausgesucht und die Ermittlungen mit List und Tücke so gelenkt, dass er verurteilt werden musste.

Ich denke, diesen Unsinn muss ich wirklich nicht kommentieren, auch wenn mir Vergleichbares in den zweieinhalb Jahrzehnten bei der Mordkommission nicht untergekommen ist. Bei der Urteilsverkündung riss sich zum Beispiel der auffallend engagierte und auf Konfrontation ausgerichtete Anwalt die Robe herunter und verließ beleidigt den Gerichtssaal, ohne die Urteilsbegründung abzuwarten. Das empfanden sogar die Medien als peinlich und unprofessionell.

Mittlerweile hat sich sogar eine Bürgerinitiative gegründet, die mit allen Mitteln für ein Wiederaufnahmeverfahren kämpft, als Anreiz für Hinweise wurden sogar 250 000 Euro Belohnung ausgesetzt. Was man sich leicht leisten kann, schließlich erbte die Familie des Täters die Millionen des Mordopfers – ein in meinen Augen fast schon perverser Vorgang. Als Mörder kann man zwar sein Opfer nicht beerben, aber es gibt offensichtlich Schlupflöcher.

Problematisches Opferverhalten spielt bei den Ermittlungen eine tragende Rolle. Tötet jemand aus Eifersucht, muss ihn jemand eifersüchtig gemacht haben. Erträgt jemand jahrelange Demütigungen und Misshandlungen nicht mehr und greift zum Messer, hat es jemanden gegeben, der die Ursache dafür war. Missbraucht und tötet jemand ein Kind und wird daraufhin selbst zum Opfer, weil Vater, Mutter, Geschwister oder Mitgefangene Rache üben, ernten die Täter meist Verständnis. Im Grunde genommen vertreten wir Ermittler die Interessen der Tatopfer, denn Verbrechensopfer bzw. deren Angehörige wollen in der Regel, dass die Täter gefunden und verurteilt werden. Immer? Nein, nicht immer. Vereinzelt gibt es auch Fälle, bei denen die Opfer kein Interesse an der Aufklärung haben und sogar alles tun, um diese zu verhindern. Solche Verhaltensmuster findet man vorwiegend in Bereichen der organisierten Kriminalität, wo es generell unerwünscht ist, dass die Polizei ermittelt. Meistens haben die Opfer und ihre Angehörigen Angst vor Repressalien und folgen lieber dem Gesetz des Schweigens. Man stößt in diesen Kreisen tatsächlich auf die berühmte »Omertà«, die Mauer des Schweigens, und muss eben auf andere Weise versuchen, Licht ins Dunkel zu bringen. Auf die Opfer kann man hier kaum zählen, und die Zeugenvernehmungen sind relativ kurz und beinhalten meist nur diese eine Standardantwort: »Ich weiß nichts.«

Es gibt aber auch im Bereich der Beziehungstaten Fälle, bei denen die Opfer – sofern sie überlebt haben – und deren Angehörige an einer Überführung der Täter nicht interessiert sind. Das hat man zu respektieren, es bedeutet aber nicht, dass die

Ermittlungen deswegen eingestellt werden. Hin und wieder kommt es zum Beispiel vor, dass die vollständige Aufklärung von Tötungsversuchen an Ehepartnern daran scheitert, dass die verletzte Person keine Angaben macht und sich auf das Zeugnisverweigerungsrecht beruft. »Nein, mein Mann wollte mich nicht umbringen, ich bin selber ins Messer gefallen«, sagte zum Beispiel eine Frau, die von ihrem gewalttätigen Ehemann niedergestochen worden war. Damit musste der Täter aus der Haft entlassen werden. Zwei Monate später konnte die arme Frau ihren Berserker nicht mehr in Schutz nehmen – weil sie die nächste Attacke nicht überlebt hatte.

Das Zeugnisverweigerungsrecht hat einen sehr hohen Stellenwert, wie ich auch schon an anderer Stelle betont habe. Niemand ist gezwungen, sich selbst oder Angehörige zu belasten. Das halte ich für ein gutes Gesetz, weil es Menschen nicht strafbar werden lässt, nur weil sie ihrem Gewissen folgen. Aber wie soll sich eine Ehefrau verhalten, die weiß, dass ihr Mann die Tochter missbraucht? Für mich wäre die Sache klar: Anzeige erstatten, und zwar sofort. Leider ist das in der Realität anders. Da stehen Vertuschung, Totschweigen und Abwenden von Schande im Vordergrund. Der Schein von der heilen Familie muss nach außen hin gewahrt werden. In solchen Fällen sind Ermittler meist auf Hinweise angewiesen, die von Nachbarn, Erziehern, Lehrern, Freunden kommen bzw. kommen sollten. Denn niemand hat das Recht, einen anderen Menschen als sein Eigentum zu betrachten und ihm Schaden zuzufügen. Deshalb gibt es Delikte, die von Amts wegen verfolgt werden müssen. Juristen sprechen von Offizialdelikten. Das Zeugnisverweigerungsrecht bleibt davon unberührt.

Bleiben wir noch bei den Angehörigen. Besonders schlimm für die Hinterbliebenen von Mordopfern ist es, wenn sie neben ihrem ohnehin schon unerträglichen Leid auch noch selbst als Tatverdächtige ins Visier der Ermittler geraten. Bei Beziehungstaten oder solchen, die dafür gehalten werden, ist das aber leider unumgänglich. Selbst wenn es keinen konkreten Verdacht gegen Angehörige gibt, müssen diese als potenzielle Täter ausgeschlossen werden. Solange nämlich die Täterschaft nicht sicher bewiesen ist, muss in alle Richtungen ermittelt werden, und das geschieht auch durch das Ausschlussverfahren. Wurde das unterlassen, stünde garantiert der Vorwurf einseitiger Ermittlungen im Raum. Damit könnte die Verurteilung des wahren Täters scheitern. Denn wenn auch nur die geringste Wahrscheinlichkeit besteht, dass jemand anderes als der Tatverdächtige als Täter infrage kommen könnte, greift der Grundsatz »Im Zweifel für den Angeklagten«.

»Nur ein totes Opfer ist ein gutes Opfer.« Diesen bösen, zynischen Satz zischte mir eine Staatsanwältin halblaut zu, als sie wutentbrannt an mir vorbei aus dem Sitzungssaal stürmte, in dem gerade das weibliche Opfer eines versuchten Tötungsdeliktes einen derart negativen Eindruck hinterlassen hatte, dass Zweifel darüber aufkamen, wer wohl einen fieseren Charakter haben dürfte: sie oder ihr auf der Anklagebank sitzender Ehemann, der sie mit einem Messer niedergestochen hatte, weil er ihre bösartigen Attacken nicht mehr ertragen konnte. Hatte sie ihn doch nicht nur wie üblich geohrfeigt, als er am Nachmittag des 24. Dezember zu spät nach Hause kam, sondern ihm auch noch die heiße Weihnachtsente an den Kopf geworfen. Daraufhin griff der seit Jahren misshandelte Mann zu einem herumliegenden Messer und stach zu. Nur ein einziges Mal. Da der Stich lebensbedrohlich in den Rücken erfolgt war, kam es zu einer Anklage wegen versuchten Mordes, wobei Heimtücke – wie bei Stichen in den Rücken obligatorisch – als Mordmerkmal angenommen wurde. An eine Verurteilung wegen versuchten Mordes war nach dem Auftritt der Ehefrau allerdings nicht mehr zu denken. Was offensichtlich auch im Sinne der meisten Zuhörer war, von denen einige vor dem Gerichtssaal skandierten, diese böse Hexe sei schließlich schuld gewesen, dass dieser bedauernswerte Mann die Kontrolle über sich verloren habe. Der Täter erhielt wegen versuchten Totschlags »nur« fünf Jahre und sechs Monate Gefängnis.

Da es in einem Strafverfahren nicht allein um die Frage von Schuld oder Unschuld geht, sondern auch um die Art und Weise, den Anlass und die Verwerflichkeit schuldhaften Verhaltens, ist natürlich auch die Opferrolle von entscheidender Bedeutung. Und weil es keine Straftat ohne Opfer gibt, stehen immer auch deren Glaubwürdigkeit sowie die Glaubhaftigkeit ihrer Aussagen im Vordergrund. Man denke beispielsweise an den spektakulären Prozess gegen einen Fernsehmoderator, der beschuldigt worden war, eine seiner vielen Geliebten mit einem Messer bedroht und vergewaltigt zu haben. Weil aber das Gericht nicht von der Glaubhaftigkeit der Opferaussage überzeugt war und eben auch im Raume stand, dass die Dame ihr Opfersein nur vorgetäuscht haben könnte, um sich dafür zu rächen, dass es der Geliebte auch mit anderen Frauen trieb, bedeutete dies den Freispruch für den Angeklagten nach dem Grundsatz »In dubio pro reo«.

Wahres Opfer einer Gewalttat zu werden oder zu sein bedeutet nahezu immer zweimaliges Leid, sofern man natürlich die Tat überlebt hat. Für Menschen, denen man nach dem Leben trachtete und die dabei schwer verletzt wurden, wird nichts mehr so sein, wie es einmal war. Sie sind in der Regel ein Leben lang traumatisiert, manche sind schrecklich entstellt oder haben deshalb neben psychischen auch unter den physischen Schäden lebenslang zu leiden. Dazu fällt mir beispielsweise ein 17-jähriger Schüler ein, dem ein Auge ausgeschlagen wurde. Die Folgen dieser schweren Körperverletzung sind allerdings wesentlich tragischer als bei einem versuchten Tötungsdelikt, wie zum Beispiel bei einem nicht lebensbedrohlichen Messerstich in die Schulter. Trotzdem kann die folgenschwerere Tat juristisch als weniger schwerwiegend bewertet werden als der relativ harmlose Messerstich, bei dem es sich sogar um versuchten Mord handeln kann. Es stehen also in erster Linie nicht die Folgen für das Opfer im Fokus der Bewertung, sondern die innere Einstellung des Täters. Was wollte er mit seiner Tat erreichen? Welche Absicht verfolgte er? Handelte er mit direktem Vorsatz oder nahm er die Folgen seines Tuns zumindest billigend in Kauf? Was den Schläger betrifft, so hatte der nicht die Absicht, seinem Gegner ein Auge auszuschlagen oder ihn gar zu töten. Der Messerstecher dagegen hatte den Tod seines Kontrahenten zumindest billigend in Kauf genommen. Denn wenn man mit einem Messer auf den Körper eines anderen einsticht, nimmt man auch tödliche Folgen in Kauf. Der Schläger, der dem jungen Mann ein Auge ausschlug, wurde wegen schwerer Körperverletzung zu einer fünfjährigen Freiheitsstrafe verurteilt, während der Messerstecher trotz versuchten Totschlags mit vier Jahren davonkam. Es gab also für das Vergehen eine höhere Strafe als für das Verbrechen.

Besonders schockiert hat mich das Schicksal einer 45-jährigen Frau, die in einer U-Bahn von ihrem gewalttätigen Ehemann mit einem großen Buschmesser angegriffen wurde, weil sie ihn mit den Kindern verlassen hatte und in ein Frauenhaus geflüchtet war. Schon mit dem ersten Hieb skalpierte er die arme Frau regelrecht. Nachdem sie zusammengebrochen war und rücklings am Boden lag, rammte ihr der rachsüchtige Mann das Mordinstrument mit solcher Wucht durch den Unterbauch, dass es am Rücken wieder austrat. Glücklicherweise kamen genau in diesem Moment zwei Sicherheitsleute der U-Bahnwache hinzu, die die Lage sofort erkannten, eingriffen und den Mann festnahmen, bevor er das Messer wieder herausziehen konnte. Das rettete der Frau vermutlich das Leben. Jedenfalls schafften es die Ärzte, dass sie überlebte. Allerdings war sie derart entstellt durch diese Abtrennung der Kopfhaut, dass sie einen wirklich schlimmen Anblick auch dann noch bot, als sie schon wieder außer Lebensgefahr war. Als Außenstehender fragte man sich, ob es für die Frau nicht besser gewesen wäre, nicht mehr aufzuwachen.

Aber denn geschah etwas Bewundernswertes: Die Frau hat sich trotz ihrer Entstellung ins Leben zurückgekämpft. Weil sie Kinder hatte, die sie nicht alleine zurücklassen wollte. Da begriff ich plötzlich, dass man selbst größtes Leid überwinden kann, wenn es irgendetwas gibt, das einem noch wichtiger ist als das eigene Leid. In diesem und vielen anderen Fällen war es die Sorge um die Kinder oder andere nahestehende Menschen, denen gegenüber sich die Opfer in der Verantwortung sahen und daraus die Kraft schöpften, weiterzuleben. Dazu ist nur die große Liebe fähig. Diese Mutter war eine selbstlose Heldin. Der egoistische Ehemann, der es nicht ertragen konnte, von seiner Frau verlassen worden zu sein, wurde wegen versuchten Mordes zu lebenslanger Haft verurteilt.

Tatopfer durchleben das, was ihnen angetan wurde, oft noch ein zweites Mal, wenn sie vor Gericht aussagen müssen. Leider kann es hier zu weiteren, tiefen Demütigungen kommen, falls sie durch die Anwälte der Angeklagten regelrecht »zerlegt« werden. Die meisten Betroffenen klagten hinterher, sie hätten sich selbst als Angeklagte gefühlt und nicht als Opfer. Ich habe oft genug miterleben müssen, wie Verbrechensopfer vor Gericht durch sogenannte Konfliktverteidiger derart angegriffen wurden, dass sie hinterher regelrecht traumatisiert waren und den Glauben an den Rechtsstaat verloren hatten. Wie gut, dass es heutzutage Opferanwälte gibt, die solchen Menschen im Zeugenstand beistehen. Darüber hinaus erspart das Opferschutzgesetz bei sexuellem Missbrauch den Opfern qualvolle Mehrfachvernehmungen, da Bild- und Tonaufzeichnungen vor Gericht verwendet werden dürfen. Außerdem haben sie Anspruch auf einen kostenlosen Anwalt, erhalten mehr Informationen über Urlaub und Haftlockerungen von Tätern, und ihre Schadensersatzansprüche verjähren erst nach 30 Jahren.

Es ist glücklicherweise eine relativ kleine Gruppe, die unter den Begriff der Zufallsopfer fällt. Wie beispielsweise der Architekt, der nach dem Besuch einer Sauna auf dem Heimweg in einer Parkanlage rein zufällig auf einen Jugendlichen traf, der das Bedürfnis verspürte, seine Aggressionen am nächstbesten Menschen auszulassen und aus reiner Mordlust diesen mit einem Messer zu töten. Damit zerstörte er nicht nur das Leben dieses einen Menschen, er zerstörte auch das Leben dessen Familie, einer Frau mit zwei kleinen Kindern – und das seiner eigenen Familie. Sie alle wurden zu Opfern.

Ein weiteres abstruses Beispiel in Bezug auf Zufallsopfer betraf den Tod einer jungen Frau, die am Abend von der Arbeit nach Hause kam und im Treppenhaus ihres Wohnanwesens angegriffen und durch mehr als 30 Messerstiche regelrecht hingerichtet wurde. Alles sah nach einer Beziehungstat aus, ein anderes Motiv zeichnete sich nicht ab. Der Täter hatte weder sexuelle Absichten erkennen lassen noch solche versucht, und auch ein Raubdelikt konnte ausgeschlossen werden. Und so geriet der Freund des Opfers, der zur Tatzeit in der Wohnung war, angeblich mit Kopfhörern Musik gehört und von dem Drama im Treppenhaus deshalb nichts mitbekommen haben will, in den Fokus der Ermittler. Stundenlange Vernehmungen und akribische Überprüfungen musste der junge Mann über sich ergehen lassen. Was das für einen Menschen bedeutet, der im Gegensatz zu den Ermittlern weiß, dass er unschuldig ist, und der selbst nach Antworten sucht, kann man sich unschwer vorstellen. Psychisch ist das kaum zu ertragen. Dieser junge Mann jedenfalls hat alles mit bewundernswertem Verständnis über sich ergehen lassen. Und warum? Weil ihm die Ermittler genau erklärt hatten, worum es geht und warum dieses und jenes unerlässlich ist. Am Ende kam die Wahrheit doch noch heraus, auch wenn diese kaum begreifbar war.

Tatsächlich kamen die Ermittler einem 20-Jährigen auf die Spur, der in der Nachbarschaft wohnte und seine Zeit vorwiegend mit dem Konsum von Killerspielen verbrachte. Das Geständnis des psychisch auffälligen jungen Mannes löste Entsetzen aus, so unglaublich und unfassbar war es. Fakt ist, dass er die hübsche junge Nachbarin gar nicht kannte und vorher auch noch nie gesehen hatte. Vielmehr war es seine Absicht, sich an diesem Abend in seiner Wohngegend ein leichtes Opfer zu suchen, dieses zu töten und dann dessen Wohnung in Besitz zu nehmen. »Wie bitte?«, fragten die Ermittler ungläubig. Einen Mord begehen und eine fremde Wohnung okkupieren? Wie hätte das funktionieren sollen? Genauso wie in einem bekannten Computerspiel, in dem der junge Mann wochenlang regelrecht gelebt hatte und wo es darum ging, jemand zu töten und dann dessen Besitz zu übernehmen. Ja, solche Spiele gibt es. In der Öffentlichkeit löste dieses merkwürdige Motiv eigenartigerweise keine besonderen Reaktionen aus. Als ob solche »Spielchen« bereits das Normalste der Welt wären. Vielleicht, weil man zum Erwerb 18 Jahre alt sein muss? Was sich wohl – im wahrsten Sinne des Wortes – kinderleicht umgehen lässt. Angeblich – ich kann und will das nicht beurteilen – richten solche Killerspiele bei psychisch stabilen jungen Leuten keinen Schaden an. Aber was ist mit jenen seelisch labilen jungen Menschen ohne Selbstbewusstsein und Zukunftsperspektive, von denen es schließlich auch jede Menge gibt? Ist es vielleicht doch kein Zufall, dass die meisten Amokläufer Konsumenten solcher Computerspiele waren? Ich kann und will das nicht beurteilen, aber in diesem konkreten Fall steht fest, dass der Täter 1:1 kopierte, was er am Computer immer wieder geübt hatte. Der junge Mann wurde übrigens wegen einer psychischen Störung in die Psychiatrie eingewiesen. Laut psychiatrischer Begutachtung litt er unter Realitätsverlust. Da wäre ich jetzt gar nicht draufgekommen.

Zu den Zufallsopfern mit Langzeitschädigung zählen übrigens auch jene Frauen und Mädchen, die einem Sexualverbrecher in die Hände fielen. Diese Frauen leiden ihr ganzes Leben lang. Es kam sogar vor, dass ich derartige Verbrechen als schlimmer und entsetzlicher empfand als so manches Tötungsdelikt. Eine junge Frau, der man K.-o.-Tropfen verabreicht hatte, konnte detailliert beschreiben, wie sie von den vier Männern, die in einer ihr fremden Wohnung über sie herfielen, immer wieder brutal vergewaltigt wurde. Dabei musste sie die Tortur stundenlang bei vollem Bewusstsein über sich ergehen lassen, unfähig, sich zu bewegen, sich zu wehren oder auch nur zu schreien. Ein schreckliches Erlebnis, das die junge Frau nie mehr ganz verarbeiten wird. Leider war es kein Einzelfall. In diesem Bereich findet man oft junge Frauen, die aufgrund allzu großer Risikobereitschaft, Selbstüberschätzung oder purem Leichtsinn zu Opfern geworden sind. Nicht umsonst wird durch die Polizei immer wieder eindringlich vor allem an junge Mädchen appelliert, nicht in fremde Wohnungen mitzugehen, nicht per Anhalter zu fahren, sich nicht von Freundinnen trennen zu lassen, in Diskotheken die Getränke nicht unbeaufsichtigt stehen zu lassen, per SMS Bescheid zu geben, wo man sich aufhält und wohin man mit wem geht und vieles mehr. Glücklicherweise halten sich die meisten an diese gut gemeinten Ratschläge, andernfalls wären die Fallzahlen wohl noch besorgniserregender.

Gefährliche Gutgläubigkeit ist aber nicht nur bei jungen Mädchen festzustellen, Leichtsinn gibt es auch in der Erwachsenenwelt. Vor allem dort, wo Anonymität gewünscht ist, also zum Beispiel im Rotlicht- oder Strichermilieu. So unterschätzen homosexuelle Männer oft die Gefährlichkeit von Strichern und vergessen, dass diese zu 99 Prozent der Kategorie der Raubtäter angehören. Das hat übrigens auch der Modeschöpfer Rudolph Moshammer verkannt, der zwar immer wieder davor gewarnt worden war, Stricher in seine Villa mitzunehmen, aber diese Warnungen allesamt in den Wind geschlagen hat. Mit dem Hinweis, er verfüge über hervorragende Menschenkenntnisse, könne andere deshalb sehr gut einschätzen und erkenne auf Anhieb, ob jemand gefährlich sei oder nicht. Bis ihn seine Menschenkenntnis doch einmal im Stich ließ. Der Mörder von Rudolph Moshammer sah sich übrigens selbst als Opfer. Das Leben habe ihn zu dem gemacht, was er jetzt geworden sei, sagte er in seinem Geständnis. Schuld seien die schrecklichen Erlebnisse in seiner Heimat Irak gewesen und die Perspektivlosigkeit hier in Deutschland.

Wenn man von Opfern spricht, darf man auch die schlimme und quälende Ungewissheit nicht außer Acht lassen, die Angehörige vermisster Personen durchleben. Vor allem, wenn nach sachlicher Einschätzung damit zu rechnen ist, dass die vermisste Person Opfer eines Verbrechens geworden sein dürfte, geht die Opferrolle auf die Familien über, die unsäglich leiden und oft ihr ganzes Leben lang zwischen Hoffen und Bangen hin- und hergerissen werden. Man denke zum Beispiel an den Fall Maddy, deren Eltern einfach nicht aufgeben wollen, obwohl die Chance, dass ihr Kind noch leben könnte, gegen null tendiert.

Opferangehörige reagieren auf die Täter sehr unterschiedlich. Manche entwickeln auf diese einen abgrundtiefen Hass und würden sie am liebsten selbst ermorden, hätten sie Gelegenheit dazu, andere kanalisieren ihr Leid und sind von dem Gedanken getragen, Gutes zu tun und anderen Menschen zu helfen. Im Falle des Mordes an »Jonny«, der mitten auf dem Alexanderplatz in Berlin von anderen jungen Männern totgeschlagen wurde, gründete dessen Schwester einen Verein mit dem Ziel, sowohl Opfern von Gewalttaten zu helfen als auch potenzielle Gewalttäter davon abzubringen, das zu tun, was sie Jonny angetan haben.

Es gibt aber auch Angehörige von Mordopfern, die verzeihen können. Dabei muss ich an die Eltern des ermordeten Mirko denken, die dem Mörder ihres Sohnes vergeben haben. Die Kraft dafür schöpften sie aus ihrem christlichen Glauben. Dieses Verhalten verdient höchsten Respekt, wenngleich es vermutlich viele Menschen nicht nachvollziehen können. Die meisten von uns würden wohl Gerechtigkeit einfordern. Und das bedeutet, dass Täter vor Gericht gestellt und bestraft werden müssen. Das nennt man Gerechtigkeit.

Der Asket

Die junge Frau, die durch den Klosterhof in Richtung Rückgebäude ging, war spät dran. Die Chorprobe hatte bereits begonnen. Mit schnellen Schritten ging sie vorbei an den bogenförmigen Mauernischen, die rechter Hand entlang des Kirchengebäudes angeordnet waren. Insgesamt fünf an der Zahl, jede gerade so lang und tief, dass eine darin liegende Person bequem Platz hatte. Ideale Schlafplätze für Obdachlose, weil sie Schutz vor Wind und Niederschlägen boten. Deshalb waren auch sämtliche Nischen allabendlich besetzt. Das Kloster St. Bonifaz – im Zentrum Münchens liegend – ist nämlich als Anlaufstelle für Menschen bekannt, die am untersten Rand der Gesellschaft angelangt sind. Sogar kostenlose ärztliche Betreuung wird hier angeboten.

Bei dem Bächlein, das sich langsam fließend aus der Nische heraus den Weg zu einem Gully bahnte und vor die Füße der jungen Frau rann, handelte es sich um eine rötliche Flüssigkeit. So viel konnte sie im noch ausreichend hellen Licht der Abenddämmerung erkennen. »Rotwein«, vermutete sie. Belustigt dachte sie noch, dass sich der Mann dort unten in seinem Schlafsack ganz schön ärgern dürfte, wenn er beim Wachwerden merkt, seinen kostbaren Stoff verschüttet zu haben, und ging weiter.

Wie viele Menschen in dieser Stunde, in der die junge Frau bei der Chorprobe war, am Tatort vorbeigingen, konnte im Nachhinein nicht mehr geklärt werden. Die endgültige Entdeckung war nämlich wiederum ihr zu verdanken. Als sie kurz vor 22.00 Uhr – inzwischen war die Hofbeleuchtung eingeschaltet, die für ausreichend Licht sorgte – mit einigen Freundinnen auf dem gleichen Weg den Klosterhof verlassen wollte, achtete sie ganz bewusst auf die »Rotweinspur«. Tatsächlich war diese noch da, nur war sie zwischenzeitlich zu einer großen Lache angewachsen. Die junge Frau stutzte kurz, bevor sie erkannte, dass es sich hier nicht um den Inhalt einer Weinflasche handeln konnte. Nur langsam registrierte sie, dass es Blut sein musste, das aus dieser Nische herausgeronnen war. Sie schlug die Hand vor den Mund, um einen Aufschrei zu unterdrücken, und rief laut: »O Gott, das ist doch Blut!« Sie trat auf die Nische zu, und jetzt konnte sie erkennen, dass auch diese blutdurchtränkt war und der Mann, der hier lag, tot aussah. Man rief sofort die Polizei.

Als die Beamten drei Minuten später eintrafen, hatte sich bereits eine kleinere Menschenmenge angesammelt, bestehend aus Chormitgliedern und Obdachlosen. Wer von ihnen den Körper von Willi Gerold umgedreht hatte, konnte nicht mehr nachvollzogen werden. Natürlich hatte sich auch der Notarzt davon überzeugt, dass hier »nichts mehr zu machen war«. Das zu erkennen dürfte für ihn nicht besonders schwierig gewesen sein, weil nämlich der Kopf des Mannes nahezu vollständig vom Rumpf abgetrennt war. Willi Gerold wurde aus seinem Schlafsack herausgeschält und lag nun rücklings vor der Nische am Boden, zugedeckt mit einer wasserdichten Plane. Sehr zum Missfallen des Erkennungsdienstes suchte uns auch noch ein heftiges Gewitter heim, das mit wolkenbruchartigen Regengüssen einherging. Und damit rann all das Blut im Klosterhof in die Kanalisation.

Erste Rekonstruktionen am Tatort ergaben, dass das Opfer auf der rechten Körperseite mit dem Gesicht zur Wand gelegen haben dürfte. Das bedeutete, dass der Rücken nach außen gekehrt war, sodass sich der Täter selbst dann unbemerkt hätte anschleichen können, wenn Willi Gerold noch nicht tief geschlafen hätte.

Noch in der Nacht fand die Obduktion statt. Wie festgestellt wurde, dürfte es sich bei der Tatwaffe um ein großes, sehr scharfes Messer gehandelt haben, möglicherweise um eine Art Kampfmesser mit einer Klingenlänge von mindestens 30 Zentimetern. Der Täter – von einer Täterin gingen wir nicht aus, weil Frauen so etwas nicht machen – hatte demnach dem Opfer von hinten über den Hals gegriffen, das Messer etwas unter die rechte Halsseite geschoben, in einen Winkel von etwa 45 Grad gebracht und unterhalb des Kehlkopfes angesetzt. Dem Rechtsmediziner zufolge wurde dann die Klinge mit einem kräftigen Ruck nach hintenoben »durchgezogen«. Es war nur ein einziger Schnitt erfolgt und kein »Säbeln« oder Nachsetzen. So etwas beherrschen in der Regel nur Jäger, Schlachter oder Elitesoldaten. Jemand, der nicht geübt ist im Umgang mit Messern, würde das kaum schaffen. Immerhin ein Ansatzpunkt. Wir würden also darauf achten müssen, ob unter den zu überprüfenden Personen solche Spezialisten sind.

Wie bekommt man rund zehn betrunkene Obdachlose wenigstens so weit unter Kontrolle, dass man zumindest versuchen könnte, mit dem einen oder anderen ein vernünftiges Wort zu reden? Gar nicht. Es herrschte unglaubliches Chaos am Tatort, alle schrien durcheinander, einige waren völlig apathisch, dafür waren andere umso aufgedrehter und zwei oder drei äußerst aggressiv. Da die Täterschaft unbekannt war und im Grunde genommen jeder der Anwesenden derjenige hätte gewesen sein können, welcher dem Willi Gerold den Kopf abgeschnitten hatte, bestand auch gegen jeden ein latenter, rein theoretischer Tatverdacht. Keine ausreichende Grundlage, um jemand festnehmen zu können, aber zur Feststellung und Überprüfung der Personalien auf ihre Richtigkeit konnten wir sie wenigstens festhalten. Zwei von ihnen waren wegen Diebstahls zur Festnahme ausgeschrieben und wurden deshalb gleich in die Haftanstalt des Polizeipräsidiums abtransportiert. Die restlichen kamen freiwillig mit und freuten sich, dass wir ihnen eine Übernachtung im Warmen organisierten. Wobei die Zellentüren nicht geschlossen werden durften und jeder von ihnen jederzeit hätte gehen können. Da einige von unseren Gästen trotz fortgeschrittener Zeit noch Durst hatten, erhielt jeder von ihnen eine Flasche Bier, und so dauerte es tatsächlich nicht lange, bis sie alle eingeschlafen waren. Die Absicht, die dahintersteckte: Am nächsten Morgen würden alle nüchtern und vernehmungstauglich sein.

Die Vernehmungsteams der Mordkommission mussten an diesem Vormittag Schwerstarbeit leisten. Die Obdachlosen erzählten ihnen, dass sich im Bereich des Klosters eine straff organisierte Penner-Clique angesiedelt hatte, die sich vorwiegend aus »Stammpersonal« zusammensetzte. Bislang habe es auch im Klosterbereich noch keine nennenswerten Probleme oder Ausschreitungen unter ihnen gegeben. Zur Nachtzeit kämen sie von außerhalb in den Klosterhof und »bezögen« die Mauernischen, von denen jede einzelne ihren festen Nutzer hatte. Frauen wären vom »Boss« nicht geduldet, weil sie angeblich nur Unfrieden in die Clique brächten.

Anführer dieser circa 15 Mann starken Truppe war der 56-jährige Willi Gerold. In seinem früheren Leben war er Journalist und hatte bei einer kleineren fränkischen Zeitung gearbeitet. Doch dann hatte er vor 15 Jahren seine Frau im Rausch totgeschlagen, weil sie sich wegen eines anderen Mannes von ihm trennen wollte. Sechs Jahre saß er deswegen wegen Totschlags im Gefängnis. Danach setzte sich sein sozialer Abstieg fort. Ein Schicksal, das er mit Tausenden anderer Menschen teilte, die sowohl verschuldet als auch unverschuldet ihre Lebensgrundlage verloren haben und es nicht schafften, ins normale Leben zurückzukehren.

Eigentlich war Willi Gerold ein aggressiver, selbstherrlicher Widerling. So jedenfalls wurde er von den meisten seiner »Untertanen« beschrieben. Allerdings erst im Nachhinein. Natürlich war die vorderste Nische im Klosterhof für ihn reserviert. Dorthin begab er sich allabendlich, meistens zwischen 20.00 Uhr und 23.00 Uhr, je nach Zustand.

Der Fall schien unkompliziert zu sein. Vermutlich ein Streit mit tödlichem Ausgang im Obdachlosenmilieu. Nichts Außergewöhnliches im Geschäft einer Mordkommission in einer Millionenstadt. Was hätte es auch sonst sein sollen? Ein Raubmord schied wohl aus, obwohl solche gerade unter den Ärmsten nicht selten sind. Soweit es sich aber überblicken ließ, fehlte dem Opfer nichts von seinen Habseligkeiten, andererseits gab es Fälle, wo jemand wegen einer Schachtel Zigaretten oder einer Flasche Wein umgebracht wurde. Dass ein völlig Fremder in den Klosterhof gekommen sein könnte, um ausgerechnet Willi Gerold zu töten, stuften wir als äußerst unwahrscheinlich ein. Wir hielten ein anderes Motiv, eines der häufigsten und variabelsten Mordmotive, nämlich Rache, für viel wahrscheinlicher. Wer könnte also einen Grund gehabt haben, sich an Willi Gerold zu rächen? Und warum? War es der Mann aus der Gruppe der Obdachlosen, der sich – wie wir ermitteln konnten – vor drei Monaten den Anordnungen Gerolds widersetzt und ihn im Streit niedergestochen hatte und dem nun der Prozess gemacht werden sollte? Nein, denn der war in Haft.

Die Vernehmung der Obdachlosen war wenig ergiebig. Was nicht anders zu erwarten war. Doch das geduldige Nachfragen der Vernehmungsspezialisten der Mordkommission trug dennoch Früchte. Am Ende der Aktion stand Folgendes fest: Es hatte am Vorabend des Mordes tatsächlich das berühmte besondere Vorkommnis gegeben, nach dem jeder Kriminalist als Erstes fragt.

Ein Fremder habe in der gestrigen Nacht in der Nische des

Chefs gelegen, berichteten einige der Zeugen. Glücklicherweise unabhängig voneinander und weitgehend übereinstimmend. Das erhöhte die Glaubhaftigkeit. Weitere Übereinstimmungen ergaben sich im Hinblick auf die Beschreibung. Wie der »Typ mit dem Bart, dem vollbepackten Fahrrad und seinen Viechern« in den Klosterhof gelangt ist, hat niemand gesehen. Er konnte sich also ungestört ausgerechnet in der Nische von Willi Gerold breitmachen. Samt seinem riesigen Hund und seiner weißen, »komisch« aussehenden Katze. Als Willi Gerold später die Inbesitznahme seines Schlafplatzes bemerkt hatte, sei es zum Kampf gekommen.

Parallel zu den Vernehmungen der Obdachlosen gingen natürlich auch die Ermittlungen im Bereich des Klosterhofes weiter. Wir suchten nach Zeugen und wurden fündig. Ein junger Novize meldete sich, und die junge Frau, die den Toten entdeckt hatte, sollte zu einer wichtigen Zeugin werden, denn sie hatte noch weitere Beobachtungen gemacht. Mithilfe der Zeugen konnten wir auch einen detaillierten Zeitplan erstellen und die Tatzeit auf zehn Minuten eingrenzen. Das gelingt selten. Wir hatten also eine gute Täterbeschreibung sowie glaubwürdige Zeugen. Das sieht gut aus, dachten wir.

Der Novize hatte auf die Uhr gesehen, als er sein Zimmer verließ. Er war auf dem Weg zur nahe gelegenen U-Bahn-Station und wusste, dass seine Bahn um 21.03 Uhr abfährt. Es war noch nicht ganz dunkel, als er den Klosterhof durchquerte und Richtung Ausgang lief, vorbei an den beschriebenen Mauernischen. Er achtete allerdings nicht darauf, ob sie schon besetzt waren. Weit und breit war niemand zu sehen. Etwa 20 Meter bevor er das Tor erreichte, kam ihm plötzlich ein Mann entgegen, der in den Klosterhof hineinging. Im noch ausreichenden Dämmerlicht konnte er deutlich sehen, dass der Mann schmale Kopfhörer trug, wie man sie benutzt, wenn man Musik hört. Er konnte sogar erkennen, dass sie von gelblicher oder zumindest heller Farbe waren. Ein ungewohnter

Anblick für den jungen Novizen. Denn einem Obdachlosen, der Kopfhörer trug und offensichtlich Musik hörte, war er noch nie begegnet.

Der Fremde war groß und schlank, er trug trotz des warmen Sommerwetters einen dunklen Parka und hatte einen langen Vollbart. So viel konnte der Novize im Vorbeigehen sehen. Der Mann ging ruhigen Schrittes an ihm vorbei, ohne ihn anzuschauen und zu grüßen. Der Novize hatte fast den Ausgang erreicht, als ein großer schwarzer Hund von außerhalb kommend knapp an ihm vorbeilief, dem Fremden folgte und um diesen herumschwänzelte. Kein Zweifel, die beiden gehörten zusammen. »Wie nett«, dachte er sich noch und drehte sich, bevor er auf die Straße hinaustrat, noch einmal um. Jetzt stand der Mann genau vor der ersten Mauernische, beugte sich mit dem Oberkörper hinein und schien dort herumzuhantieren. Doch dann, nach höchstens fünf Sekunden, richtete er sich ruckartig wieder auf und trat etwas zurück. Vielleicht wollte er nur nachsehen, wer dort drin liegt, dachte sich der junge Novize und ging weiter. Er war sich sicher, dass es zu diesem Zeitpunkt wenige Minuten vor 21.00 Uhr war, denn Minuten später erreichte er gerade noch die um 21.03 Uhr pünktlich abfahrende U-Bahn.

Die junge Frau, die verspätet zur Chorprobe gekommen war, hatte ebenfalls einen guten Grund, auf die Uhr zu sehen. Wie jeder, der zu spät dran ist und deshalb öfter als sonst auf die Uhr sieht. Sie konnte deshalb angeben, dass es genau 21.05 Uhr war, als ihr ein Mann aus dem Klosterhof entgegenkam und auf Höhe des Einganges zur Kirche stehen blieb. Er hatte einen Hund bei sich, der sich um ihn herumbewegte und schließlich auch zu ihr kam, um sie kurz zu beschnuppern. Angst hatte sie nicht, denn zum einen war sie selbst Halterin zweier großer Hunde, und zum anderen studierte sie Tiermedizin. Sie streichelte den großen schwarzen Hund und kraulte das kurze Fell, das sehr gepflegt war. Dabei erkannte sie auch die Friedfertigkeit des kniehohen Hundes, den sie zweifelsfrei als echten Australian Cattle Dog identifizierte. Sie freute sich noch über die bei uns so seltene Rasse. Der Hundebesitzer stand in diesem Moment nur etwa fünf Meter von ihr entfernt, reagierte nicht und antwortete auch nicht, als sie ihm freundlich zurief: »Wie schön, ein Cattle Dog. Die sind hier bei uns selten.« Vielleicht hat er mich nicht verstanden, dachte sie, schließlich trug er ja Kopfhörer. Sie ging rasch weiter, denn sie war in Eile. Zuerst habe sie gedacht, es handle sich bei ihm um einen Obdachlosen, viele von denen haben ja Hunde. Jedenfalls wirkte der große, schlanke, dunkel gekleidete Mann mit dem langen Bart und dem Haarzopf keinesfalls wie ein Anwohner, der vor dem Schlafengehen seinen Hund noch Gassi führt. Die Zeugin war sich ziemlich sicher, sowohl den Mann als auch den Hund wiederzuerkennen.

Wir waren optimistisch. Hatten wir doch zwei Zeugen, deren Aussagen sich überzeugend ergänzten. Der junge Novize war beim Verlassen des Klosterhofes kurz vor 20.55 Uhr einem Mann mit Hund und hellen Kopfhörern begegnet, der gerade in den Hof hineinging und direkt auf die Nische zusteuerte, in der das Tatopfer lag. Die junge Frau hatte zehn Minuten später den mit hoher Wahrscheinlichkeit selben Mann mit Hund und Kopfhörern gesehen, als er bereits wieder herausgekommen war. Das bedeutete, dass sich die Tat zwischen 20.55 Uhr und 21.05 Uhr ereignet hatte. Wie sich später bei einer Rekonstruktion zeigte, hätte die Zeit gereicht, um zum Tatort hinzugehen, die Tat zu verüben und den Hof wieder zu verlassen. Für die eigentliche Tatausführung benötigte der Täter nur Sekunden. Das passte mit der Diagnose zusammen, wonach es ein einziger kräftiger Schnitt gewesen sein muss. Wobei sich der Täter – leider – bei der Ausführung nicht mit Blut besudelt haben dürfte. Weil er schon zurückwich, bevor es überhaupt zu fließen begann, und Blutspritzer waren wohl kaum entstanden.

Warum trägt ein Mörder Kopfhörer, wenn er zur Tat schreitet? Wer würde Musik hören, während er einem Menschen den Kopf abschneidet? Es müsste sich schon um einen besonders gefühlskalten Täter gehandelt haben, überlegten wir. Laut des Novizen hatte der Mann tatsächlich nicht gehetzt gewirkt, sondern war eher gemächlich dahingeschlendert, hatte also einen durchaus »friedfertigen« Eindruck gemacht. War es »täuschendes Verhalten«? Auffallend gemütlich dahinschreiten und Musik hören, während ein netter Hund um einen herumschwänzelt? Wollte er dadurch ein Bildnis der Friedfertigkeit ausstrahlen? Doch, genau das wollte er. Ich sah ihn direkt vor mir, diesen Kopfhörer tragenden, Harmlosigkeit vortäuschenden Mann. Ein Verhalten, das auf einen eiskalten, professionellen Täter hindeutet. Wir waren uns sicher, unser Novize war mit hoher Wahrscheinlichkeit dem Täter begegnet. Aber wer war dieser Mann mit dem Bart und dem Australian Cattle Dog, und wo konnten wir ihn finden? Eigentlich lag es nahe, dass es sich um einen Obdachlosen gehandelt haben dürfte. Wer treibt sich sonst schon nachts in diesem Milieu herum?

Schnell stand fest, dass der Fremde zumindest kein Deutscher war. Einer der Obdachlosen konnte nämlich verstehen, dass er Englisch sprach. Jedenfalls sei er furchtbar wütend und aufgebracht gewesen, als man ihn unsanft geweckt habe. Er sei sofort aufgesprungen und habe als Erstes seine weiße Katze auf den Arm genommen. Der Hund sei ganz friedlich geblieben und habe sein Herrchen auch nicht verteidigt, sondern sei aufgeregt und bellend umhergelaufen. Also kein zum Beißen abgerichteter Hund, sondern ein lieber, braver Kerl. Man habe ihn sogar streicheln können. Sein Herrchen dagegen sei in Abwehrstellung gegangen, als Willi Gerold ihn vorne an der Kleidung packen wollte. Was folgte, sei ein einziger Faustschlag des Fremden gewesen. Der Chef sei getaumelt und habe plötzlich am Boden gelegen. Der Fremde habe mehrmals »Fuck you« gerufen und sei sehr aggressiv gewesen. Er habe jedenfalls nicht den Eindruck gemacht, als hätte er Angst oder sei unterlegen. Im Gegenteil.

Normalerweise hätten die fünf oder sechs Männer um Willi Gerold den Rückzug antreten müssen, weil ihnen der furchtlose Fremde, der auch noch absolut nüchtern zu sein schien, überlegen schien. Aber Alkohol macht aggressiv, und so war ihnen die Entschlossenheit und Gefährlichkeit des Fremden wohl nicht so ganz bewusst. Erst als dieser plötzlich ein Messer in der Hand hatte und brüllte: »You damn assholes, come here and I will slit you like pigs« (»Ihr verdammten Scheißkerle, kommt her, und ich steche euch ab wie die Schweine«), erkannten sie die Gefahr, die von diesem Mann ausging. Das Messer hielt er in der rechten Hand, und mit dem ausgestreckten rechten Arm machte er halbkreisförmige Bewegungen vor seinem Körper. Skurril war an dieser Situation, dass er im linken Arm die weiße, schrecklich miauende Katze hielt, als gelte es, diese zu verteidigen. So beschrieb es jener Obdachlose, der einst als Schweißer in vielen Ländern der Erde gearbeitet hatte, perfekt Englisch sprach und zu diesem Zeitpunkt wenigstens nicht allzu sehr unter Alkoholeinfluss stand. Er meinte sogar, der Fremde könnte Kanadier gewesen sein. Da er selbst einige Jahre dort gelebt habe, könne er das kanadische Englisch ziemlich sicher vom amerikanischen unterscheiden.

Der Streit endete unblutig. Die Männer wichen zurück, und der Fremde setzte nicht nach. Möglicherweise aus Angst um seine Katze, der wohl seine ganze Sorge galt. Er raffte seine Sachen zusammen und verstaute sie auf dem Fahrrad. Die Katze setzte er in einen Korb, der auf dem Gepäckträger befestigt war, dann schob er es vom Hof. Bis zum Tor geleitet von der Horde betrunkener Penner, die ihn wüst beschimpften.

Das könnte es also gewesen sein, dieses »besondere Ereignis im Vorfeld der Tat«. Eine heiße Spur also. Dass dieser eigenartige Fremde mit dem Bart eines Gurus, einem australischen

Hund und einer schneeweißen Katze selbst in einer Millionenmetropole wie München zu finden sein dürfte, war keine Frage. Und so kam es auch. Kaum war die Fahndung ausgelöst, meldeten sich Zivilfahnder der Schwabinger Polizeiinspektion und der Innenstadtinspektion und teilten mit, sie würden den Mann kennen. Die Kollegen des Schwabinger Reviers berichteten, er würde sporadisch im Englischen Garten nächtigen, und der Innenstadtinspektion war der Mann als »Guru vom Marienplatz« bekannt. Was sie sonst noch zu berichten hatten, war erstaunlich. Zumal die Berichte durch Videoaufzeichnungen, auf denen der Mann mit seinen Tieren zu sehen war, ergänzt wurden. Und zwar im Herzen von München, auf dem Marienplatz. Dieser zentrale Platz wird per Video überwacht, allerdings werden die Aufzeichnungen nicht gespeichert, sondern nach spätestens zwei Tagen automatisch gelöscht.

Der seltsame Fremde saß in den vergangenen Wochen täglich am Marienplatz in der Nähe des Fischbrunnens auf einer Decke, neben sich seinen Hund und seine weiße Katze und vor sich eine Schachtel, in welche die Passanten Geld einwarfen. Ohne dass er aber ausdrücklich darum bettelte. Er saß nur da, auf einer Isomatte, im sogenannten Schneidersitz, und tat nichts. Außer bedeutungsschwanger zu schauen und – jetzt kommt es – Musik zu hören. Oder auch etwas anderes. Teilweise wirkte es, also ob er in Trance wäre oder meditieren würde. Er vermittelte also keineswegs das Bild eines Bettlers, sondern eher das eines Asketen, eines geistig Entrückten. Allerdings eines modernen, trug er doch helle Kopfhörer, wie auf den Schwarz-Weiß-Aufnahmen zu erkennen war. Die Kopfhörer waren über ein Kabel mit einem Abspielgerät verbunden, welches aber nicht genau zu sehen war, offensichtlich einem kleineren Kassettenrekorder.

Da Betteln nicht verboten ist, wurde der eigenartige Fremde weitgehend in Ruhe gelassen. Allerdings war er mehrmals kontrolliert worden, sowohl von der Polizei als auch von städtischen Beamten. Was sie zu berichten hatten, ließ uns vor Staunen verstummen. Zum einen ging es um die Einnahmen, die der Fremde zu verzeichnen hatte und mit denen er wohl sämtliche kleinen Gewerbetreibenden wie Blumen- und Gemüsehändler in den Schatten stellte, zum anderen ging es um die Menschen, die ihn so reichlich beschenkten. Und bei denen handelte es sich ausschließlich um Frauen. Nicht ein einziger Mann war darunter. Pausenlos warfen Frauen Münzen ein, manche unterhielten sich mit dem Mann, und viele streichelten den Hund oder die Katze. Auf Frauen schien er eine gewisse Anziehungskraft auszuüben. Bis zu 400 Euro, so schätzen die Beamten, habe er täglich eingenommen. Nicht wenige Frauen hätten ihm sogar Geldscheine zugesteckt.

Bemerkenswert war, dass sich der geheimnisvolle Fremde tatsächlich wie ein Asket und keinesfalls wie ein Obdachloser verhielt. So wussten die Beobachter zu berichten, dass er sich zur Mittagszeit zum nahen Viktualienmarkt begab, um sich dort ein paar Tomaten zu kaufen oder eine Gurke. Die aß er dann ohne irgendwelche Beilagen, dazu trank er ausschließlich Wasser. Entsprechend schlank war er auch. Das Wasser nahm er übrigens aus dem Fischbrunnen, wobei ich gar nicht weiß, ob es sich dabei um Trinkwasser handelt. Vor allem aber trank er keinen Alkohol. Nicht ein einziges Mal wurde er dabei beobachtet. Noch rätselhafter war aber, wofür er das viele Geld verwendete, das er einnahm? Wie passte das zusammen? Einerseits bedürfnisloser Guru, andererseits Geld scheffeln. Ein seltsamer Heiliger jedenfalls.

Es war gerade 15.00 Uhr, als Zivilfahnder aus Schwabing mitteilten, sie hätten den Mann gefunden. Er habe sein Fahrrad auf der Ludwigstraße stadteinwärts geschoben, habe seinen Hund bei sich, aber die weiße Katze fehle. Der Mann weine und sage immer wieder: »My Beauty, my poor little cat.« Offensichtlich ist dem Tier etwas passiert, mutmaßten sie. Sie würden ihn zur Dienststelle bringen.

Matthew Adamson lautete sein Name. Kanadischer Staatsangehöriger, in der Nähe von Quebec geboren und aufgewachsen. Mehr wussten wir nicht über ihn. Meine Englischkenntnisse waren zwar so ausreichend, dass ich mich gut mit ihm verständigen konnte; trotzdem zogen wir eine Dolmetscherin hinzu. Es sollte keine Missverständnisse geben, und alles sollte korrekt protokolliert werden.

Man merkte sofort, dass man keinen Penner vor sich hatte, sondern jemand, auf den eher die Bezeichnung »seltsamer Vogel« passte. Der hochgewachsene Mann mit seiner drahtigen, aber athletischen Figur und dem ernsten Gesichtsausdruck strahlte nichts Entspanntes, Fröhliches aus und schien eine Mischung aus Waldläufer und Guru zu sein. Besonders auffällig waren seine hellgrauen Augen, die zwar nicht stechend wirkten, aber hellwach. Er wich meinen Blicken nicht aus, sondern schaute mir direkt in die Augen. Die kantigen Gesichtszüge waren eher hart. Er machte einen körperlich sauberen Eindruck, seine Hände und Fingernägel waren gepflegt, und er roch nicht unangenehm. Bekleidet war er mit einer schwarzen Jeans, halbhohen Bergschuhen, einem dicken Pullover und einem dunkelgrünen Parka. Anscheinend schien er leicht zu frieren. Die Kleidung war nicht neu, aber auch nicht allzu abgetragen. Der Vollbart, der bis zum Brustbein reichte und schon leicht angegraut war, ließ ihn älter erscheinen, als er war, und das dunkle, angegraute volle Haar war streng nach hinten gekämmt und zu einem Zopf zusammengebunden. Insgesamt also ein Mann, der selbstbewusst und furchtlos wirkte. Einer, den wohl niemand so einfach angreifen würde. Deshalb passten auch die rot geweinten Augen so gar nicht zu diesem scheinbar harten, wettererprobten Naturburschen.

Als Erstes stellte sich mir die Frage, warum dieser Mann geweint hatte und warum er so deprimiert war. Das war der Beginn des Puzzles. Es hatte nämlich mit seiner Katze zu tun, die tot war und sich in der Veterinärklinik am Englischen

Garten befand, von wo er gerade gekommen war, als ihn die Polizei anhielt.

Noch während ich mich mit ihm unterhielt, fragten Kollegen in der Klinik nach und erhielten folgende Auskunft: Die weiße Katze war bereits am Vortag, morgens um 7.00 Uhr, von Passanten abgegeben worden. Die Passanten wiederum erzählten, die Katze, die offensichtlich streunte, sei von frei laufenden Hunden gejagt und schwer verletzt worden. Obwohl niemand wusste, wem sie gehörte, kämpften die diensthabenden Ärzte um das Leben des Tieres. Aber sie verloren den Kampf, die Bissverletzungen waren zu stark. Die tote Katze wurde vorerst in einem Kühlfach gelagert.

Erst am heutigen Mittag, also vor wenigen Stunden, sei ein kanadischer Staatsbürger in Begleitung zweier deutscher Damen gekommen und habe seine Katze sehen wollen. Als man ihm mittteilte, sie sei tot, und nachdem man ihm sein Tier gezeigt hatte, erlitt er einen emotionalen Zusammenbruch. Er ließ sich schreiend und weinend zu Boden fallen und trommelte mit den Fäusten derart heftig auf die Fließen, dass den Umstehenden angst und bange wurde. Es war eine Mischung aus Verzweiflung und Zorn, die sich entlud. Nur mit Mühe und nach langem Zureden konnte er davon abgehalten werden, das tote Tier an sich zu reißen und mitzunehmen. Wären die beiden Begleiterinnen nicht gewesen, die beruhigend auf ihn einwirkten, wäre es schwierig geworden, meinte die junge Ärztin.

Laut Pass war Matthew Adamson vor 45 Jahren in Quebec geboren worden. Familienstand ledig. Letzter Wohnsitz: ohne. Wie bitte? Wo hatte er in Kanada gewohnt? Nirgends und überall. Wie sich herausstellen sollte, stand vor uns ein echter kanadischer Waldläufer. Ja, dieser Fremde hatte in den letzten zehn Jahren in den Wäldern Kanadas gelebt und überlebt. Ein echter Trapper also, der gelegentlich als Holzfäller arbeitete, um etwas Geld zu verdienen. Ansonsten lebte er von dem, was der Wald hergab. Und um in der Wildnis überleben zu können, muss man besonders gut mit einem Messer umgehen können, überlegte ich. Genauso gut, wie es unser Täter konnte, der den typischen Kehlschnitt beherrschte, wie ihn meist nur Jäger und Elitekämpfer anwenden. Leute also, die schnell, effektiv und lautlos töten können oder müssen, je nachdem, wie man es betrachtet.

Es sollte eine spannende Stunde werden, in der er erzählte, wer er war und warum er nach Deutschland kam, ins Land seiner Träume, wie er betonte. Warum er ein so glühender Verehrer Deutschlands war, blieb leider offen. Zumindest im Augenblick. Es sei sein größter Wunsch, unser Land und die Menschen kennenzulernen, zu erleben und unsere Sprache zu erlernen. Wir waren verblüfft. So viele nette Komplimente über unser Land und vor allem die Leute hört man als Polizist selten.

Während ich mit der Vernehmung begann – noch war er Zeuge –, organisierten die Kollegen eine Gegenüberstellung mit der jungen Tierärztin und dem Novizen. Vom Ergebnis würde es abhängen, ob er zum Beschuldigten werden würde. Und davon, ob er die Wahrheit sagte oder nachweislich log.

Er sei nicht vorbestraft, gab er an, auch nicht in Kanada. Dass wir längst die kanadische Botschaft informiert und um Informationen zu seiner Person gebeten hatten, sagten wir ihm pflichtgemäß. Vor zwei Monaten sei er per Schiff nach Hamburg gekommen. Mit seinem Hund und der Katze. Die Tiere seien seine Familie, er liebe sie über alles. Nun sei seine Katze tot. Er verzog das Gesicht, und es war schwer zu erkennen, ob aus Trauer oder Wut. Überhaupt war es schwer, am stetig harten Gesichtsausdruck die jeweilige Stimmungslage abzulesen, was natürlich auch dem Vollbart geschuldet war. Dann aber offenbarten sich die ersten Erklärungen und Hintergründe, und es stellte sich heraus, dass die Dinge irgendwie mit dem Tod dieser weißen Siamkatze zusammenhingen. Eine verworrene, schier unglaubliche Verkettung von Zufällen und tragischen Ereignissen.

Zunächst mussten die verschiedenen Ereignisse in die richtige Reihenfolge gebracht werden. Erst dann würden sich die Schleier lichten. Demnach hatte sich der Vorfall mit der toten Katze in der vorletzten Nacht bzw. am vorletzten Morgen ereignet, also erst nach dem Streit mit den Obdachlosen. Als diese ihn vertrieben hatten, war er in den Englischen Garten gegangen, wo er die Nacht verbrachte. Am frühen Morgen, noch während er schlief, war seine Katze wie gewöhnlich frei herumgelaufen. Wobei er sicher sein konnte, dass sie nach einer oder zwei Stunden zurückkehren würde. Seine Tiere waren nämlich frei und unterlagen keinen Zwängen seinerseits. Sie wurden nur liebevoll behandelt.

An jenem Morgen aber kehrte die Katze zum ersten Mal nicht zurück von ihrem Streifzug. Stundenlang suchte er die Umgebung ab, ohne Erfolg. Wobei er nicht ahnte, dass seine Katze schwer verletzt von Hunden in der nahen Tierklinik lag.

Ja, er habe seine Katze den ganzen Tag gesucht, räumte er ein. Aber am Klosterhof sei er nicht gewesen, behauptete er hartnäckig. Er hätte den Englischen Garten gar nicht verlassen können, argumentierte er. Es hätte ja sein können, dass seine Katze zurückkommt, und wenn er dann nicht da gewesen wäre, hätte das Tier die Orientierung verloren.

Zum ersten Mal wurde er nervös. Er reagierte ungehalten, abweisend und aggressiv. Und er log. Stand doch aufgrund mehrerer, voneinander unabhängiger Zeugenaussagen fest, dass er seine Katze im Bereich des Klosterhofes tagsüber stundenlang gesucht hatte. Er war sogar im eigentlich nicht öffentlich zugänglichen Klostergarten herumgestreift und habe laut und deutlich nach »Beauty« gerufen. Woher sonst hätten die Arbeiter und Angestellten, die ihn gesehen und gehört haben, den Namen seiner Katze gekannt? Es gab nur eine logische Erklärung, warum er im kilometerweit entfernten Klostergarten seine Katze vermutete: Er war wohl überzeugt davon, dass ihm seine Katze gestohlen worden war. Und zwar von den Obdachlosen am Klosterhof, die sich an ihm rächen wollten, weil er den Anführer dort umgehauen und gedemütigt hatte.

Den Streit mit den Obdachlosen räumte er ein, mehr aber nicht. Ein Messer habe er nicht gezogen, er besitze nur ein kleines Tomatenmesserchen. Dass er den Platz eines anderen Mannes belegt hatte, sei ihm nicht bewusst gewesen. Er sei schon öfter dort gewesen und habe schließlich diese Mauernischen als ideale Möglichkeit erkannt, dort den Sommer über nächtigen zu können. Sie seien geschützt und trocken, und auch der Marienplatz, wo er seine »Studien« betreibe, sei gleich in der Nähe. Außerdem hätte man vom Kloster ein Frühstück erhalten und sich dort sogar waschen können, einmal in der Woche sogar duschen. Eigentlich sei es seine Absicht gewesen, den ganzen Sommer hier zu verbringen. Aber die Obdachlosen dort hätten ihn vertrieben. Vermutlich, weil er mit ihnen nichts zu tun haben wollte. Er verabscheue Alkohol, und diese Männer seien für ihn Abschaum. »These guys are scum to me«, meinte er verächtlich.

Komische Ansichten für einen, der sich ausgerechnet München, die Stadt des Bieres, als zweite Heimat ausgesucht hat, dachte ich. Hoffentlich bleibt er nicht bis zum Oktoberfest, denn dann dürfte er sein blaues Wunder erleben, was Abstinenz betrifft. Eigentlich müsste ihm dann die Stadt wie Sodom und Gomorrha vorkommen, musste ich innerlich schmunzeln. Allerdings fehlte noch die Erklärung, was er, der Besitzlose, mit den rund 400 Euro macht, die er täglich einnimmt. Für die paar Tomaten, die er gelegentlich isst, würden schließlich auch vier Euro reichen. Und vor allem hätte mich interessiert, wo er sein Geld aufbewahrt? Ein Konto hätte ja nicht zu ihm gepasst.

Er spare seine Einkünfte, sagte er, um sie eines Tages für einen guten Zweck zu verwenden. Es habe etwas mit Tieren zu tun, die ihm näher stünden als die Menschen. Fest stand aber für uns, dass er das Geld – wöchentlich zwischen zwei- und dreitausend Euro – irgendwo deponieren müsse. Wir sollten aber nie in Erfahrung bringen, wo.

Die Gegenüberstellung fand statt. Zuerst kam die junge Frau, die den Mann vor der Kirche mit einem Hund gesehen hatte. »Mit hoher Wahrscheinlichkeit«, meinte sie, sei er es gewesen. Es sei nicht nur der Bart, an dem sie ihn wiederzuerkennen glaubte, sondern die Gesamterscheinung. Aber wir waren mit der angehenden Tierärztin noch nicht fertig. Man kann ja nicht nur Menschen wiedererkennen, sondern auch Hunde.

Der junge Novize war nicht in der Lage, Matthew Adamson eindeutig zu identifizieren. Oder wollte er nicht? Immerhin hatten wir die genaue Uhrzeit der Begegnung und seine Aussage, wonach der Mann helle Kopfhörer trug. Nachdem wir wussten, dass Adamson Kopfhörer besessen hatte, wie sie auch auf den Videoaufnahmen erkennbar waren, käme es nun darauf an, was er dazu sagen würde. Schließlich hätte es ja sein können, dass er eine nachvollziehbare, plausible Erklärung dafür hat, warum er jetzt keine Kopfhörer mehr besaß.

Vorher aber kam ein weiteres Indiz hinzu. Zwei Kollegen fuhren mit der jungen Tierärztin zum Tierheim, wo »Ado« (phonetisch: Eido) untergebracht war, und diesmal war sie sich ganz sicher: Das war der Hund, den sie vor der Kirche gestreichelt hatte. Sie erkenne ihn einwandfrei an der Musterung wieder. Es sei genau dieser Australian Cattle Dog gewesen, war sie überzeugt. Damit war der Zeitpunkt gekommen, Matthew Adamson zum Beschuldigten zu machen und ihn vorläufig festzunehmen. Als ich ihm seinen neuen Status und die damit verbundenen Rechte erläuterte, im Beisein einer Dolmetscherin natürlich, wurde er aggressiv. »You are the most dangerous man who ever met me«, schimpfte er und meinte wohl, ich würde ihn systematisch in eine Falle nach der anderen locken. Womit er nicht ganz unrecht hatte, denn nun kam die Sache mit den Kopfhörern.

Wiederum leugnete Adamson zunächst, Kopfhörer besessen zu haben. Als ihm aber die einzelnen Fakten vorgehalten wurden, vor allem die Aussagen der Polizisten und einige Bilder aus der Videoaufzeichnung, die ihn klar und deutlich mit Kopfhörern zeigten, räumte er schließlich ein, solche besessen zu haben. Um die deutsche Sprache schneller zu lernen, habe er Sprachkassetten gehört, gab er an. Aber sie seien nicht hell und vor allem nicht gelb gewesen, sondern schwarz, meinte er zunächst, bis ihm abermals Bilder gezeigt wurden, die das Gegenteil bewiesen. Wieder gab er erst jetzt zu, sich womöglich geirrt zu haben, denn schwarz seien die Kopfhörer gewesen, die er vorher besessen habe. Damit war klar, dass wir einen Beschuldigten vor uns hatten, der nur dann etwas zugeben oder einräumen würde, wenn man es ihm klipp und klar nachweisen könne. Ein rational und nicht emotional orientierter Täter also, bei dem ein Appell an das Gewissen sinnlos war. »Wo sind die Kopfhörer jetzt?«, wollte ich wissen, und er antwortete lapidar, man hätte sie ihm gestohlen. Aus dem Rucksack, während er geschlafen habe. »Ach ja?«, fragte ich ungläubig, »und warum hat Ihr Hund nicht Alarm geschlagen?« Es sei vermutlich am Marienplatz passiert, unter all den vielen Menschen, und da sei der Wachtrieb des Hundes natürlich reduziert gewesen. »Sie sind wahrscheinlich der einzige Bettler in dieser Stadt, dem während des Bettelns etwas gestohlen wurde. Mitten am Marienplatz, vermutlich direkt vom Kopf herunter. Ich wage zu behaupten, dass Ihnen das kein Gericht der Welt glaubt.« Jetzt war er beleidigt und sagte kein Wort mehr. Ein Fehler. Aber von mir. Niemals sollte man jemand der Lüge bezichtigen, wenn man keine Beweise hat.

Matthew Adamson wurde festgenommen. Der Staatsanwaltschaft genügten die Indizien, und der beantragte Haftbefehl wurde auch erlassen. Aufgrund der Zeugenaussagen stand fest, dass Adamson zur Tatzeit am Tatort war, einen Streit mit dem späteren Opfer und ein Motiv für die Tat hatte, weil er Willi Gerold irrtümlich für das Verschwinden bzw. den Tod seiner Katze verantwortlich machte. Und in wesentlichen Punkten hatte er gelogen.

»Mord im Klosterhof« titelten die Münchner Tageszeitungen und veröffentlichten einen Aufruf, wonach wir nach Zeugen suchten, die Matthew Adamson mit seiner Katze und dem Hund gesehen hatten. Dazu wurde ein Foto von ihm, seinem Hund und seiner Katze gezeigt, das allerdings nicht von uns stammte, sondern von irgendwoher. Was dann passierte, übertraf unsere schlimmsten Befürchtungen. Es kam eine Flut von Hinweisen. Menschen, die ihn allesamt gesehen hatten, zu den unterschiedlichsten Zeiten an den unterschiedlichsten Orten. Was ja kein Wunder war. Schließlich war Adamson eine auffallende Erscheinung, und er schlich auch nicht durch irgendwelche Nebengassen, sondern hatte sich mit »Beauty« und »Ado« auf dem belebtesten Platz der Stadt präsentiert. Dort war er natürlich von Tausenden bestaunt und begafft worden. Vor allem von Frauen. Und einige von denen marschierten schließlich sogar in meinem Büro auf. Allen voran die geschiedene Frau eines sehr bekannten Schauspielers, dessen Namen ich natürlich nicht erwähne. Obwohl Matthew Adamson mittlerweile einen Pflichtverteidiger hatte, fungierte die attraktive, gebildete Dame ebenfalls als Verteidigerin. Indem sie mir nämlich klarzumachen versuchte, dass dieser Mann kein gewöhnlicher Obdachloser sei. Sie und einige weitere Damen der Münchner Gesellschaft würden ihn immer wieder aufsuchen an seinem Übernachtungsplatz im Englischen Garten und Gespräche mit ihm führen. Er sei auch ganz sicher kein Mörder, sondern ein feinsinniger Naturfreund

und Philosoph mit bewundernswerter Bescheidenheit. Auf meine Frage, wo der bescheidene Philosoph mit Waldläuferausbildung das viele Geld aufbewahren könnte, das er täglich zusammenbettelt, bestätigte die Dame jenes Märchen, das er auch seinen Fans aufgetischt zu haben schien. Er würde alles sparen, um irgendwo einen Hof zu kaufen, auf dem er dann mit armen, herrenlosen Tieren leben wolle. »Wie kann man nur so naiv sein und so etwas glauben«, dachte ich mir, auch wenn ich nicht völlig ausschließen konnte, dass er wirklich diesen Plan verfolgte. Dennoch verstand ich die Welt nicht mehr. Was hatte dieser Mann nur, dass er auf viele Frauen so anziehend wirkte? Er schien tatsächlich so etwas wie ein Guru zu sein.

Der Mann mit der weißen Katze war nun eine Berühmtheit in der Stadt. Was wohl auch daran lag, dass die Münchner Bürger sehr tierlieb sind. Hunderte von Hinweisen gingen ein. Und wie es halt mit Hinweisen so ist, einige waren darunter, die sich als sehr brauchbar erwiesen. So stand nunmehr fest, dass sich Adamson am Tattag zweifelsohne im Bereich des Klosterhofes bewegt hatte. Und ein Zeuge war sich sicher, dass er ihn gesehen hatte, als er ein Waffengeschäft am Hauptbahnhof betrat, also ganz in der Nähe des Klosterhofes. Es sei am späten Nachmittag gewesen, vor dem Laden hatte er sein vollbepacktes Fahrrad abgestellt, und sein Hund bewachte es.

Geld genug hatte er ja, um sich ein entsprechend geeignetes Messer zu kaufen, und in jenem Geschäft wurden auch derartige Mordwerkzeuge in allen Variationen angeboten. Vom sogenannten Rambo-Messer bis hin zum Survival-Allzweck-Dolch, den man ja benötigt, will man beim Camping in den Isarauen überleben. Treiben sich doch so viele wilde Bestien dort herum. Allerdings nur zweibeinige. Die entscheidende Frage war also, warum sich dieser furchtlose Mann in der sichersten Stadt Europas plötzlich genötigt sah, ein Messergeschäft aufzusuchen, um sich einen Dolch zu kaufen? Und zwar einige Stunden vor der Tat. Zum Brotzeitmachen wohl kaum. Da waren wir uns sicher.

Matthew Adamson wurde anderntags abermals zur Vernehmung geholt. Inzwischen wussten wir, dass er in Kanada tatsächlich lange Zeit in den Wäldern gelebt hatte. Mehr Informationen erhielten wir nicht. Auch die Behörden schienen nicht viel über ihn zu wissen. Er stamme aus einer Kleinstadt und aus sehr prekären Familienverhältnissen, Einzelheiten seien nicht mehr bekannt. Als Jugendlicher sei er mehrfach wegen Körperverletzung aufgefallen, aber darüber gebe es keine Unterlagen mehr. Als junger Erwachsener sei er Mitglied einer Gruppierung von Leuten gewesen, die dem Rechtsradikalismus nahestanden. Allerdings soll er sich mit diesen Leuten überworfen und dann wohl für viele Jahre in den Wäldern verschwunden sein. Über sein Leben und »Wirken« dort gab es keinerlei Erkenntnisse.

Unser Waldläufer, unser Asket, unser Guru mit der weißen Katze und dem treuen Hund soll ein Nazi gewesen sein? Das hätten wir wirklich nicht vermutet, so wie er sich gab und wie er lebte. Was würden da die Damen sagen? Sie würden es einfach nicht glauben, vermutete ich. Auch wenn die Beweise schließlich auf der Hand lagen bzw. in die Haut eintätowiert waren. Wie alle eines Tötungsdeliktes Beschuldigten war nämlich auch Matthew Adamson von einem Arzt der Rechtsmedizin vor der erkennungsdienstlichen Behandlung körperlich untersucht worden. Dazu gehört auch die fotografische Sicherung etwaiger Tattoos. Diese Kunstwerke sind nämlich als Erkennungsmerkmal so wertvoll wie Fingerabdrücke.

Das war der Moment, der meinen Kollegen und mich vor Erstaunen sprachlos machte. Adamson war von oben bis unten tätowiert, er glich einer Litfaßsäule. Aber das alleine wäre es nicht gewesen, es gibt schließlich viele Leute, die so etwas schön finden. Nein, hier waren es die Motive, die uns so fassungslos machten. Es waren Hakenkreuze, SS-Runen und rechtsradikale Sprüche, die davon zeugten, welche wahre Gesinnung dieser Mann hatte. Wobei er versicherte, dies gehöre der Vergangenheit an. Er sei längst geläutert und längst ein anderer Mensch. Konnte man das glauben? Warum hieß der Hund dann »Ado«? Zwei Buchstaben mehr und es würde »Adolf« heißen. Und auch die Bezeichnung »Abschaum« und dieser Hass auf »diese nutzlosen Elemente« ließ uns daran zweifeln, dass wir einen Geläuterten vor uns hatten. Stammte daher die Affinität für Deutschland? Meinte er vielleicht ein Deutschland, das Gott sei Dank längst der Vergangenheit angehört? Oder meinte er, das alte Nazideutschland doch noch vorzufinden? Ich jedenfalls sah eine Reihe von Indizien, die ihn als Faschisten erscheinen ließen.

Adamson bestritt, ein großes Messer gekauft oder besessen zu haben. Leider kam ihm zugute, dass sich der Verkäufer des Waffengeschäftes nicht an ihn erinnern konnte oder erinnern wollte. Wer gibt schon gerne zu, eine Mordwaffe verkauft zu haben? Selbst wenn es legal war, tut das niemand gerne. Es war zum Verzweifeln. Eine Bestätigung des Kaufes wäre so wichtig gewesen.

Matthew Adamson reagierte auch auf Vorhalt klarer Fakten hartnäckig abstreitend. Zeugenaussagen, die ihn belasteten, schienen ihn nicht zu interessieren. Er blieb stur dabei, kein Messer gekauft zu haben und auch nicht im Klosterhof nach seiner Katze gesucht zu haben. Mich hielt er offensichtlich für einen hinterlistigen, gefährlichen Schergen, mit dem er nicht mehr sprechen wolle. Also drehte er sich um und schaute nur noch in die Ecke. Daraufhin wechselte ich das Thema, und das Wunder geschah. Ich hätte seinen Hund gestreichelt, erzählte ich ihm. Obwohl ich vor Hunden großen Respekt hätte und ihnen eigentlich eher aus dem Weg ginge, nachdem ich als Kind einmal gebissen worden war. Aber sein Ado sei sehr zutraulich gewesen, habe sich streicheln lassen und habe sogar mit dem Schwanz gewedelt vor lauter Freude.

Jetzt drehte sich Adamson plötzlich wieder um, schaute mich an und lächelte sogar leicht. Als sei er amüsiert über meine Angst vor Hunden. Dem Ado ginge es sehr gut, erzählte ich ihm. Und sollte er verurteilt werden, würde ich dabei helfen, dass Ado in gute Hände komme. Schließlich hätte er mich von meiner Hundephobie geheilt. Jetzt musste der Waldläufer sogar lächeln. Das Eis war gebrochen. Ich hatte noch einmal Zugang zu ihm gefunden. Er wurde gesprächsbereiter und offener, auch wenn es nicht zu einem umfassenden Geständnis kam. Aber er sagte einen Satz, den man durchaus als Teilgeständnis werten konnte. Wortwörtlich gab er zu Protokoll: »Ich werde keine Details über das Verbrechen sagen. Wenn ich es getan habe, dann werde ich eine Erklärung abgeben, damit ich vor den anderen im Gefängnis nicht wie ein Feigling dastehe. Wenn ich erkläre, wie es passiert ist, dann so, dass die anderen es verstehen, und auch für mich ist das wichtig, weil ich damit leben muss.«

Wir verabschiedeten uns mit Handschlag, und ich rechnete damit, dass wir uns wiedersehen würden. War ich doch der festen Überzeugung, dass er noch gestehen würde. Den Anfang hatte er gemacht. Anders waren seine Worte nicht zu interpretieren. Dann aber bekam er Hilfe und Unterstützung von außen. Verbunden mit starker Beeinflussung.

Die geschiedene Schauspielergattin, die übrigens auch Künstlerin war, ließ nicht locker. Sie hatte eine Besuchserlaubnis bekommen und machte von dieser auch regelmäßig Gebrauch. Zwischendurch erschien sie mehrmals in meinem Büro und wollte sich erkundigen, wie der Stand der Ermittlungen sei. Süffisant erklärte sie mir, dass Herr Adamson vor der Polizei keine Angaben mehr machen würde, das sei auch mit dessen Anwalt abgesprochen. Das Spiel dieser Dame war natürlich leicht zu durchschauen. Sie kam, um uns auszuhorchen. Ich war fast ein bisschen beleidigt. Wieder einmal hatte ich den Eindruck, als seien wir die Bösen. Dass es hier um die

Aufklärung eines brutalen Mordes ging, schien weder diese Dame noch andere zu interessieren. Vielleicht deshalb, weil es sich beim Opfer »nur« um einen Obdachlosen handelte?

Ich riet ihr, mit dem Anwalt ihres Schützlings Rücksprache zu halten und ihn bezüglich dessen Vergangenheit in Kanada zu befragen, ich selbst dürfe ihr keine Auskünfte geben. Wobei ich den Eindruck hatte, selbst das würde sie nicht stören. Es war unglaublich, aber dieser kanadische Waldläufer, Ex-Nazi und mutmaßliche Mörder genoss die Sympathie vieler Leute, während dem Opfer niemand nachtrauerte.

An der Kleidung von Matthew Adamson wurden DNA-Spuren festgestellt, die zweifelsfrei dem Mordopfer zugeordnet werden konnten. Leider hatten sie keinen Beweiswert. Da er am Tag vorher eine körperliche Auseinandersetzung mit Willi Gerold hatte, hätte die Übertragung auch dabei stattgefunden haben können, was wohl sogar der Fall war. Also stützte die Staatsanwaltschaft ihre Anklage gegen den Beschuldigten vorwiegend auf die Aussagen der Zeugen, die ihn am Tatort gesehen hatten, und zwar genau innerhalb dieses schmalen Zeitfensters, in dem der Mord passiert war. Hinzu kamen die Widersprüche in seinen Aussagen hinsichtlich der Kopfhörer, seine in Abrede gestellte Suche im Klostergarten, seinem ebenfalls in Abrede gestellten Besuch in einem Messergeschäft Stunden vor der Tat und seinem klar nachvollziehbaren Tatmotiv. Eine in sich geschlossene Indizienkette, die in ihrer Gesamtschau keine Zweifel an der Täterschaft Adamsons zuließ. Also wurde er angeklagt, Willi Gerold getötet zu haben, weil er ihn fälschlicherweise für den Tod seiner Katze verantwortlich gemacht hat. Es sei ein Racheakt gewesen, heimtückisch ausgeführt und daher zwei Mordmerkmale erfüllend.

In der vordersten Reihe der Zeugenbänke saß die besagte Dame in Begleitung weiterer Damen der besseren Gesellschaft. Sie schmachteten den Guru, als er hereingeführt wurde, derart an, dass es fast schon peinlich wirkte. Den Hund namens Ado hatten sie übrigens auf Wunsch des Waldläufers aus dem Tierheim auf einen Bauernhof in Norddeutschland vermittelt, wo er ein schönes Leben haben sollte. Der Anwalt des Kanadiers, ein in Kreisen der Polizei und Justiz bestens bekannter Konfliktverteidiger, war als Wahlverteidiger engagiert worden, von wem, bedarf wohl keiner Erklärung.

Noch nie vorher und auch danach bin ich in einer Gerichtsverhandlung so niedergebügelt worden. Meine Vernehmung sei unfair gewesen, ich hätte den armen Beschuldigten in die Falle gelockt mit meinen raffinierten Fragen zu diesen Kopfhörern. Er sei außerdem zu spät vom Zeugen- in den Beschuldigtenstatus gekommen, wodurch sein Recht auf Aussageverweigerung und sein Recht auf das Hinzuziehen eines Anwaltes verletzt worden sei. Die Vernehmungsprotokolle seien deshalb nicht verwertbar, und ohne diese falle die Anklage in sich zusammen wie ein Kartenhaus, argumentierte die Verteidigung.

Kleinlaut schlich ich aus dem Zeugenstand, setzte mich nach hinten auf die Zuschauertribüne und harrte deprimiert der Dinge, die da noch kommen würden. Immerhin gibt es ja noch unsere wunderbaren Zeugen, dachte ich.

Der Auftritt der jungen Tierärztin wurde angekündigt. Jetzt würde seine Anwesenheit am Tatort nicht mehr angezweifelt werden, frohlockte ich innerlich. Ergänzt mit der Aussage des jungen Novizen würde sich das Blatt wenden, war ich überzeugt. Aber die ältere Dame, die mir als Mutter unserer jungen Zeugin bekannt war und die vor dem Gerichtssaal pausenlos auf ihre Tochter einredete, machte mich stutzig. Ich hatte ein ungutes Gefühl. Und zwar mit Recht, wie sich erweisen sollte. Als die junge Frau den Gerichtssaal betrat und den Eindruck vermittelte, als würde sie aufs Schafott geführt, schwante mir Schlimmes.

Die junge, brave, liebenswerte, angehende Tierärztin war ein einziges Fiasko. Plötzlich wusste sie gar nichts mehr, und sie war sich auch nicht mehr sicher, ob dieser Mann dort auf der Anklagebank wirklich der war, den sie in jener Nacht gesehen hatte. Und das mit dem Hund? Man legte ihr schöne große Farbfotos von Ado vor. Also beschwören könne sie es nicht mehr, dass es dieser Hund war. Heute sei sie sich einfach nicht mehr sicher. Es sei ja auch fast dunkel gewesen. Und dass sie bei der Polizei so sicher war, sei wohl der Erwartungshaltung der Beamten geschuldet gewesen. Deshalb müsse sie heute von ihrer damaligen Aussage abrücken. Das war's dann.

Der junge Novize war die nächste Katastrophe. Er hatte den Mann ohnehin nicht genau gesehen und ob er wirklich so nah an dieser Nische gewesen sei, könne er heute nicht mehr beschwören, bla, bla, bla ...

Was war da bloß los? Hatten die vornehmen Damen ganze Arbeit geleistet? Oder hatte der mysteriöse Waldläufer alle verhext? Die gesamte Anklage war in sich zusammengebrochen, alle weiteren Indizien wurden gar nicht mehr erörtert. Der Staatsanwalt stand auf und signalisierte, dass er die Entscheidung über den Fortgang des Verfahrens ins Ermessen des Gerichtes stelle. Was das bedeutete, war uns bewusst. Eine Stunde später verkündete das Schwurgericht das Urteil: Freispruch. Begründung: »Der Angeklagte war aus tatsächlichen Gründen freizusprechen. Ein Beweis für seine Täterschaft wurde nicht erbracht ... Das Teilgeständnis, das Adamson abgelegt hatte, mag unterschiedliche Interpretationen zulassen, zu berücksichtigen war aber, dass der Angeklagte auch bei dieser Vernehmung seine Täterschaft ausdrücklich bestritten hatte.«

Nach der Urteilsverkündung stürmten die Damen nach vorne und umarmten den Waldläufer. Freudentänze führten sie auf, und Adamson konnte mit seinem Anwalt als freier Mann den Gerichtssaal verlassen. Für die »erlittene Untersuchungshaft« erhielt er eine Entschädigung von immerhin 20 000 Euro und verschwand aus der Stadt. Wohin, brachten wir nie in Erfahrung.

Vier Wochen später fanden Arbeiter der Stadtgärtnerei bei Erdarbeiten im nahe gelegenen Alten Botanischen Garten das entscheidende Beweismittel. Beim Zusammenrechen von Laub legten sie ein großes Kampfmesser frei, das dort oberflächlich vergraben worden war. Keine 100 Meter vom Tatort entfernt. Wie sich alsbald herausstellte, war es in dem Laden gekauft worden, dessen Besitzer an Gedächtnisschwund litt.

An der Messerklinge fanden sich DNA-Spuren des Waldläufers und des Tatopfers. Damit war der Beweis erbracht, der vorher gefehlt hatte. Weil er aber freigesprochen worden war, war eine Wiederaufnahme des Verfahrens nicht möglich. Freispruch ist Freispruch. Eine Wiederaufnahme infolge neuer Beweise ist nur zulässig, wenn sie zugunsten eines Verurteilten erfolgt, nicht aber zuungunsten eines bereits Freigesprochenen. Ein wichtiger Grundsatz der Rechtssicherheit. Einzige Ausnahme: Nur wenn der Freigesprochene ein Geständnis ablegen würde, wäre ein Wiederaufnahmeverfahren mit dem Ziel, den Freispruch aufzuheben und ihn zu verurteilen, möglich. Damit war beim Waldläufer nicht zu rechnen. Eher damit, dass er wieder einmal den Kehlschnitt anwendet. Die berühmte Hemmschwelle hat er immerhin schon überschritten. Und wer weiß, ob er sie nicht schon überschritten hatte, bevor er nach München kam. Dass er ein Profi in Sachen »lautloser, schneller Tötung« war, daran gab es keine Zweifel.

Die Ehrenwerten

Als der 26-jährige Türke auf dem Fußweg vor dem Personalgebäude einer Klinik im Münchner Osten gefunden wurde, lebte er noch. Wie lange, war eine andere Frage. Sollte er aber überleben, würde er es möglicherweise bedauern, nicht gleich gestorben zu sein, meinte ein Arzt, weil ihm nämlich die Hoden weggeschossen worden waren. Und ob der Penis zu retten sei, sei derzeit mehr als fraglich. Es waren mehrere Schüsse, die allesamt auf den Unterleib bzw. die Genitalien abgegeben worden waren, wie schon der Notarzt festgestellt hatte. Das Opfer hatte unglaubliches Glück. Wäre die Hauptschlagader im Leistenbereich zerfetzt worden, hätte es keine Rettung mehr gegeben. Er wäre innerhalb von Minuten verblutet. Aber auch ohne Verletzung der Schlagader hing sein Leben an einem seidenen Faden.

Die Schüsse waren aus einer Pistole abgefeuert worden, Marke unbekannt, Kaliber 7,65 mm. Fünf Patronenhülsen konnten die Erkennungsdienstbeamten auffinden. Der Schütze dürfte aus einem Abstand von wenigen Metern gefeuert haben. Derart dicht gesetzte Treffer deuteten entweder auf einen professionellen Schützen hin oder auf einen geringen Abstand zum Opfer oder auch auf beides. Die Entfernung zwischen dem Schützen und dem Opfer konnte nicht allzu groß gewesen sein, weil es sich um einen sehr schmalen Weg handelte, der von der Haustür wegführte hin zum Parkplatz. Und da der Weg auch noch durch eine dichte Hecke begrenzt war, muss der Täter nahe an sein Opfer herangetreten sein. Das wiederum ließ den Schluss zu, dass das Opfer arg- und wehrlos gewesen sein dürfte. Juristisch gesehen, stand also das Mordmerkmal der Heimtücke im Raum. Damit war die Tat als versuchter Mord zu werten und nicht »nur« als Totschlag. Wobei wir davon ausgingen, dass es sich um eine illegale Tatwaffe handeln dürfte. Oder um eine legale, die dem Besitzer gestohlen wurde.

Die erste Frage, die wir Ermittler uns stellen, lautet: Beziehungstat oder Zufallsopfer? Für letztere Variante sprach nicht sehr viel. Welcher Fremdtäter sollte schon ein Motiv gehabt haben, einem ihm völlig unbekannten Mann in den frühen Morgenstunden vor dessen Haustür in einem privaten Gelände aufzulauern und ihm die Hoden wegzuschießen? Ein Raubmord schied ebenfalls aus, also wäre nur noch ein unmotivierter Angriff durch eine psychisch auffällige Person denkbar gewesen. Aber das hier sah eher nach gezieltem Auflauern aus, also nach einer Beziehungstat.

Aygül, die 24-jährige Ehefrau des Tatopfers, war zum Polizeipräsidium gebracht worden. Sie arbeitete als Hilfskrankenschwester in dem Krankenhaus, auf dessen Areal ihr Mann angeschossen worden war. Das kleine Apartment im Personalwohnheim teilte sie mit ihrem Ehemann und der knapp einjährigen Tochter. Erst nach der Eheschließung in der Türkei war ihr Mann Ahmet nach Deutschland gekommen. Er arbeitete in der Großmarkthalle und musste um 4.00 Uhr beginnen. Da der Weg zur Arbeit, den er gewöhnlich mit einem Moped zurücklegte, nur 20 Minuten in Anspruch nahm, verließ er 30 Minuten vorher das Haus. So auch heute, meinte die junge Frau. Sie wirkte merkwürdig gefasst und war äußerst konzentriert. Wusste oder ahnte sie, was da passiert sein konnte?

Auf die Frage, ob sie einen Tatverdacht habe, schüttelte Aygül fast unmerklich und zögerlich den Kopf. Sie habe keine Ahnung, sagte sie in einem Ton, der genauso gut hätte ausdrücken können, »von mir erfahren Sie kein Wort«. Dann tat sie das, was die meisten tun, die uns auf eine falsche Fährte locken wollen: Sie bot uns eine Alternative an. Vielleicht hinge es mit der Arbeit ihres Mannes zusammen, mutmaßte sie. In der Großmarkthalle arbeite er mit vielen Landsleuten zusammen. Er habe ihr jedenfalls erzählt, dass einige von denen krumme Geschäfte machen und insbesondere mit Rauschgift handeln würden. Vielleicht habe er etwas mitbekommen und sei zur Gefahr für bestimmte Leute geworden? Ganz schön gesprächig war sie plötzlich, die junge Fastwitwe. Dass er selbst in schmutzige Geschäfte verwickelt sein könnte, schloss sie aber kategorisch aus.

Als Nächstes, auch typisch für Zeugen mit Entlastungseifer, ging Aygül zum Ausschlussverfahren über. Es gäbe keinen privaten bzw. familiären Hintergrund für die Tat. Sie hätten keine Probleme mit Verwandten und Bekannten, hätten keine Schulden und kämen mit ihrem Geld aus, behauptete sie. Es gäbe auch nicht die geringsten Eheprobleme. Es sei eine reine Liebesheirat gewesen. Sie habe ihren Mann, der einer ihrer vielen Cousins ist, schon seit ihrer Kindheit gemocht. Er sei derjenige gewesen, den sie einmal heiraten wollte. Deshalb sei er auch mit Einverständnis der Familie zu ihrem Ehemann geworden und zum Vater ihres Kindes. Seine Mutter und ihr Vater seien Geschwister.

Merkwürdig war, dass die junge Ehefrau in ihrer Trauer völlig alleine blieb. Sogar ihr Baby musste von einer Kollegin aus dem Krankenhaus betreut werden, obwohl sie einem großen Familienclan angehörte und viele Verwandte hier in München wohnten. Sehr oft hatten wir schon erlebt, dass bei derartigen Vorfällen fast alle Verwandten am Unglücks- oder Verbrechensort auftauchten und familiären Zusammenhalt zeigten. Doch hier war kein Verwandter oder Bekannter des Opfers am Tatort aufgetaucht, zumindest nicht in den ersten Stunden. Erst gegen 9.00 Uhr fiel den Erkennungsdienstbeamten vor Ort ein Pärchen auf, das sich schon seit geraumer

Zeit in einiger Entfernung aufgehalten hatte und die Geschehnisse interessiert zu verfolgen schien. Dem äußeren Erscheinungsbild nach könnte es sich um türkische Mitbürger handeln, meldeten sie uns. Die junge Frau sei schätzungsweise 20 Jahre alt, der Mann sei wesentlich älter. Vielleicht der Vater? Es sehe fast so aus, als wollten sie näher kommen, würden sich aber nicht trauen.

Innerhalb von fünf Minuten nach dieser Meldung war eine Zivilstreife vor Ort, entdeckte das seltsame Pärchen und befragte es. Das Ergebnis machte uns hellhörig. Die junge Frau war eine weitere Cousine des Tatopfers und ihr wesentlich älterer Begleiter war ihr Ehemann. Also waren doch noch Angehörige gekommen, dachten wir, und fanden dies zunächst nicht besonders ungewöhnlich. Aber warum nur eine junge Cousine und deren Ehemann? Wo waren die anderen?

Wir ließen das Paar zur Dienststelle bringen, ohne zu ahnen, dass wir dadurch in ein Wespennetz stechen sollten. Bei den beiden handelte es sich um die 19-jährige Ayse Bagci und um ihren 40 Jahre alten Ehemann, der erst seit circa zwei Monaten in Deutschland lebte. Ayse war hier in Deutschland geboren und aufgewachsen. Sie hatten vor acht Monaten in der Türkei geheiratet, und wie sich herausstellte, arbeitete Ayse ebenfalls in der Klinik, und zwar in der Wäscherei. Ihr Ehemann habe sie heute Morgen zur Arbeit begleitet. Ayse sprach perfekt Deutsch, ihr Mann dagegen verstand kein einziges deutsches Wort. Schließlich war er ja auch erst seit wenigen Wochen im Lande. Beide machten einen fast unterwürfigen, ängstlichen Eindruck. Ein erster Anhaltspunkt dafür, dass hier irgendetwas nicht stimmte, ergab sich durch den Umstand, dass ihr Ehemann, der weder einen Führerschein besaß noch Auto fahren konnte, sie im Bus zu ihrer Arbeitsstelle begleitet hatte. Wir fragten uns, warum er das getan hatte und, vor allem, warum ausgerechnet an diesem Tag?

Die Kollegin, die Ayse vernahm, erklärte in einer Vernehmungspause, es sei schwierig, aus der jungen Frau etwas herauszubekommen, sie antworte sehr wortkarg und erst auf mehrmaliges Drängen. Andererseits sei sie aber ganz offensichtlich nicht in der Lage, zu lügen, und überbrücke dies, indem sie auf entsprechende Fragen einfach zu Boden schaue und schweige. Wenn sie aber etwas sage, könne man davon ausgehen, es entspräche auch der Wahrheit, nur sei sie eben stark gehemmt und voller Angst. Dass sie nicht nur einen guten Grund hatte, ängstlich zu sein, sondern es fast schon ein Wunder war, dass sie überhaupt redete, sollten wir erst begreifen, als wir die unglaublich verstörende, herzlose und brutale Vorgeschichte in Gänze kannten.

Die hierarchisch geordnete Struktur der Familie entsprach der Tradition, den Sitten und Gebräuchen unserer türkischen Mitbürger, wie sich im Laufe der Ermittlungen immer deutlicher herauskristallisierte. Offizielles Oberhaupt und Repräsentant nach außen war der 58-jährige Ömer Bagci, der älteste von insgesamt fünf Geschwistern. Im Inneren regierte aber sein Vater, der im selben Haus lebte. Der rüstige, sehr selbstbewusste 82-jährige Mann war die graue Eminenz im Hintergrund und hielt die Fäden in der Hand. Sein Wort war Gesetz, und nichts geschah im gesamten Familienclan, was er nicht genehmigt hatte.

Ömer hatte noch drei Brüder und eine Schwester. Letztere lebte in der Türkei und war die Mutter von Ahmet, dem nunmehr entmannten Tatopfer. Dessen Ehefrau Aygül wiederum war die Tochter des zweitältesten Bruders, der ebenso wie die beiden anderen Brüder samt Familie in Niederbayern wohnte. Hinzu kamen noch die Familien der Ehefrauen mit all ihren Verwandten, sodass es sich um eine fast unüberschaubare Großfamilie handelte, von der etwa eine Hälfte der Mitglieder in Deutschland lebte, die andere in der Türkei.

Interessant war, dass die Mutter des schwer verletzten Ahmet offensichtlich nicht nach Deutschland kommen wollte oder durfte, obwohl ihr Sohn in akuter Lebensgefahr schwebte. Welche Mutter lässt sich da fernhalten? Das sollte sich uns ebenfalls erst später erschließen.

Ömer, das Familienoberhaupt, hatte neben Tochter Ayse noch zwei ältere Söhne, die sein ganzer Stolz waren: den 22 Jahre alten Kemal und den 20-jährigen Adem. Damit waren diese ebenfalls Cousins des Tatopfers. Auffällig war nur, dass sich keiner von ihnen, wie sonst üblich, bei der Polizei gemeldet hatte, um die näheren Umstände der Tat zu erfahren. Das war schon merkwürdig. Der Ansturm sämtlicher Familienmitglieder fehlte hier. Was den Rückschluss rechtfertigte, dass der Schlüssel zur Aufklärung in der Familie liegen musste. Wir waren uns sicher, dass hier etwas vertuscht werden sollte, und wir fragten uns, was das sein konnte. Üblicherweise richten sich Tötungshandlungen bzw. Racheakte und Bestrafungen im Zusammenhang mit Ehrenmorden nahezu immer gegen Frauen, die es gewagt haben, aus den strengen Hierarchien, Sitten und Gebräuchen auszuscheren und ein westliches Leben zu führen. In diesem Fall aber war es ein Mann, der zum Opfer auserkoren worden war. Das passte so gar nicht ins Schema.

Kemal und Adem waren voll integriert, ohne ihre türkische Sprache vernachlässigt und ihre türkischen Wurzeln je verleugnet zu haben. Sie hatten das Abitur gemacht, waren hochintelligent, modern und aufgeschlossen, sahen gut aus, kleideten sich modisch und auch nicht ganz billig. Die Eltern betrachteten die Entwicklung ihrer Söhne mit Stolz und bedachten sie mit großzügigen Zuwendungen. Zumal Ömer den Lebensstil seiner beiden Söhne locker finanzieren konnte. Er betrieb eine Wäscherei und hatte immerhin acht Mitarbeiter.

Kemal, der Ältere, hatte sich zum Jurastudium angemeldet, und sein Bruder Adem liebäugelte mit einem Medizinstudium. In ihrer Freizeit verkehrten sie in der gehobenen Münchner Discoszene und unterhielten wechselnde Beziehungen zu modernen jungen Frauen. Beide waren nicht sehr religiös, hatten vernünftige Ansichten, waren höflich und wirkten gut erzogen. Sie betonten übereinstimmend, Sitten und Gebräuche sowie den Glauben anderer Menschen zu respektieren sei für sie selbstverständlich. Fanatische Sektierer dagegen verurteilten sie ebenso wie die Bevormundung von Frauen, den Kopftuchzwang und Zwangsehen. Von dieser unsäglichen »Ehrenscheiße«, wie sie es nannten, hielten sie gar nichts. Bei ihrer Befragung sicherten uns die beiden zu, alles tun zu wollen, um uns bei der Aufklärung dieses Verbrechens an ihrem Cousin zu helfen. Sie hätten Vertrauen zu uns und hätten deshalb auch nicht sofort bei uns vorgesprochen, da sie keinerlei Tathinweise geben könnten. Und genau wie ihre Cousine Aygül boten sie sogleich eine Alternative zu einem innerfamiliären Motiv an und verwiesen auf die ominöse Mordserie an türkischen Kleingewerbetreibenden, die später als Mordserie der NSU (Nationalsozialistischer Untergrund) in die Kriminalgeschichte eingehen sollte. Da ihr Cousin in der Großmarkthalle arbeite, könnte er in kriminelle Geschäfte verwickelt worden sein. Schließlich sei doch allgemein bekannt, dass dort täglich Drogen eingehen würden, die dann verteilt werden müssten. Dort könne der Schlüssel zur Aufklärung liegen, meinten sie übereinstimmend. Aha!

Die Vernehmungsbeamten waren dennoch angetan von der Offenheit und Ehrlichkeit dieser beiden Zeugen. »Die haben mit der Sache nichts zu tun«, lautete deshalb ihre Einschätzung. Kemal und Adem unterschieden sich in keiner Weise von gebürtigen Bayern, obwohl sie betonten, sich türkischen, nicht aber religiösen Traditionen verpflichtet zu fühlen. Beide liebten Münchner Weißwürste, Münchner Biergärten und tranken auch Alkohol.

Wie alle anderen Familienmitglieder, die wir bisher vernommen hatten, konnten die beiden Brüder zwar kein sicheres Alibi vorbringen – sie hätten zu Hause im Bett gelegen –, aber um diese Zeit liegen nun einmal die meisten Menschen im Bett. Es bestand also kein Tatverdacht gegen sie. Vor allem war das Wichtigste nicht erkennbar: ein Motiv. Kemal und Adem schieden als Tatverdächtige aus. Aber der Clan war ja groß.

Schwieriger war die Vernehmung des Familienoberhauptes Ömer Bagci, den wir zu einer ersten Befragung in seiner Wohnung aufsuchten. Er begrüßte uns sehr freundlich und zuvorkommend. Wir saßen im Wohnzimmer, seine Ehefrau bediente uns mit hervorragendem Tee, und er versicherte uns, alles zu sagen, was er wisse, das schwöre er bei Allah, aber er wisse nichts. Ahmet, der Verletzte, sei der Sohn seiner in der Türkei lebenden Schwester. Bei der Ehefrau von Ahmet handle es sich um Aygül, der Tochter seines Bruders Yasar, der in Niederbayern lebe und schon unterwegs sei. Seit zwei Jahren erst sei Ahmet in Deutschland, sie hätten nicht sehr viel Kontakt zu ihm gehabt. Mehr könne er nicht sagen. Aber dann kam es auch von ihm: Vielleicht hänge es ja mit dieser schrecklichen Mordserie zusammen, der schon viele Landsleute zum Opfer gefallen seien. Er sage es nicht gerne, aber unter seinen türkischen Landsleuten gäbe es leider verschiedene Formen organisierter Kriminalität, erklärte er. Er wisse, dass sich junge Menschen wegen des »schnellen Geldes« oft in solche »Geschäfte« verstricken lassen, resumierte er. Der fast identischen Auffassung waren übrigens auch alle anderen Personen aus dem Familienverbund. Ein klarer Hinweis darauf, dass man sich in der Familie intensiv unterhalten hatte. Oder sollte ich sagen, »abgesprochen«?

Es gab in dieser Phase der Ermittlungen keine Hinweise darauf, warum jemand diesen unbescholtenen Arbeiter, der mit seiner jungen Frau und einem Säugling in einem winzigen Zimmerchen lebte und ein Moped fuhr, auf so spektakuläre Weise hätte niederschießen sollen. Aber wir waren ja auch erst am Anfang. An eine Vernehmung des immer noch in Lebensgefahr schwebenden Opfers war nicht zu denken. Natürlich würden wir parallel auch der Frage nachgehen, ob er wirklich in irgendwelche krummen Geschäfte in der Großmarkthalle verwickelt gewesen sein könnte. Für uns deutete alles auf eine Beziehungstat hin. Der Mann sollte bestraft werden, darüber waren wir uns einig. Doch wofür, wussten wir noch nicht. Es musste aber etwas mit seinen Genitalien zu tun haben. Aber was?

Alle drei Brüder des Familienvorstandes waren inzwischen in München eingetroffen und wurden von uns selbstverständlich sofort vernommen. Dass wir bei ihnen auch eine Untersuchung auf Schmauchspuren durchführen ließen, wie sie entstehen, wenn man eine Schusswaffe abfeuert, war reine Routine. Es brachte aber keine Ergebnisse.

Die Kolleginnen – inzwischen war eine Beamtin des Kommissariats für Opferschutz hinzugekommen –, die sehr behutsam vorgingen, hatten einen perfekten Einstieg bei der Vernehmung von Ayse gefunden. Sie bedauerten nämlich deren schiefe Nase, die offensichtlich gebrochen gewesen und nicht mehr perfekt zusammengewachsen sein muss. Also fragten sie zunächst einmal, wie das passiert wäre, und meinten, dass es doch Möglichkeiten gäbe, dies korrigieren zu lassen. Sie würden ihr gerne helfen. Ayse schwieg jedoch und hatte gleichzeitig Tränen in den Augen. Damit wussten die Beamtinnen, dass sie auf der richtigen Spur waren. Ihr Ehemann, der parallel zu ihr im Nebenbüro vernommen wurde, meinte übrigens auf die Frage, wo sich seine Frau die Nase gebrochen habe, das solle sie selbst sagen. Er wisse es inzwischen zwar, aber er wolle, dass es Ayse von sich aus erzähle. Sollte sie es aber nicht tun, würde er reden.

Ayse nannte, als sie hörte, ihr Mann wolle alles sagen, tatsächlich die Klinik in München, in der sie fast zwei Wochen stationär behandelt worden war. Das machte uns hellhörig. Wegen eines Nasenbeinbruchs muss man nicht stationär im Krankenhaus bleiben und schon gar nicht zwei Wochen lang.

Ein Anruf in dieser Klinik blieb leider ohne Erfolg: Datenschutz. Ayse war tatsächlich für knapp zwei Wochen in stationärer Behandlung gewesen, wie aus den Krankenunterlagen hervorging, die noch am selben Tag aufgrund eines richterlichen Beschlusses und nach Vorlage einer Entbindung von der ärztlichen Schweigepflicht beschlagnahmt wurden.

Den Kolleginnen war es gelungen, Ayse zu bewegen, die ganze Wahrheit zu sagen. Allerdings mussten sie ihr zusichern, dass sie unter unseren Schutz gestellt wird und nicht mehr nach Hause muss. Seinen Anfang hatte der Fall schon vor gut einem Jahr genommen, als eine der vielen Omas in der Türkei gestorben war …

Fast der gesamte Familienclan reiste zur Beisetzung dieser offensichtlich ranghohen Großmutter in die Türkei. Sogar die hochschwangere Ehefrau von Ahmet musste mit, stand ihr doch diese Oma einst sehr nahe. Er selbst blieb zurück, weil er keine so enge Beziehung zu der Verstorbenen hatte. Außerdem musste jemand auf Ayse aufpassen, die zu diesem Zeitpunkt 17 Jahre alt war und keinen Urlaub bekommen hatte. Ahmet hatte den Auftrag, seine Cousine unter Kontrolle zu halten. Sie sei nämlich völlig unselbstständig und bedürfe deshalb der Beaufsichtigung. Denn viele junge Mädchen türkischer Herkunft waren schon den Versuchungen des westlichen, sündigen Lebens verfallen.

Die Beaufsichtigung erfolgte in der Wohnung seines Onkels Ömer, damit Ayse ihre gewohnte Umgebung nicht verlassen musste. An den ersten beiden Abenden sahen Ahmet und Ayse gemeinsam fern. Dabei saß sie wie gewohnt im Schneidersitz auf der Couch, während er ihr gegenüber in einem Sessel saß. Am dritten Abend habe sie aber schon vor Beginn des Filmes ihr Nachthemd angezogen, weil sie das Badezimmer vor dem Schlafengehen ihrem Cousin überlassen wollte. An den beiden Abenden vorher sei er nämlich zweimal ins Bad gekommen, als sie sich gerade entkleidet hatte. Er habe dann so »komisch herumgetan« und habe sie auch am Gesäß berührt, aber vielleicht nur unabsichtlich, weil es so eng war. Warum sie die Badezimmertür nicht abgeschlossen habe, konnte sie schlüssig erklären. Es lag ganz einfach daran, dass sie gar nicht auf die Idee kam, es könnte zu einem Übergriff kommen. In ihrer Unschuld bzw. Naivität spielte Sexualität noch keine Rolle. Sie war zwar leidlich aufgeklärt und wusste, woher die Kinder kommen und wie sie angeblich gemacht werden, aber die damit zusammenhängenden Begehrlichkeiten waren für sie ein Buch mit sieben Siegeln. Zumindest bis zu jenem Augenblick …

Anstatt den gewünschten Film anzusehen, habe Ahmet eine CD eingelegt, die etwas zeigte, was sie nie zuvor in ihrem Leben gesehen hatte, auch wenn sie wusste, dass es Sex war. Es war ihr peinlich, und sie wollte schon aufstehen und gehen, als sich Ahmet plötzlich neben sie auf die Couch gesetzt und gefragt habe, ob sie so etwas nicht auch einmal machen wolle. In der Folge der Vernehmung brachte Ayse nur mühsam, stockend und langatmig hervor, was dann passierte.

Ayse begriff anfänglich gar nicht, was Ahmet von ihr wollte. Er redete aber wie ein Besessener auf sie ein und erklärte ihr, dass es sich um etwas sehr Schönes handle, das großen Spaß mache und das er ihr gerne einmal zeigen wolle. Ayse wusste nicht, wie sie reagieren sollte, und begann vorsichtig, Ahmet abzuwehren, als dieser anfing, sie zu küssen. Als er ihr schließlich zwischen die Schenkel griff und bis zum Schritt vordrang, begann Ayse zu weinen. Er führte den Finger in ihre Scheide ein und sagte ihr, nun sei es eh zu spät für sie. Sie sei jetzt keine Jungfrau mehr und wenn sie jetzt nicht weiter mitmache, würde er behaupten, sie hätte ihn verführt. Den Beweis dafür habe er jetzt an seinen Fingern. Dann begann er, Ayse auszuziehen, die nur noch weinte und nicht mehr wagte, Gegenwehr zu leisten. Er hob ihr Nachthemd hoch, zog ihr den Schlüpfer aus und befahl ihr, sich vor die Couch zu knien und sich mit dem Oberkörper auf die Sitzfläche zu legen. So hatte er ihr nacktes Gesäß vor sich und führte schließlich den Analverkehr so heftig aus, dass Ayse vor Schmerzen schrie und weinte. Ahmet hörte aber trotzdem nicht auf. Wie lange es dauerte, wusste sie nicht mehr. Irgendwann stöhnte er aber plötzlich laut auf, und erst danach ließ er von ihr ab.

Ayse schluchzte und weinte, schleppte sich ins Badezimmer und stellte fest, dass sie heftig blutete. Mit Mullbinden versuchte sie, die Blutungen zu stoppen, was ihr im Laufe der Nacht auch gelang. Bevor sie sich aber in ihr Zimmer einsperrte, bekam sie von Ahmet noch eine »Ansage«. Und die lautete, dass er sie umbringen würde, sollte sie irgendjemandem etwas davon erzählen. Außerdem würde ihr ohnehin niemand glauben, und deshalb würde sie nur Schande über ihre Familien bringen.

Ayse legte sich schließlich ins Bett und weinte die ganze Nacht. Morgen würde ihre Mutter heimkommen, der würde sie alles erzählen, nahm sie sich fest vor. Vor ihrer Mutter hatte sie noch nie etwas verheimlicht.

Die Familie war zurückgekehrt, und Ahmet hatte peinlichst genau darauf geachtet, dass keine Spuren zurückgeblieben waren. Ayse suchte anderntags das Gespräch mit ihrer Mutter Serap, als alle Männer außer Haus waren. Diese hörte sich ihre Tochter an, schlug die Hände vors Gesicht, schrie und jammerte und überzeugte sich schließlich davon, dass Ayse im Analbereich tatsächlich verletzt war und noch immer blutete. Es sah schlimm aus. Dennoch konnte oder wollte sie nicht glauben, was sie da gehört hatte. Also ging sie am nächsten Morgen mit Ayse zu einem Arzt. Nach der Untersuchung atmete Serap erleichtert auf. Ayse hatte zwar schwere Zerreißungen im Analbereich erlitten, war aber Jungfrau geblieben. Sie musste sogar genäht werden, und wenn sie nicht behandelt worden wäre, hätte es schlimme Entzündungen geben können bis hin zu Sepsis. Der Arzt erklärte der Mutter auch, dass diese Verletzungen auf gewaltsames Eindringen zurückzuführen seien und dass er ihr empfehle, die Sache nicht auf sich beruhen zu lassen. Für Serap war zunächst nur wichtig, dass Ayse als Jungfrau noch auf dem Heiratsmarkt zu vermitteln war. Sollte sich herausstellen, dass sie vergewaltigt worden war, würde sie wie alle vergewaltigten Frauen als Hure betrachtet werden. Noch immer sei es weit verbreitete Meinung, vergewaltigte Frauen seien nichts anderes als Huren, weil sie die betroffenen Männer gereizt oder gar verführt haben müssen. Obwohl Serap wusste, dass Ayse unschuldig war, kamen ihr plötzlich Zweifel. Hatte Ayse vielleicht doch ihrem Cousin schöne Augen gemacht?

Ayse kniete vor ihrem Vater Ömer, der ihr immer wieder kräftige Ohrfeigen verpasste und sie aufforderte, die Wahrheit zu sagen. Ahmet sei schließlich sein Neffe, und sie sei eine zurückgebliebene Lügnerin. Offensichtlich hat er nicht nachgedacht, sonst hätte er gewusst, dass ein so unbedarftes Mädchen ohne jegliche sexuelle Erfahrungen diese brutalen Praktiken nicht erfunden haben konnte. Abgesehen davon, dass das ärztliche Attest eindeutig war. Aber die Tatsache, dass sie nicht schon am ersten Abend die Badezimmertür verschlossen und sich dort auch noch entkleidet habe, obwohl Ahmet in der Wohnung gewesen sei, deute doch darauf hin, dass sie es darauf angelegt habe, ihn zu reizen.

Eigentlich wäre es nun logisch gewesen, den Übeltäter zur Rede zu stellen und Anzeige zu erstatten. Stattdessen wurde nun der Familienrat einberufen. Ömer wollte erst Gewissheit. Also beorderte er zwei seiner Brüder nach München; seinen zweitältesten Bruder informierte er noch nicht, schließlich war er der Schwiegervater des Tatverdächtigen.

Dann trat das Familiengericht zusammen. Und das bestand aus Ömer, dem Vorsitzenden, seinen beiden angereisten Brüdern und seinen beiden Söhnen Kemal und Adem, den Brüdern der Vergewaltigten.

Was folgte, war unfassbar. Es ging gar nicht mehr darum, ob Ayse tatsächlich vergewaltigt worden war, es ging nur noch um die Frage, ob sie Ahmet eventuell so gereizt haben könnte, dass er die Beherrschung verlieren musste. Immerhin war seine Frau hochschwanger, weshalb er schon seit geraumer Zeit enthaltsam habe leben müssen. Das sei schließlich nicht leicht für einen Mann. Und Geld, um in ein Bordell gehen zu können, habe er auch nicht. Nicht umsonst sollen Frauen ihre Reize bedecken. Und wenn sie das nicht tun, legen sie es eben darauf an, genommen zu werden. Möglicherweise habe Ayse die Badezimmertür absichtlich offen gelassen und sich bewusst in einem aufreizenden Nachthemd auf die Couch gesetzt. Diese »Gedankengänge« des Familienrates sind übrigens aktenkundig und entspringen nicht irgendwelchen Interpretationen.

Ahmet wurde »vorgeladen« und kam auch sofort zur Wohnung seines Onkels Ömer. Er saß dem Tribunal gegenüber und schwor schließlich auf den Koran, dass er Ayse nicht vergewaltigt habe. Damit wolle er sagen, nichts getan zu haben, womit Ayse nicht einverstanden gewesen wäre. Ayse sei schon immer hinter ihm her gewesen, log er, und um weiteren Fragen zu entgehen, fügte er noch hinzu, dass er ihr trotzdem nichts Böses wünsche, und deshalb käme kein Wort mehr über seine Lippen. Das Tribunal war verunsichert. Wer sagte hier die Wahrheit? Wenn Ahmet nicht log, habe Ayse die Ehre der Familie beschmutzt, aber wenn Ayse die Wahrheit sage, sei Ahmet ein Vergewaltiger, weil er ein weibliches Mitglied der Familie entehrt habe. Diesen Fehltritt hätte er nur durch die Ehelichung der Geschändeten ausgleichen können. Da er aber schon verheiratet war, schied diese Möglichkeit aus. Also bliebe nur seine Bestrafung. Vorausgesetzt natürlich, dass er Ayse wirklich vergewaltigt habe. Da sich das Tribunal nicht einig war, wer die Wahrheit sagte, beschloss man einstimmig, Ayse einem hochnotpeinlichen Verhör zu unterziehen. Man müsse nur die Wahrheit aus ihr herausprügeln, meinte einer der

Onkel. Ömer und sogar seine Söhne, die Brüder von Ayse, stimmten zu.

Ayse ahnte, dass ihr Schlimmes bevorstand, als sie aufgefordert wurde, in den geräumigen Geländewagen zu steigen. Kemal fuhr, Adem saß auf dem Beifahrersitz, und sie war hinten zwischen ihren beiden großen, kräftigen Onkeln eingeklemmt. An einer abgelegenen, einsamen Stelle des riesigen Waldgeländes im Süden von München angekommen, stiegen die Männer aus. Dann ging es Schlag auf Schlag. Und zwar im wahrsten Sinne des Wortes. Ayse wurde aus dem Wagen gezerrt und erhielt als Erstes einen kräftigen Faustschlag ins Gesicht. Und zwar von jenem Onkel, der sich als »Spezialist in solchen Sachen« geoutet hatte.

»Hast du mitgemacht, sag die Wahrheit!«, schrie er sie an. Sie weinte, bat um Gnade.

»Ahmet war es, ich habe nicht gelogen«, sagte sie immer wieder. Aber ihre Beteuerungen nützten ihr nichts. Faustschläge trafen sie ins Gesicht. Dann hatte einer der Onkel ein Messer in der Hand, hielt es ihr an den Hals und drohte ihr, sie umzubringen, würde sie nicht endlich die Wahrheit sagen. Ayse wurde kurzzeitig bewusstlos. Als sie am Boden lag, trafen sie Fußtritte am ganzen Körper. Sie kam wieder zu sich, und einer der Männer steckte ihr plötzlich den Lauf einer Schusswaffe mit solcher Wucht in den Mund, dass ein Backenzahn ausbrach. Wer das gewesen sei, konnte oder wollte sie später nicht sagen. Vermutlich war es ihr Bruder Kemal. Sie würde jetzt erschossen, drohte der Mann mit der Schusswaffe, wenn sie nicht sofort die Wahrheit sage. Aber Ayse brachte kein Wort mehr heraus. Sie sank zu Boden und blieb liegen. Was die Umstehenden nicht daran hinderte, sie weiterhin zu treten. Über eine Stunde dauerte die Folter. Und keiner der Anwesenden erkannte, dass dieses Mädchen gar nicht in der Lage war, zu lügen und das zu »gestehen«, was ihre Peiniger offensichtlich hören wollten. Trotzdem entschlossen sich die

Männer, noch einen letzten Versuch zu unternehmen, obwohl Gesicht und Kopf der jungen Frau nur noch eine blutende Masse waren. Aber die allseits so beliebte und erfolgreiche Scheinhinrichtung erschien ihnen unverzichtbar. Ayse wurde hochgezerrt und musste sich hinknien. Blut floss aus ihrem Mund, und sie war nicht mehr in der Lage, ein verständliches Wort herauszubringen. Einer der Männer – vermutlich wieder ihr Bruder Kemal – kündigte ihr an, sie würde nun erschossen. Der Mann stellte sich hinter sie, drückte ihr den Lauf seiner Waffe heftig in den Nacken, spannte hörbar den Hahn, forderte sie ein letztes Mal auf, die Wahrheit zu sagen, und drückte schließlich ab. Es machte »klick« und Ayse kotete schlagartig ein. Dann fiel sie um, blieb regungslos liegen und hatte nicht einmal mehr die Kraft zu weinen.

Jetzt erst griff Adem ein. Er forderte die Anwesenden energisch auf, sofort aufzuhören, es sei genug, und er verlangte, dass Ayse augenblicklich zu einem Arzt gebracht wird. Vermutlich rettete er ihr damit das Leben. Dass man Ayse tatsächlich in eine Klinik fuhr, hing auch damit zusammen, dass keiner der Anwesenden befürchtete, Ayse könnte sie verraten. Sie würde es nicht wagen, die Wahrheit zu sagen, waren sie sich sicher. Dabei bedachten sie jedoch nicht, dass Ayse gar nicht anders kann, als die Wahrheit zu sagen. Irgendwann jedenfalls.

Die vier Männer brachten Ayse in ein Krankenhaus und erklärten, die Verletzungen seien von einem Treppensturz verursacht worden. Was natürlich eine Farce ist, denn selbst Laien hätten bemerken müssen, dass diese Verletzungen nicht von einem Sturzgeschehen stammen konnten. Und warum hatten die Männer nicht einfach den Notarzt gerufen, anstatt die Verletzte selbst ins Krankenhaus zu bringen? Abgesehen davon, dass ihre Forderung, keinesfalls die Polizei zu verständigen, auch nicht mit einem Treppensturz vereinbar war. Bei Ayse, die in Lebensgefahr schwebte, wurden neben einer schweren Gehirnerschütterung noch ein gebrochener Kiefer, ein gebrochener Gesichtsknochen mit massiver Schwellung der linken Gesichtshälfte, eine Bulbusprellung, ein Monokelhämatom links mit Einblutung in die Konjunktiven, ein Nasenbeinbruch, mehrere Rippenbrüche, Nierenquetschung, Milzriss und unzählige Prellungen und Blutergüsse sowie eine schwere Augenverletzung festgestellt, wobei die Sehkraft ihres rechten Auges für immer stark eingeschränkt bleiben sollte.

Die Arztkosten wurden übrigens in bar beglichen, und schon nach zwei Wochen erzwang die Familie die Entlassung Ayses nach Hause, wo sie noch wochenlang bettlägerig war und von jenem türkischen Arzt versorgt wurde, der auch schon ihre anale Vergewaltigung attestiert hatte. Inwieweit er mit dem Familienvorstand das eine oder andere klärende Wort sprach, wurde uns nicht bekannt. Ärzte sind nicht verpflichtet, die Polizei zu informieren, wenn sie Hinweise auf eine Straftat haben. Sie können es im Rahmen ihrer Ermessensfreiheit tun. Und zwar dann, wenn sie der Meinung sind, dass das verletzte Rechtsgut höher zu bewerten ist als die ärztliche Schweigepflicht. In diesem Fall wäre es möglich gewesen, die Polizei einzuschalten, ohne dass sich der Arzt strafbar gemacht hätte. Er hat es nicht getan. Seine Entscheidung.

Der Familienrat war nach dieser »Aktion« erneut zusammengetreten und zu dem Ergebnis gekommen, dass Ayse wohl doch die Wahrheit gesagt haben dürfte. Ahmet wurde erneut vorgeladen, bestritt nach wie vor jede Schuld und erhielt mit Rücksicht auf seinen Schwiegervater, also den zweitältesten Bruder, der inzwischen auch eingeweiht war und den Vergewaltiger vehement verteidigte, die Absolution. Immerhin habe er ja darauf geachtet, dass Ayse Jungfrau geblieben war, und irgendwie hatte sie ihn wohl doch gereizt. Allerdings erhielt er von Ömer den eindringlichen Hinweis, sich nicht mehr in seiner Familie blicken zu lassen. Damit war der Riss entstanden, der sich durch den gesamten Familienclan ziehen sollte und der immer tiefer werden würde. Die Zerstörung der Familie hatte ihren Anfang genommen. Aber nun kam die nächste Unfassbarkeit.

Für die Familie ging es jetzt darum, Ayse möglichst schnell zu verheiraten. Ein geeigneter Kandidat war rasch gefunden. Es war ein etwas weiter entfernter Verwandter aus einer der angeheirateten Familien. Der Auserwählte hieß Dursun, war bereits 35 Jahre alt und galt innerhalb des Familienclans – genau wie Ayse – als etwas einfach strukturiert. Außerdem war er nicht besonders ansehnlich. Vermutlich hatte er deshalb noch keine Braut und war sicherlich froh, ein so hübsches Mädchen wie Ayse angeboten zu bekommen. Auch wenn ihre Nase nicht mehr so schön gerade war wie noch bei ihrem letzten Besuch in der Türkei ein Jahr zuvor. Ayse war auch mit krummer Nase noch sehr schön, fand er.

Bereits sechs Monate nach ihrer Vergewaltigung und Folterung wurde Ayse in der Türkei verheiratet. Und obwohl sie ihren zukünftigen Ehemann nur flüchtig kannte, freute sie sich auf ihre Verehelichung. Sie hoffte, mit ihm ein eigenes Leben führen zu können. Mit vielen Kindern.

Wie wir später in allen Einzelheiten erfahren sollten, wurde bei dieser Hochzeit tatsächlich noch ein Brauch vollzogen, den ich längst im Reich der Vergangenheit wähnte. Es soll nach der Hochzeitsnacht tatsächlich die Unberührtheit der Braut anhand einer Blutspur auf einem weißen Laken zur Schau gestellt worden sein. Der ahnungslose Ehemann und seine Verwandten, insbesondere sein Großvater, der eine ähnlich dominante Stellung einnahm wie sein Pendant in München, waren zufrieden. Nach der Hochzeit kehrte Ayse nach München zurück, wo sie eine eigene Wohnung bekam, der Nachzug ihres Ehemannes war bereits geregelt. Auch wenn er keinen Beruf erlernt hatte, würde er Arbeit in der Firma seines wohlhabenden Schwiegervaters bekommen.

Vier Monate später kam Dursun tatsächlich nach München

und begann auch gleich zu arbeiten. Das Zusammenleben der beiden funktionierte relativ gut, und Ayse fand sogar zunehmend Gefallen an ihrem Mann. Doch Dursuns Arbeitskollegen begannen, über den in ihren Augen etwas beschränkt wirkenden Neuzugang aus der Türkei zu lästern und zu spotten. Dass ein solcher »Trottel« ausgerechnet die Tochter des Chefs bekommen hatte, sei schon auffällig, unkten sie. Wahrscheinlich nur deshalb, weil sie keine Jungfrau mehr gewesen sei, mutmaßten sie, ohne es aber wissen zu können. Damit nahm das Unglück seinen Lauf.

Dursun stellte Ayse zur Rede. Und weil die ja bekanntlich nicht lügen konnte, gestand sie ihm, was ihr widerfahren war. Dann aber trat etwas ein, was man unter diesen Voraussetzungen und in diesem Umfeld als durchaus außergewöhnlich bezeichnen kann. Der angeblich so einfach strukturierte Ehemann bewies mehr Einfühlungsvermögen als sämtliche schlauen Familienmitglieder zusammengenommen. Er reagierte nämlich nicht böse oder empört, sondern verständnisvoll und zivilisiert. Dieser einfache Mensch aus der türkischen Provinz hatte wohl als Einziger begriffen, dass seine Ayse nicht Täterin war, sondern Opfer. Außerdem liebte er sie inzwischen wirklich, ebenso wie sie sich bei ihm immer geborgener fühlte. Er entwickelte Wut auf diejenigen, die seiner Ayse das angetan hatten, und entschloss sich, die Sache nicht auf sich beruhen zu lassen. Mit seinem Schwiegervater zu reden erschien ihm nicht sinnvoll, schließlich habe dieser die ganze Sache vertuscht. Also rief er seinen Großvater in der Türkei an, was wiederum ein Fehler war. Seiner jungen Frau aber versicherte er, sie nicht zu verlassen, sondern für immer bei ihr bleiben zu wollen.

Der Großvater in der Türkei rief den Großvater in München an. Was sie aushandelten, wurde teilweise bekannt, weil Dursun später offen darüber sprach. Der türkische Großvater warf dem Münchner Großvater jedenfalls vor, er habe ihm »schlechte Ware« angedreht und damit seine Ehre beschmutzt.

Deshalb fordere er die Wiederherstellung der Familienehre. Sollte bekannt werden, dass sein Großneffe eine Frau geheiratet hat, die von einem aus ihrer eigenen Blutsverwandtschaft vergewaltigt worden war, würden sie zum Gespött der Leute werden und nicht mehr auf die Straße gehen können. Die Ehre beider Familien müsse wiederhergestellt werden. Und das könne nur durch die Tötung des Vergewaltigers geschehen. Der Münchner Großvater begriff, was gemeint war, und stimmte sofort zu, hätte er doch im umgekehrten Falle genauso entschieden. Also versprach er, die Sache zu regeln …

Es gibt sie eben doch, die Superzeugen. Jeder Ermittler träumt von ihnen. Unser Zeuge war Angestellter bei den Münchner Stadtwerken und fuhr eine U-Bahn. Sein Frühdienst begann um 4.00 Uhr. Es sei exakt 3.37 Uhr gewesen, als er mit seinem Pkw in Richtung Stadtmitte gefahren sei und sich – wie immer zu dieser Zeit – genau auf Höhe des Krankenhauses befunden habe. Plötzlich sei von rechts ein dunkler BMW 316 älterer Bauart aus der dortigen Einfahrt »herausgeschossen«, sodass er nur durch eine Vollbremsung einen Zusammenstoß habe verhindern können. Der Fahrer des BMW habe nicht reagiert, sondern sei in Richtung Stadtmitte davongerast. Deshalb könne er keine Angaben zum Fahrer machen, außer dass es sich um einen Mann gehandelt habe. Allerdings sei noch eine zweite Person im Wagen gewesen, und zwar auf dem Beifahrersitz. Ob es sich dabei auch um eine männliche Person gehandelt habe, könne er nicht sagen. Aber er habe sich natürlich das Kennzeichen notiert.

Volltreffer. Das Fahrzeug war zugelassen auf Ömer Bagci. Die Schlinge zog sich zu, auch wenn noch völlig offen war, wer am Steuer des Fluchtwagens saß, wer die zweite Person war bzw. wer geschossen hatte und wo die Waffe war. Aber zusammen mit der Aussage von Ayse ergab sich ein klares Tatmotiv. In Verbindung mit der Tatsache, dass das Fahrzeug Ömers fast exakt zum Tatzeitpunkt am Tatort gesehen wurde, reichte es für einen Haftbefehl gegen Ömer, seine zwei Brüder und die Söhne. Denn die Verschleppung Ayses in den Wald, die schweren Körperverletzungen – immerhin hatte sie einen dauerhaften Augenschaden davongetragen – wertete der zuständige Staatsanwalt als Geiselnahme, schwere Körperverletzung in Tateinheit mit schwerer Freiheitsberaubung, Nötigung u. a. Der Vorwurf eines versuchten Tötungsdeliktes, der durchaus gerechtfertigt gewesen wäre, scheitere nur daran, dass ein freiwilliger Rücktritt vom beendeten Versuch vorlag. Was nichts anderes bedeutet, als dass der Gesetzgeber denjenigen Tätern einen Bonus einräumt, die doch noch zur Besinnung gekommen sind und alles getan haben, um das Leben ihres Opfers zu retten. In diesem Fall hatte man Ayse in ein Krankenhaus gebracht, und weil sie tatsächlich überlebt hat, wird der Vorwurf des versuchten Tötungsdeliktes fallen gelassen, und es bleibt bei schwerer Körperverletzung.

Zwei Stunden nach der Aussage unseres U-Bahn-Fahrers stürmte ein Kommando des SEK die Wohnung des Tatverdächtigen. Es war ein äußerst spektakulärer Zugriff, denn in der Wohnung waren neben Ömer Bagci auch dessen drei Brüder – also auch der Schwiegervater des entmannten Vergewaltigers –, der Großvater und Adem. Nur Kemal fehlte, und natürlich wusste niemand, wo er sich aufhielt.

Gegen den Großvater lag nichts vor. Deshalb wurde er auch als Einziger nicht festgenommen. Stattdessen wurde sein Telefon abgehört, weil zu erwarten war, dass er mit weiteren Beteiligten, insbesondere dem »vermissten« Kemal, Kontakt aufnehmen könnte. Tatsächlich führte er viele Telefonate in die Türkei, die auch sehr aufschlussreich waren und schließlich sogar zur Auffindung der Tatwaffe führten. Sie war in einem zur Wohnanlage gehörenden Müllcontainer entsorgt worden. Die Pistole, eine italienische Beretta, wurde gefunden. Sie war übrigens nirgends registriert und konnte auch nicht zugeordnet werden. Da noch Patronen im Magazin steckten, konnte man

Fingerspuren sichern, wie sie beim Laden einer Waffe entstehen. Deren Untersuchung brachte die nächste Überraschung: Die Abdrücke stammten weder von Ömer, dem Hauptverdächtigen, noch von einem seiner Brüder und auch nicht von einem seiner Söhne. Nein, sie konnten dem guten, alten, freundlichen Münchner Großvater zugeordnet werden. Da aber feststand, dass er die Waffe nicht selbst abgefeuert haben konnte – er war gehbehindert und konnte nicht Auto fahren –, kam er weder als Fahrer noch als Schütze infrage.

Gegen den Großvater konnte vorerst nur ein Vergehen nach dem Waffengesetz eingeleitet werden, weshalb die Staatsanwaltschaft auf einen Haftbefehl verzichtete. Was auch in unserem Interesse war, denn wer im Gefängnis sitzt, kann nicht telefonieren. Und das tat Opa nach wie vor. Wobei uns zugutekam, dass er hin und wieder vergessen haben dürfte, dass es inzwischen so gemeine Dinge wie Telefonüberwachung gibt. Und so erlangten wir nicht nur Kenntnisse über die Struktur der Großfamilie, es kristallisierte sich auch immer mehr heraus, dass es sich bei dem Anschlag auf Ahmet um eine Strafaktion zur Wiederherstellung der Familienehre gehandelt hatte – die auch tatsächlich als wiederhergestellt betrachtet wurde. Das war hauptsächlich den zufriedenen Rückmeldungen des Großvaters in der Türkei zu entnehmen. Wer aber diese Aktion angeordnet hatte, darüber verloren sie kein Wort. Auch wer der Schütze war, verrieten die Opas nicht. Ärgerlich war nur, dass wir nicht in Erfahrung brachten, wo sich Kemal, der mutmaßliche Vollstrecker, aufhalten könnte.

Ömer Bagci machte keine Angaben zur Sache. Ebenso wie seine Brüder ließ er sich von einem Anwalt vertreten. Gegen Ömer Bagci, seine beiden Folter-Brüder und auch gegen Adem erließ der Ermittlungsrichter Haftbefehle. Gegen Ömer, der als Schütze verdächtigt wurde, wegen Verdachts des versuchten Mordes. Die Haftbefehle gegen die anderen lauteten auf Geiselnahme, schwere Freiheitsberaubung, gefährliche Körperverletzung u.a. Ayse, deren Aussage auch von der Staatsanwaltschaft in allen Punkten für glaubwürdig befunden wurde, ging aus freien Stücken in ein Frauenhaus. Mit Wissen und mit Einverständnis ihres Ehemannes, der genauso besorgt war um die Sicherheit seiner Frau wie wir auch.

Natürlich berichteten die Medien über den aufsehenerregenden Fall und die spektakuläre Festnahmeaktion, was wohl auch ursächlich dafür war, dass daraufhin die nächste große Überraschung eintreffen sollte. Wir trauten unseren Augen nicht, aber Kemal Bagci stellte sich freiwillig. Er war in Begleitung seines Anwaltes zur Dienststelle gekommen und war aussagebereit. Er war mit dem BMW seines Vaters nach Österreich geflüchtet und wollte in die Türkei weiterreisen.

Kemal nahm alle Schuld auf sich. Er sei derjenige gewesen, der die Schüsse abgegeben habe auf Ahmet, seinen Cousin. Gleich danach habe er sich abgesetzt. Als er aber gehört habe, dass sein Vater als mutmaßlicher Schütze verhaftet worden sei, sei er sofort umgekehrt. Er wolle nicht, dass sein Vater für eine Tat büßen müsse, für die er als ältester Sohn einzustehen habe und die sein freiwilliger, unbeeinflusster Entschluss gewesen sei. Niemand habe davon gewusst. Letzteres war zwar definitiv gelogen, aber dennoch war ich tief beeindruckt von dieser konsequenten Haltung. Aber konnte es wirklich sein, dass dieser voll integrierte, hochintelligente junge Mann mit den glänzenden Zukunftsperspektiven ein Ehrenmörder geworden war? Hier einige Auszüge aus seiner Vernehmung:

»Sie haben doch in Ihrer Zeugenaussage ausgeführt, diese archaischen Traditionen seien Ihnen fremd, und niemals würden Sie einen Ehrenmord begehen können. Wie kam es zu diesem Sinneswandel?«

»Ich bin verpflichtet, die Ehre meiner Familie zu verteidigen und wiederherzustellen. Und für mich ist Familie das Wichtigste auf der Welt.«

»Also haben Sie uns diesbezüglich angelogen?«

»Ja, andernfalls hätte ich ja gleich ein Geständnis ablegen können.«

»Wollten Sie Ahmet töten?«

»Nein.«

»Was wollten Sie dann?«

»Nur verletzen und bestrafen für das, was er meiner Familie angetan hat.«

»Wenn Sie ihn nur verletzen oder bestrafen wollten, warum haben Sie dann das gesamte Magazin auf ihn abgefeuert?«

»Ich habe nicht das ganze Magazin abgefeuert. Ich wollte ihn nicht töten. Er sollte seine Männlichkeit verlieren für das, was er meiner Familie angetan hat.«

»Sie meinen wohl, was er Ihrer Schwester angetan hat. Sie war schließlich die Leidtragende, oder?«

»Was er meiner Schwester angetan hat, hat er unserer ganzen Familie angetan, weil er unser aller Ehre dadurch beschmutzt hat.«

»Soweit bekannt, kann man diese Ehre nur durch den Tod des Beschmutzers wiederherstellen. Was sagen Sie dazu?«

»Ich wollte ihn trotzdem nicht töten, weil ich es als eine schlimmere Bestrafung hielt, ihm seine Männlichkeit zu nehmen.«

»Jedes Kind weiß, dass es tödlich sein kann, wenn man ein ganzes Magazin auf einen Menschen abfeuert.«

»Es kann tödlich sein, wie Sie ja selbst sagen, muss aber nicht. Wenn ich ihn hätte umbringen wollen, hätte ich auf das Herz geschossen, und außerdem habe ich nicht das ganze Magazin geleert.«

»Wollen Sie sagen, dass Sie dosiert geschossen und die Schüsse abgezählt haben? Wie oft haben Sie eigentlich geschossen?«

»Als er am Boden lag, habe ich aufgehört.«

»Sie haben aufgehört, weil die Waffe eine Ladehemmung hatte.«

»Das stimmt. Ja, die Waffe hat nicht mehr funktioniert.«

»Die Hauptschlagader in der rechten Leiste wurde nur um Millimeter verfehlt. Das konnten Sie nicht steuern.«

»Ich muss einräumen, dass mir sein Tod egal gewesen wäre. Es war trotzdem nicht meine primäre Absicht.«

»Ahmet hat überlebt, also sind Sie eigentlich ein Versager.«

»Er sollte bestraft und entehrt werden. Das ist gelungen. Die Ehre der Familie und meiner Schwester ist wiederhergestellt.«

»Und bevor Sie die Ehre Ihrer Schwester wiederherstellen konnten, mussten Sie diese in ein Waldstück verschleppen und dort brutal misshandeln?«

»Wir wollten sicher sein, dass sie die Wahrheit sagt.«

»Hat euch das ärztliche Attest nicht genügt?«

»Das ärztliche Attest bestätigte nur, dass da etwas Sexuelles war. Aber es besagte nicht, ob Ayse freiwillig mitgemacht hat. Sie ist oft etwas einfältig. Und soweit ich weiß, hat sie immer schon von Ahmet geschwärmt. Wir wollten herausfinden, ob sie die Wahrheit sagt.«

»Das glaube ich jetzt nicht, was Sie da von sich geben. Ich dachte, Sie sind ein aufgeklärter, intelligenter Mensch? Glauben Sie wirklich, was Sie da sagen? Wenn Sie Ihrer Schwester, die Sie eigentlich gut kennen müssten, so etwas schon zutrauen, dann wissen Sie sicherlich auch, woher sie Erfahrungen bezüglich eines Analverkehrs gesammelt haben könnte?«

Kemal senkte den Kopf und schwieg. Es schien, als würde er sich schamen, weil er vielleicht in seinem Innersten doch erkannt hatte, dass es für das, was da passiert war, keine vernünftige Erklärung geben konnte?

»Es gibt keine Tradition auf dieser Welt, keine Sitten, keine Gebräuche, keinen Glauben und schon gar keine ›Ehrenscheiße‹, die das rechtfertigen könnten, was Sie und ihre Clanmitglieder verbrochen haben. Und noch etwas: Ayse ist die Einzige in Ihrer Familie, die wirklich die Wahrheit sagt. Und wenn wir schon von der Wahrheit sprechen: Woher hatten Sie die Waffe, und wo ist sie jetzt?«

»Dazu möchte ich keine Angaben mehr machen. Und bevor Sie mich fragen, wer noch dabei war, auch dazu werde ich nichts sagen.«

Mit diesem Geständnis, so dachten wir, sei der Fall gelöst, doch damit lagen wir leider falsch. Das Sahnehäubchen fehlte noch. Das wurde am nächsten Tag aufgesetzt, als sich plötzlich Ömer Bagci mit seinem Anwalt meldete, um ebenfalls ein Geständnis abzulegen. Ömer brachte also vor, sein Sohn Kemal wolle ihn nur schützen, er sei es gewesen, der die Schüsse abgegeben habe. Kemal sei im Auto gesessen und habe nur als Fahrer fungiert. Kemal habe nicht gewusst, dass er eine Waffe mit sich führte, und sei davon ausgegangen, dass Ahmet nur zur Rede gestellt werden sollte.

Die Absicht, die dahintersteckte, war klar. Wenn zwei Tatverdächtige ein Geständnis hinsichtlich der Schussabgabe ablegen, obwohl nur einer geschossen haben kann, müssten beide freigesprochen werden, wenn es nicht gelingen würde, den Schützen zweifelsfrei zu identifizieren. Und genau das versuchte Ömer, natürlich beraten durch seinen Anwalt, der dieses Lügenmärchen mittrug und vielleicht sogar erfunden hatte.

Dass dieses Geständnis der verzweifelte Versuch war, die Wahrheitsfindung zu erschweren, war allein schon daran erkennbar, dass Ömer Bagci im Gegensatz zu seinem Sohn keinerlei Täterwissen hatte. Er wusste noch nicht einmal, an welcher Stelle er geschossen haben will, wie oft, wohin und, vor allem womit. Ich wunderte mich, wie sein Anwalt so etwas zulassen konnte. Und warum hätte Kemal flüchten und seine Familie im Stich lassen sollen, wenn er unschuldig war?

Ahmet war vernehmungsfähig und wurde von uns im

Krankenhaus aufgesucht. Doch er war nicht bereit, weder als Opfer des Mordanschlages noch als Beschuldigter wegen der von ihm begangenen Vergewaltigung eine Aussage zu machen. Als Tatopfer hatte er den Status eines Zeugen. Und weil die Tatverdächtigen mit ihm verwandt waren, hatte er diesen gegenüber ein Zeugnisverweigerungsrecht. Und als Beschuldigter konnte er ohnehin von seinem Aussageverweigerungsrecht Gebrauch machen. Was er auch tat. Jedenfalls war er nicht bereit, uns zu sagen, wer auf ihn geschossen hatte. Das Ganze sei eine interne Familienangelegenheit, in die sich die deutschen Strafvollstreckungsbehörden nicht einzumischen hätten, so seine Meinung und übrigens auch die seiner Frau. Selbst als wir ihm eindringlich erklärten, Kemal habe bereits ein Geständnis abgelegt, schüttelte er nur den Kopf.

Aygül, seine Ehefrau, war da schon gesprächiger. Allerdings konnte sie zur Tat selbst natürlich nichts sagen, da sie in der Türkei weilte, als ihr Ehemann das Verlangen verspürt hatte, seine 17-jährige Cousine zu vergewaltigen. Sie wollte den Vorwurf der Vergewaltigung jedoch nicht unwidersprochen stehen lassen. Ayse sei eine Hure, schimpfte sie. Sie habe ihren Mann nur deshalb beschuldigt, weil sie Angst hatte, keine Jungfrau mehr zu sein. Immerhin schien Aygül also zu glauben, dass es Sex gegeben habe zwischen ihrem Mann und Ayse. Anstatt also ihren treulosen, kriminellen Vergewaltiger sofort vor die Tür zu setzen, verteidigte sie ihn auch noch. Auch um den Preis, dafür die eigentlich leidtragende Ayse schwer zu beleidigen und zu denunzieren? Aber dafür hatte Aygül eigentlich schon ihre Strafe bekommen, dachte ich. Musste sie doch ab sofort mit einem Mann leben, der kein Mann mehr war. Und eine Flucht aus dieser Ehe dürfte ihr wohl verwehrt bleiben. Denn auch das erlaubte die Tradition nicht.

Die Frage, wer die Schüsse auf Ahmet abgegeben hatte, konnten die Spurensicherung und die Gutachter des Landeskriminalamtes zweifelsfrei klären. Anhand der Untersuchungen auf Schmauchspuren, die sowohl im Fahrzeug als auch an Kleidungsstücken Kemals nachgewiesen werden konnten, stand endgültig fest, dass es sich bei ihm um denjenigen handeln musste, der die Schüsse abgefeuert hatte. Insbesondere wurden Handschuhe mit Schmauchantragungen gefunden, die Kemal eindeutig zugeordnet werden konnten. Das erklärte auch, warum die Prüfungen auf Schmauchspuren, die natürlich bei allen Familienangehörigen gleich nach der Tat erfolgt war, negativ verlaufen waren. Sein Vater nahm übrigens noch vor Beginn der Hauptverhandlung seine Selbstbezichtigung zurück.

Der Fahrer des Fluchtfahrzeuges konnte nicht ermittelt werden, vermutlich aber war es Adem, der jüngere Bruder. Ömer Bagci selbst schied aus, weil er am Tatmorgen zu außergewöhnlich früher Stunde bei einem Kunden erschienen war, wofür es mehrere Zeugen gab. Warum wohl? Das nennt man Alibi.

Adem dürfte übrigens der Einzige gewesen sein, dem es weniger um Ehre ging als vielmehr um die Bestrafung des Mannes, der seine Schwester vergewaltigt hatte. Obwohl er es andererseits nicht verhindert hatte, dass Ayse gefoltert wurde. Er wurde zu acht Monaten Freiheitsstrafe verurteilt, wobei die Strafe zur Bewährung ausgesetzt wurde.

Ahmet wurde wegen eines Verbrechens der Vergewaltigung zu einer Freiheitsstrafe von dreieinhalb Jahren verurteilt. Es kam aber nie zur Vollstreckung, da er es vorgezogen hatte, samt Frau und Kind in die Türkei zu flüchten. Was aus ihm geworden ist, entzieht sich unserer Kenntnis.

Die Brüder von Ömer Bagci wurden wegen der schweren Misshandlungen ihrer Nichte zu jeweils vier Jahren Freiheitsstrafe verurteilt, die sie zu zwei Dritteln absaßen. Eine Abschiebung in die Türkei kam nicht infrage, da beide neben der türkischen auch die deutsche Staatsangehörigkeit besaßen.

Ömer Bagci war nicht nachzuweisen, dass er seinen Sohn zu der Tat angestiftet hatte, obwohl es eigentlich auf der Hand lag. Er wurde freigelassen und kam auch nicht vor Gericht. Seine Familie aber war zerstört. Sein Geschäft ging pleite, und schließlich kehrte er mit seiner Frau in die Türkei zurück.

Der Großvater, der zugab, die Waffe besessen zu haben, die Kemal angeblich ohne sein Wissen an sich genommen haben soll, wurde zu acht Monaten Freiheitsstrafe verurteilt, natürlich auf Bewährung. Dass er der Drahtzieher gewesen war, wussten zwar alle, aber es war halt nicht so zu beweisen, dass es für eine Verurteilung wegen Anstiftung zu Mord gereicht hätte. Er starb ein Jahr später, sein Leichnam wurde in die Türkei überführt.

Ausgerechnet Ayse und ihr Dursun, die Einfältigen, wurden glücklich. Sie bekamen zwei Kinder, trennten sich emotional von ihren Familien und lebten ihr eigenes Leben. Vielleicht lag es auch daran, dass der Clan nichts mehr mit ihnen zu tun haben wollte und sie dadurch in gewisser Weise geschützt waren. Beide leben heute in einer Kleinstadt in Rheinland-Pfalz. Soweit wir noch mitverfolgen konnten, glücklich und zufrieden.

Kemal Bagci wurde wegen versuchten Mordes unter Zugrundelegung der Mordmerkmale Heimtücke und des niedrigen Beweggrundes der Rache zu einer Freiheitsstrafe von elfeinhalb Jahren verurteilt. Strafmildernd wurde ihm angerechnet, dass er sich freiwillig gestellt hatte und weitgehend geständig war. Andernfalls wäre sogar eine lebenslange Freiheitsstrafe möglich gewesen. Auch wenn es beim Versuch geblieben war.

In der Haft mutierte Kemal zu einem gläubigen Moslem. Wie viele Gefangene übrigens, die in der Haft zum Glauben finden. Dass er Unrecht begangen haben soll, davon hat er sich geistig inzwischen weit entfernt. Wie nahezu alle Verurteilten hat er sich mit zunehmender Haftdauer mehr und mehr seine eigene Wahrheit zurechtgelegt, bis er schließlich wirklich glaubt, was er sich da gedanklich eingeredet und zurechtgebogen hat.

Lügen

Was wäre wohl, wenn wir Menschen nicht lügen könnten? Wenn es uns in die Wiege gelegt worden wäre, immer die Wahrheit sagen zu müssen? Gäbe es uns dann überhaupt noch? Oder hätten wir uns ohne die Fähigkeit des Tarnens und Täuschens gar nicht erst zum modernen Menschen entwickeln können und wären schon frühzeitig wieder ausgestorben oder ausgerottet worden? Ist die Befähigung, zu lügen, Teil unseres Selbsterhaltungstriebes? Ist Lüge generell etwas Böses, Verwerfliches, Sündhaftes? Oder gibt es gute Lügen und böse Lügen? Und überhaupt: Woran erkennt man die Lüge, und wie kann man Lügner entlarven? Zu all diesen Fragen gibt es kluge und weniger kluge Literatur, vollgepackt mit einer Vielzahl philosophischer Weisheiten, die teilweise aber sehr widersprüchlich sind. Deshalb bin ich froh, mich auf meinen Kernbereich konzentrieren zu dürfen: den Umgang mit Lügnern aller Couleur vor dem Hintergrund schwerer Verbrechen.

Für Mordermittler, wie ich einer war, wäre es eine Katastrophe, wenn Menschen nicht lügen würden. Wir leben schließlich von der Lüge. Denn ohne sie wären wir überflüssig. Jedes Schulkind könnte unsere Arbeit tun. Man bräuchte keine schlauen Detektive, keine hartnäckigen Kriminalisten und keine Vernehmungsspezialisten mehr. »Wo waren Sie gestern Abend?«, würde der »amtliche Aufklärer« – der noch nicht einmal besonders qualifiziert sein müsste – fragen, und der Verdächtige würde wahrheitsgemäß antworten müssen: »Zu Hause.« – »Und was haben Sie dort gemacht?«, würde die Befragung weitergehen, und es käme zwangsläufig die richtige Antwort: »Ich habe meine Frau umgebracht.« Womit, wie und warum er das getan habe, wäre die nächste Frage, und wiederum würde nur die reine Wahrheit zu hören sein: »Ich habe sie mit einem Hammer erschlagen, weil ich eine Geliebte habe. Deshalb wollte ich sie loswerden, um nicht in finanzielle Schwierigkeiten zu geraten. Dann habe ich die Leiche entsorgt und wollte Vermisstenanzeige erstatten, aber leider wurde der aufnehmende Beamte misstrauisch, weil ich es nicht geschafft habe, ihn anzulügen.« Diese Offenheit würde natürlich noch dadurch gekrönt, dass der Täter ohne Umschweife verraten würde, wo er die Leiche vergraben hat, wo die Tatwaffe verblieben ist und wer eventuell seine Komplizen oder Mitwisser waren. Damit wäre der Fall sehr schnell geklärt. Keine langwierige Verdachtsschöpfung, keine stundenlangen Verhöre, kein hartnäckiges Leugnen, keine schwierige Beweisführung und kein sich in die Länge ziehender Indizienprozess. Das Gericht würde ausschließlich mit der Wahrheit bedient und könnte auf dieser reinen, unverfälschten, ganzheitlichen Grundlage ein gerechtes Urteil fällen.

Aber so ist es eben nicht. Wir Menschen sind nämlich geborene Lügner. Die Befähigung, die wahren Gefühle verbergen zu können, soll sogar eine der wenigen Eigenschaften sein, die uns von Affen unterscheidet, deren DNA ansonsten zu immerhin 97 Prozent mit der unsrigen übereinstimmt. Nur in den restlichen drei Prozent soll die allein dem Menschen vorbehaltene hohe Kunst des Lügens stecken. Das jedenfalls war in einem interessanten Artikel eines deutschen Nachrichtenmagazins zu lesen.

Wenn ich den Ausdruck »Kunst« gebrauche, dann meine ich damit Fähigkeiten wie Fantasie, Kreativität und Schaffenskraft. Fähigkeiten also, die zwar allen Menschen in die Wiege gelegt wurden, allerdings in unterschiedlicher Ausprägung und Qualität. Wie halt bei jeder anderen Kunstrichtung auch. Schließlich gibt es auch schlechte Musiker, gute Musiker und begnadete Musiker. Nicht anders ist es bei Lügnern. Manchen sieht man schon an der Nasenspitze an, dass sie lügen, andere können lügen, »ohne rot zu werden«, und wieder andere lügen, sobald sie den Mund aufmachen.

Die Bandbreite der Lügenkultur reicht von Stümpern über wahre Naturtalente bis hin zu vollendeten Lügenmeistern. Manche durchlaufen eine gediegene Ausbildung und lernen schon von Kindesbeinen an, so überzeugend zu lügen, dass sie fast schon selbst glauben, was sie da von sich geben. Meist übrigens einhergehend mit schauspielerischem Talent und einem ausgeprägten Hang zur Theatralik. Kriminologisch betrachtet, findet man diesen Tätertyp meist im Bereich der Eigentums-, Betrugs- und Wirtschaftskriminalität, angefangen bei der Masse von Trickdieben bis hin zu den sogenannten Weiße-Kragen-Tätern aus den oberen Führungsriegen.

Grundsätzlich aber ist es egal, ob jemand arm oder reich, dumm oder intelligent, gebildet oder ungebildet, weiß oder schwarz, gläubig oder nicht gläubig ist: Alle Menschen sind Meister täuschenden Verhaltens. Niemand weiß das besser als Ermittler, Staatsanwälte, Richter, Rechtsanwälte und übrigens auch Ärzte. Letztere vor allem deshalb, weil Menschen nicht nur schuldhaftes Verhalten leugnen, sondern gerne auch ihre Schwächen negieren, wie zum Beispiel übermäßiges Rauchen, Trinken oder Essen. Am Ende geht es immer darum, entweder anderen oder sich selbst etwas vorzumachen. Tarnen, Täuschen und Tricksen nennt man das.

Die Wissenschaft ist sich einig, dass sich diese »Begabung« spätestens ab einem Alter von drei bis vier Jahren zu entwickeln beginnt. Dass dem tatsächlich so ist, hat die dreijährige Laura eindrucksvoll unter Beweis gestellt, als sie mit ihrem »Bobby-Car« aus dem elterlichen Grundstück in einem Vorort von München ausbüchste und spurlos verschwand. Die panische Mutter löste richtigerweise sofort eine große Suchaktion aus. Eine Stunde später entdeckte eine Polizeistreife Klein-Laura in einer einsamen Seitenstraße, frierend und zitternd, aber unversehrt. Eine Beamtin fragte die Kleine behutsam, wie sie denn heiße. Die Ausreißerin schaute die Polizistin frech an und antwortete, ohne zu zögern: »Pascal.« Als die Beamtin vorsichtig zweifelnd anmerkte, sie sei aber doch ein Mädchen, widersprach Klein-Laura: »Nein, ich bin kein Mädchen, ich bin ein Junge.« Die Mutter, nachdem sie ihr kleines Mädchen wieder glücklich in die Arme geschlossen hatte, war völlig perplex ob dieser Raffinesse und hatte nicht die geringste Vorstellung, wie oder wo ihr wohlbehütetes Kind gelernt haben könnte, so »eiskalt« zu lügen. Die Erklärung ist ganz einfach: Laura hat instinktiv gespürt, etwas falsch gemacht zu haben und dafür eventuell Unannehmlichkeiten zu bekommen. Also hat sich ihre innere Abwehr automatisch aktiviert und signalisiert: Kopf aus der Schlinge ziehen, abstreiten, nichts zugeben, vertuschen, lügen!

Es gibt gute und böse Lügen. Für mich jedenfalls ist der Unterschied ganz leicht zu ziehen: Reicht eine Lüge einem anderen Menschen zum Schaden, ist sie böse. Tut sie keinem anderen weh, ist sie zwar nicht gleich als »gut« zu bezeichnen, aber sie ist auch nicht böse. Und manchmal können Lügen sogar Leben retten.

Fangen wir mit den guten Lügen an, zu denen auch die Anstandslügen zählen. Letztere findet man in Lebenslagen, in denen es ausgesprochen unpassend, ja verletzend oder beleidigend wäre, nicht zu lügen. »Hat Ihnen mein Essen geschmeckt?« ist beispielsweise eine Standardfrage, die oft mit einer Lüge beantwortet wird, weil man der Köchin oder dem Koch nicht sagen möchte, dass es grauenhaft war, was sie da gekocht haben. Da diese Lüge zur Vermeidung einer tiefen Kränkung dient, wäre sie keine böse Lüge, sondern sie wäre höflich.

Nur besonders unsensible Menschen sagen bei jeder Gelegenheit, was sie denken, und sind auch noch stolz drauf. An dieser Stelle ein Zitat von William Blake: »Eine Wahrheit, die mit böser Absicht erzählt wird, schlägt alle Lügen, die man erfinden kann.« Diesen angeblichen »Ehrlichkeitsfanatikern« geht es nicht um die Wahrheit, sondern ausschließlich um ihre eigenen Befindlichkeiten. Es fehlt ihnen schlicht und einfach an Empathie und einem Mindestmaß an Diplomatie.

Jeder Polizist, der schon einmal eine Todesnachricht überbringen musste, weiß, dass es notwendig werden kann, lügen zu müssen. Alleine die Tatsache, dass jemand umgebracht wurde, ist für Angehörige schon schlimm genug. Ihnen aber auch noch die näheren Todesumstände wahrheitsgetreu zu beschreiben, das hätte fast schon sadistische Züge, weil es keinen schönen Tod gibt, allenfalls einen schnellen. Aber auch der ist schrecklich. Was also tun, wenn das Opfer brutal, qualvoll und schmerzhaft getötet worden ist und die Angehörigen unbedingt wissen wollen: »Wie ist er gestorben? Hat er leiden müssen?« – »Nein, er hat nicht viel gespürt, er war sofort bewusstlos.« So oder ähnlich hat man dann geantwortet, wissend, dass es nicht stimmt. Oder sollte man einer Mutter, deren Kind missbraucht und langsam zu Tode gequält wurde, die Wahrheit sagen? Offen, ehrlich und damit schonungslos? Das wäre zumindest kurze Zeit nach der Tat fatal, das erträgt keine Mutter, ohne dass Schäden zurückbleiben. Seelischer Schmerz kann nur dosiert verarbeitet werden. Die ganze grausame Wahrheit kommt später ohnehin detailliert und schonungslos noch zur Sprache, und zwar vor Gericht. Aber bis dahin vergehen häufig Monate, und die meisten Angehörigen sind dankbar, dass man ihnen nicht sofort mitgeteilt hat, wie grausam das Opfer gestorben ist.

Eine weitere Notwendigkeit zu lügen kann sich aus Situationen ergeben, in denen man besser daran tut, die Wahrheit für sich zu behalten. So kann es in bedrohlichen Lebenslagen überlebenswichtig sein, zu lügen. Dabei muss ich gar nicht an jene schrecklichen, dunklen Zeiten der Verfolgung unschuldiger Menschen durch die Nazis erinnern, Derartiges findet man auch im rein privaten Bereich. Hätte zum Beispiel jene Frau ihrem Mann, der rasend vor Eifersucht mit einem Messer in der Hand vor ihr stand und sie des Ehebruchs beschuldigte – den sie tatsächlich begangen hatte –, die Wahrheit gesagt, wäre sie tot gewesen. Nur weil sie überzeugend gelogen hat, hat sie überlebt.

Aber wie ist es, wenn eine Mutter ihrem mordverdächtigen Sohn wider besseres Wissen ein Alibi verschafft, obwohl sie weiß, dass er die Tat begangen hat und vielleicht sogar wieder morden könnte? Kann es eine verzeihliche Notlüge sein, wenn eine Ehefrau ihren mordverdächtigen Mann und Vater ihrer Kinder schützt und für ihn lügt? Wissend, dass er ein gefährlicher Mörder ist?

Der Gesetzgeber hat solche Nöte erkannt. Also haben die Väter unserer Rechtsordnung festgeschrieben, dass sowohl Beschuldigte bzw. Angeklagte als auch deren Angehörige nicht nur das Recht haben, zu schweigen, sondern auch das Recht, ungestraft lügen zu dürfen, solange sie dadurch nicht andere Menschen falsch bezichtigen. So können sich Angehörige nicht wegen Strafvereitelung schuldig machen, wenn sie durch unrichtige Angaben – zum Beispiel zum Alibi – versucht haben, die Bestrafung ihres Verwandten zu verhindern. Mag es moralisch auch fragwürdig erscheinen, aber wer würde einen nahestehenden Familienangehörigen nicht vor Strafverfolgung schützen wollen? Vor derlei Gewissenskonflikten sollen die Menschen bewahrt bleiben, denn ich habe oft genug erlebt, welche Probleme Menschen bekommen, die vor der Entscheidung stehen, entweder ihrem Gewissen zu folgen oder einen ihnen nahestehenden Menschen den Strafverfolgungsbehörden auszuliefern. Wahrheitsfindung um jeden Preis gibt es in einem Rechtsstaat glücklicherweise nicht.

Ich möchte an dieser Stelle nicht verschweigen, dass auch Ermittler Gefahr laufen können, zu lügen. Weil nämlich der Grat zwischen Lüge und erlaubter kriminalistischer List sehr schmal ist. So ist es selbstverständlich strikt verboten, Zeugen, Tatverdächtige oder Beschuldigte anzulügen. Es würde unweigerlich zur Unverwertbarkeit sämtlicher Aussagen führen. Einem Tatverdächtigen beispielsweise mitzuteilen, seine Fingerabdrücke seien am Tatort gesichert worden, obwohl es gar nicht stimmt, wäre als verbotene Vernehmungsmethode absolut unverwertbar. Ebenso wenig wie es erlaubt ist, einem Tatverdächtigen fälschlicherweise zu erklären, sein Komplize habe bereits gestanden. Derartige Täuschungen mögen in anderen, sogar rechtsstaatlich ausgerichteten Ländern erlaubt sein, in Deutschland sind sie strikt verboten. Und das ist gut so.

»Die Lüge ist verboten, die kriminalistische List ist erlaubt«, lautet einer der wichtigsten Grundsätze polizeilicher Ermittlungshandlungen. Die Frage »Könnte es sein, dass wir Ihre Fingerabdrücke am Tatort finden?« wäre zum Beispiel auch dann erlaubt, wenn der Vernehmungsbeamte wüsste, dass solche dort nicht vorhanden sind, weil es eben keine Tatsachenbehauptung, sondern eine Frage ist. Wenn ein Tatverdächtiger dann anfängt, zu fabulieren, hilft das den Ermittlern zumindest bei der Einschätzung, ob jemand die Wahrheit sagt oder ob er lügt.

Doch nicht nur Täter lügen, oft sind es auch Zeugen und sogar Opfer, die die Unwahrheit sagen. Wissenschaftliche Erhebungen haben ergeben, dass 50 Prozent aller Zeugenaussagen falsch oder mangelhaft sind. Was allerdings damit zusammenhängt, dass sich Zeugen oft irren oder ihren Vorurteilen freien Lauf lassen. Wobei, wie schon erwähnt, Irrtum ein größerer Feind der Wahrheit ist als die Lüge, denn wer sich irrt, glaubt, was er sagt. Wenn ein Zeuge zum Beispiel stur behauptet, das Fluchtauto sei rot gewesen, obwohl es dunkel war, weiß man natürlich sofort, dass er sich irren muss, weil man in der Nacht keine Farben unterscheiden kann. Sollte er aber aussagen, es sei eine Limousine gewesen, obwohl es ein Kombi war, ist man relativ machtlos.

Den absolut objektiven, neutralen Zeugen gibt es jedenfalls nicht, darin sind sich alle Kriminologen einig. Sogar kühle

Analytiker und angeblich reine Verstandesmenschen können ihre Gefühle und die damit einhergehenden Vorurteile nicht einfach ausschalten. Und man muss nicht unbedingt Täter sein, um dennoch einen Grund zu haben, die Ermittler zu belügen. Was ist, wenn jemand zwar den Mord nicht begangen hat, aber bei Auffindung der Leiche die Gelegenheit nutzte und ein Testament oder Bargeld verschwinden ließ? Oder wie ist es zu bewerten, wenn jemand um des eigenen Vorteils willen und wider besseres Wissen einen Tatverdächtigen be- oder entlastet?

Jeder Polizist lernt schon im ersten Ausbildungssemester, dass er in seiner künftigen Tätigkeit häufig angelogen werden wird. Darauf sollte man sich frühzeitig einstellen. Als Polizist angelogen zu werden, so einst mein Ausbilder bei der Mordkommission, »sei kein Weltuntergang, sondern der halbe Weg nach Rom«. Dann fügte er jenen Satz an, den ich verinnerlichte: »Die Lüge orientiert sich immer an der Wahrheit.«

In Belehrungen muss vorschriftsmäßig darauf hingewiesen werden, dass wahrheitswidrige Angaben für Zeugen strafbar sind und vor Gericht unter Umständen sogar als Verbrechen des Meineides gewertet werden können. Trotzdem ist der Drang, Gefahren bzw. Nachteile für sich oder nahestehende Menschen abzuwehren, meist wesentlich stärker als die Angst vor den Folgen einer Falschaussage. Das wurde mir umso klarer, je länger ich in diesem Beruf tätig war, weil es in den meisten Fällen ohne Wirkung blieb, wenn ich Zeugen oder Tatverdächtige fast schon flehentlich darauf hingewiesen hatte, sie würden erhebliche Probleme bekommen, sollte sich vor Gericht herausstellen, dass sie gelogen haben. Es half nichts. Trotz aller Individualität zeigen fast alle Menschen, die Schuld auf sich geladen haben, ähnliche Verhaltensmuster: Werden sie mit schuldhaftem Fehlverhalten konfrontiert, aktivieren sie bestimmte Abwehrmechanismen.

Als Ermittler lernt man diese Verhaltensmuster zwangsläufig kennen. Und man muss sie als gegeben akzeptieren und darf sie nicht als persönliche Beleidigung auffassen. Nur wer sich in menschliche Verhaltensweisen und Defizite hineinversetzen kann, wird auch von seinem Gegenüber etwas herausbekommen. Wahre Profis sehen ihre wichtigste Aufgabe darin, behutsam, unaufgeregt, mit viel Verständnis, Gelassenheit und vor allem Geduld die Lüge von der Wahrheit zu trennen. Geduld ist besonders wichtig, weil es sehr lange dauern kann, jemandem die Wahrheit zu entlocken.

Wie erkenne ich nun, ob jemand lügt? Gibt es überhaupt Methoden, die das ermöglichen oder zumindest erleichtern? Durch alle Jahrhunderte wurde man nicht müde, nach Mitteln und Wegen zu suchen, um Lügner entlarven zu können. Angefangen bei archaisch-brutalen Foltermethoden über hochnotpeinliche Verhöre, lächerliche Gottesurteile oder die Verabreichung irgendwelcher Drogen bis hin zur Erfindung des Lügendetektors. Alles vergebens. Dennoch gibt es auch heute noch Menschen, die nicht begriffen haben, dass man durch Folter immer nur jene Wahrheit erfahren wird, die man selbst hören will.

Laut Amnesty International wird auch heute noch weltweit in 141 Ländern gefoltert, um fragwürdige Geständnisse zu erpressen. Ebenso wenig erfolgreich ist übrigens die Aufzeichnung von Gefühlsregungen durch Lügendetektoren. Sie sind zu einem hohen Prozentsatz falsch, weil auch Unschuldige aufgeregt sein können und sich hochgradige Psychopathen geradezu einen Spaß daraus machen, den Detektor auszumanövrieren. Psychopathen sind gefühlskalt, haben kein schlechtes Gewissen, sind hervorragende Schauspieler und vor allem absolut stressresistent. Und noch etwas: Dass auch Unschuldige bewusst lügen können, aber eben aus ganz anderen Gründen als der Täter, muss immer mit einbezogen werden bei der Beurteilung einer Aussage. Mitwisser beispielsweise geraten in ähnliche Gewissenskonflikte wie die Täter. Darüber hinaus hatte ich es zum Beispiel mehrfach mit Auffindungszeugen zu tun, welche die günstige Gelegenheit genutzt hatten und am Tatort »etwas mitgehen ließen«. Diese Zeugen geraten nicht weniger unter Druck als die Täter selbst, dessen kann man sicher sein. Druck baut sich in Wahrheit durch das eigene Fehlverhalten und die damit einhergehende Angst vor Entdeckung und Überführung auf. Und wer gerät nicht unter Druck, wenn er als Zeuge, Tatverdächtiger oder Beschuldigter plötzlich in einen Mordfall hineingezogen wurde und stundenlang vor der Mordkommission vernommen wird?

Es gibt keine einzige zuverlässige Methode, anhand derer man erkennen könnte, ob jemand lügt oder die Wahrheit spricht. Insofern musste ich als langjähriger Ermittler schmunzeln, als ich las, dass das US-Verteidigungsministerium pro Jahr mehrere Hunderttausend Dollar ausgibt, um Gestik und Mimik von Spitzenpolitikern wie Wladimir Putin analysieren zu lassen. Wenn es also eine Formel fürs Gedankenlesen gäbe, wäre sie längst schon im Besitz der Geheimdienste und der Strafverfolgungsbehörden. Und wenn ich eine gefunden hätte, wäre ich entweder Multimillionär oder ich würde als Hypnotiseur im Zirkus auftreten. Wobei Hypnose keine Scharlatanerie ist, sondern eine ernsthafte, wissenschaftliche Methode, um das Unterbewusstsein zu aktivieren. Sie funktioniert ohnehin nur, wenn diejenige Person, die hypnotisiert werden soll, sich nicht dagegen sträubt, sondern das selbst will bzw. zulässt. Weil aber durch Hypnose angeblich die freie Willensbestimmung des Menschen beeinflusst wird, fällt sie unter den Katalog der verbotenen Vernehmungsmethoden und ist damit unzulässig. In Ausnahmefällen – zum Beispiel wenn Zeugen ausdrücklich damit einverstanden sind – könnte sie aber gestattet sein. An einen konkreten Fall kann ich mich erinnern: Es wurde eine schwarze Limousine gesucht, mit der ein Mörder vom Tatort geflüchtet war. Bekannt war nur das Teilkennzeichen FFB und die Fahrzeugmarke, wobei Letztere in diesem Bereich tausendfach zugelassen war. Es bedurfte also weiterer Eingrenzungen. Eine Zeugin bot an, sich hypnotisieren zu lassen, die Staatsanwaltschaft war damit einverstanden, und ein fachkundiger Psychiater nahm die Hypnose vor. Tatsächlich kam im Unterbewusstsein der Frau zum Vorschein, was bislang blockiert war: Sie sah, dass es sich bei dem gesuchten Fahrzeug um ein Cabrio mit Stoffdach handelte. Und von diesem Fahrzeugtyp gab es nur ein halbes Dutzend im Fahndungsbereich. Einen Tag später waren die Täter gefunden und verhaftet. Sie waren sofort geständig.

Befürworter der Hypnose argumentieren, dass es sich dabei nicht um Eingriffe in die freie Willensbestimmung handelt, sondern genau um das Gegenteil: Durch Hypnose wird die Blockade des freien Willens aufgelöst. Denn die Zeugin wollte sich ja erinnern, konnte aber nicht. Ihr freier Wille war blockiert. Durch die Hypnose wurde er befreit.

Trotz solcher Teilerfolge gibt es aber nichts zu rütteln an der Tatsache, dass niemand in die Seele eines anderen Menschen hineinschauen kann. Das gilt erst recht für selbst ernannte Experten wie Hellseher, Geisterbeschwörer, Kartenleger oder sonstige Scharlatane. Noch nie wurde eine Leiche oder vermisste Person durch Hellseherei, Geisterbeschwörung oder Kontakte mit dem Jenseits gefunden, auch wenn es manche behaupten. Außerdem: Wenn mir ein Hellseher verraten hätte, wo die Leiche liegt, hätte ich ihm sofort die Handschellen angelegt. Immerhin hätte er Täterwissen gehabt. Da könnte ja jeder Mörder behaupten, den Ablageort seines Mordopfers geträumt zu haben.

Es ist alles andere als einfach, Lügner zu entlarven. Es gibt eben nichts in unserer Welt, das unergründlicher, unberechenbarer und komplizierter ist als die menschliche Psyche. Sie bringt nämlich etwas hervor, was selbst der leistungsstärkste Computer nicht besitzt und nie besitzen wird: Gefühle und Emotionen. Sie versetzen jeden von uns in die Lage, so zu handeln, dass es andere nur schwer oder gar nicht nachvollziehen können. Jeder ist in der Lage, seine wahren Gedanken, Absichten und Motive zu verschleiern, zu verfälschen oder gänzlich zu verbergen. Ich habe jedenfalls mehrfach miterlebt, wie sich Psychologen, Psychiater und Juristen selbst bei Menschen mit begrenztem Intellekt die Zähne ausgebissen haben bei der Frage, ob deren Aussagen glaubhaft sind oder nicht.

Vernehmungen, also die gezielte Befragung von Zeugen, Tatverdächtigen oder Beschuldigten zu einem strafbaren Sachverhalt durch Angehörige der Strafverfolgungsbehörden, die auch als solche erkennbar sein müssen, sind das wichtigste Instrumentarium, um Lügen zu entlarven. Vernehmungen sind gesetzlich geregelt, eingebettet in ein sehr enges Korsett von Rechtsvorschriften und strenger gerichtlicher Kontrolle unterworfen. Und wenn Vernehmungen mit einem Geständnis enden, werden sie vor Gericht geradezu seziert. Nur wenn alle rechtlichen Vorgaben strikt eingehalten wurden und wenn der freie Wille des Aussagenden in keiner Weise beeinflusst war, sind sie verwertbar.

Es gibt eine Menge Literatur zu Themen wie »Erkenne die Lüge!« oder »Wie entlarve ich Lügner?« und Ähnliches. Dabei wird meist auf die sogenannten nonverbalen Signale verwiesen, also auf die Körpersprache. Die äußerst umfangreichen und sehr komplexen Erkenntnisse, die sich aus diesem Forschungsbereich ableiten lassen, sind aber in der polizeilichen Praxis aus verschiedenen Gründen nur bedingt anwendbar, weil nonverbale Signale zwar ein Hinweis auf wahrheitswidrige Aussagen sein können, aber nur sehr eingeschränkte Beweiskraft haben. Wobei aber stets zu berücksichtigen ist, dass nicht alle, die nervös sind und auf dem Stuhl herumrutschen, Blickkontakte meiden, sich häufig kratzen oder ins Gesicht fassen, Fragen ausweichen, nur kurz und knapp oder stotternd und zögerlich antworten, auch Lügner sein müssen. Es gibt genügend andere Gründe, warum jemand nervös sein kann. Andererseits zeigen plötzliche Verhaltensänderungen, dass man einen Schwachpunkt getroffen hat. In meinem Metier war das meistens immer dann der Fall, wenn Tatverdächtigen die Gegenargumente ausgegangen sind und weiteres Bestreiten deshalb schwierig wurde. Dann kam oft der Satz: »Ich kann doch nicht etwas zugeben, was ich nicht getan habe«, einhergehend mit Reaktionen wie plötzlichem Stottern, Rotanlaufen, Kreidebleichwerden, Zittern, Weinen, Schreien, Aggressivwerden oder Gesprächsabbruch bzw. sturem Schweigen. Solch plötzliche Verhaltensänderungen zeigen kleine und große Sünder übrigens gleichermaßen, wenn sie sich ertappt fühlen oder wenn sich die berühmte »Schlinge langsam zuzieht«.

Neben den sofort auffallenden Verhaltensänderungen muss man aber auch noch einige andere Besonderheiten berücksichtigen. So kommt es zunächst darauf an, wer wem gegenüber lügt. Denn täuschendes Verhalten erkennt man umso leichter, je vertrauter einem eine Person ist. Nachteilig für Ermittler ist also, dass sie ihr Gegenüber meistens nicht oder allenfalls flüchtig kennen. Insofern bleibt nur die Möglichkeit, im Laufe der Vernehmung unauffällig herauszufinden, wie sich jemand bei unverdächtigen, harmlosen Fragen verhält und wie er reagiert, wenn Fragen zur Tat oder zum Tatverdacht gestellt werden. Tatsächlich gibt es da auffallende Unterschiede. Nach diesem Prinzip funktioniert übrigens auch der Lügendetektor. Bei Fragen zur Tat reagieren Schuldige auffallend nervös, während sie bei Fragen, die nichts mit der Tat zu tun haben, sogar dann erleichtert wirken, wenn die Fragen selbst unverschämt sind. Die Frage »Haben Sie schon einmal Ihre Frau betrogen?« wird beispielsweise ein Unschuldiger als unverschämt empfinden, während Schuldige dagegen auf sie eher erleichtert reagieren, da sie nichts mit der Tat zu tun hat.

Bleibt noch ein wichtiger Punkt, den es zu erörtern gilt: die Intuition, auch Bauchgefühl, Gespür oder Instinkt genannt. Es gibt ja Leute, und leider auch Ermittler, die sich ausschließlich auf ihr Bauchgefühl verlassen. Das ist höchst gefährlich. Aber die Intuition kann eben auch hilfreich sein, weil sie motivierend wirkt. Wähnt sich ein Ermittler auf der richtigen Spur, wird er besonders hartnäckig und zielstrebig bleiben. Doch was ist, wenn ihn sein Bauchgefühl getäuscht hat? Dann besteht die Gefahr, dass andere Spuren vernachlässigt werden. Deshalb ist es unerlässlich, Gefühle, Eingebungen und Überzeugungen kritisch zu hinterfragen und vor allem anhand von Fakten zu überprüfen. So saßen mir Zeugen gegenüber, die einen völlig glaubwürdigen Eindruck machten und deren Angaben absolut glaubhaft schienen, und am Ende stellte sich heraus, dass alles erlogen war.

Bei wissenschaftlichen Tests zum Erkennen von Lügen hat sich übrigens gezeigt, dass Menschen, die sich nur auf ihre Intuition, ihren Instinkt oder ihr Bauchgefühl verlassen haben, wesentlich schlechter abschnitten als solche, die sich an Fakten wie Logik, Konstanz und vor allem Nachprüfbarkeit von Aussagen orientiert haben. Also stets daran denken: Nicht nur nach Bauchgefühl handeln, sondern auch den Verstand eingeschaltet lassen.

Unser wertvollstes Instrumentarium, mit dessen Hilfe wir die Lüge von der Wahrheit zu trennen versuchen, ist die Vernehmung. Wie man sich vorstellen kann, sind allein aufgrund der völlig unterschiedlichen Persönlichkeiten und Tätertypen, die man nur in der Praxis kennenlernt, unterschiedliche Vernehmungstechniken erforderlich. Die effektivste ist dabei die sogenannte Festlegevernehmung. Wie das Wort schon sagt, legt sich der Aussagende auf bestimmte Angaben und Inhalte fest und schließt selbst jede spätere Korrektur aus. Im Kapitel »Der Biedermann« wurde auf diese Weise der Serienmörder Horst David überführt. Lügner drängen sich also selbst in die Falle, aus der sie nur wieder herauskommen, wenn sie gestehen. Wie sagte Martin Luther: »Die Lüge ist wie ein Schneeball. Je länger man ihn wälzt, desto größer wird er.«

»Wer ist so blöd und gesteht einen Mord, obwohl er weiß, dass er dann lebenslange Haft bekommt?«, fragte mich ein Zuhörer bei einer Lesung. Meine Antwort: »Die meisten tun das. Jedenfalls liegt die Geständnisquote bei Mord höher als bei Massendelikten. Warum das so ist, lässt sich in wenigen Sätzen erklären.«

Es gibt Verhaltensweisen, die uns in die Wiege gelegt worden sind. Dazu gehört, bei Gefahr zu fliehen. Besteht diese Gefahr darin, für Fehler oder schuldhaftes Verhalten bestraft zu werden, lautet der Befehl: leugnen, bagatellisieren, Schuld abwälzen. Nur selten habe ich erlebt, dass Menschen ohne Wenn und Aber zu ihrer Schuld stehen.

Irgendwann im Verlaufe des Ermittlungsverfahrens, manchmal auch erst »in letzter Minute vor Gericht«, kann der Punkt erreicht sein, an dem Beschuldigte und oft sogar deren Anwälte erkennen, dass weiteres Leugnen sinnlos ist und nachteilig wäre. Dann ist Schadensbegrenzung angesagt. Und die ist sogar bei drohender lebenslanger Strafe möglich. Weil nämlich durch ein Geständnis möglicherweise verhindert werden kann, dass zusätzlich zur lebenslangen Haft auch noch die besondere Schwere der Schuld festgestellt wird, wodurch eine Entlassung nach 15 Jahren ausgeschlossen ist. Also wird die Täterschaft eingeräumt in der Hoffnung auf ein »normales Lebenslänglich«. Allerdings bedeuten Geständnisse nicht die Preisgabe der reinen Wahrheit, sondern die der eigenen, subjektiven Wahrheit. Eingeleitet mit den Worten: Ja, ich war's, aber ich habe in Notwehr gehandelt, ich wurde provoziert, ich hatte einen Blackout, ich war betrunken usw. Es wird relativiert, beschönigt und bagatellisiert, und als Letztes wird die Schuld abgewälzt auf andere Menschen oder irgendwelche widrigen Umstände.

Dass jemand einen Mord gesteht, nur weil die Fragen der Ermittler besonders raffiniert waren oder weil einem der Vernehmungsbeamte sympathisch ist, gehört ins Reich der Fiktion.

Ebenso die Annahme, ein eiskalter Mörder würde ein Geständnis ablegen, nur weil er unter Druck gesetzt wurde. Wer es schaffte, einen Menschen zu töten, der schafft es auch, selbst starkem Insistieren standzuhalten.

Die Gründe, warum schuldhaftes Verhalten oft nach schwerem innerem Ringen doch noch eingestanden wird, sind nahezu ausschließlich egoistischer Natur. Aufgabe von Vernehmungsbeamten ist es, Schuldigen ihre Lage offen und ehrlich darzulegen, ruhig, sachlich und ohne Belastungseifer. Nur wenn es gelingt, Täter davon zu überzeugen, dass es für sie von Vorteil ist, die Wahrheit zu sagen, und von Nachteil, länger zu leugnen, werden sie sich öffnen. Die Annahme, es sei das schlechte Gewissen und die nach einem Geständnis spürbare Erleichterung, die Mörder und Totschläger veranlasst, ihr schweres Verbrechen einzuräumen, trifft nur sehr selten zu. Tätern geht es in erster Linie darum, eine möglichst milde Strafe zu bekommen und/oder sonstige gravierende Nachteile für sich und Angehörige abzuwenden. Es gibt natürlich auch solche, die darauf bauen, dass den Ermittlern ein Schuldnachweis nicht gelingt. Risiko ist angesagt. Zuletzt gibt es noch solche, die nie gestehen würden, egal was kommt.

Ich habe den Eindruck, dass die Bereitschaft, Fehler einzuräumen, zu seiner Schuld zu stehen und die Konsequenzen zu tragen, immer mehr aus der Mode kommt. »Bloß nichts zugeben« lautet die Devise. Das beginnt schon bei lapidaren Verkehrsunfällen mit Blechschaden, bei denen man laut Versicherungen keinesfalls ein Schuldeingeständnis unterschreiben soll, und es setzt sich fort bis hin zu Ärzten, denen vom Arbeitgeber und den Versicherungen verboten wird, Behandlungsfehler einzuräumen. Vielleicht gelingt es ja, die Ansprüche der Opfer wegzuklagen und den Kopf aus der Schlinge zu ziehen. Selbstverständlich gilt das auch für andere gesellschaftliche, kulturelle, sportliche und berufliche Bereiche. Man denke an Handwerkerpfusch, an Doping im Sport, an das Versagen von

Eltern und an die Politik, bei der es schon obligatorisch ist, Fehler zu vertuschen, zu leugnen und Schuld abzuwälzen. Tolle Vorbilder für unseren Nachwuchs. Wohin man auch schaut, Ehrlichkeit ist out.

Die Zeugen

Seit zwei Wochen gab es kein Lebenzeichen mehr von Esther Maier, genannt Veruschka. Sie war auch nicht zur Hochzeit ihrer Schwester in Hamburg gekommen. Das war mehr als ungewöhnlich und musste einen besonderen Grund haben. Denn mindestens zwei- bis dreimal pro Woche telefonierten die Schwestern miteinander. Und seit Sonntagabend, den 14. August, war nun kein einziges Telefongespräch mehr von Veruschka geführt worden. Sie war also ab diesem Zeitpunkt entweder verreist oder nicht mehr in der Lage, zu telefonieren. Jede andere Option schied aus. Sie hätte nie freiwillig darauf verzichtet, ihre Schwester anzurufen. Das tat sie sogar dann, wenn sie auf Reisen war. Veruschkas Schwester verständigte deshalb die Münchner Polizei.

Sogleich übernahm eine Streifenbesatzung den Einsatz. Vor Ort war die Entscheidung, die Wohnungstür im zweiten Stock des noblen Wohnblocks in der Prinzregentenstraße, in dem sich nur Eigentumswohnungen befanden, öffnen zu lassen, schnell getroffen. Ein erfahrener Streifenbeamter nahm vor der Wohnungstür jenen ekelhaft süßlichen, unverwechselbaren Verwesungsgeruch wahr und rief die Feuerwehr. Diese öffnete die Tür, die nicht versperrt, sondern nur ins Schloss gezogen war. Der Schlüsselbund steckte an der Innenseite.

In der luxuriös ausgestatteten Wohnung stank es fürchterlich. Den Beamten bot sich im geräumigen Schlafzimmer ein schlimmer Anblick. Auf dem französischen Bett befand sich eine Frauenleiche in Bauchlage, die nur mit einem Höschen bekleidet war. Der Verwesungsgrad ließ eine Liegezeit von zwei bis drei Wochen realistisch erscheinen. Der Oberkörper war mit einer gelben Satindecke zugedeckt. Nach deren Entfernung wimmelte es von Maden, und Schmeißfliegen stiegen zu Hunderten auf. Es zeigten sich ein mit Stichen übersäter Oberkörper und ein grauenhaft entstellter Kopf, der offensichtlich vermutlich mit jener Bronzestatue, die neben dem Bett auf dem Boden lag, völlig zertrümmert worden war. Die Mordkommission wurde angefordert.

Dass Esther Maier erschlagen und erstochen worden war, wäre selbst für Laien auf den ersten Blick erkennbar gewesen. Ein Raubmord schied aus, und alles deutete deshalb auf eine Beziehungstat hin. Sie könnte zumindest vor ihrem Tod noch Geschlechtsverkehr gehabt haben. Ob freiwillig oder nicht, war eine ganz andere Frage. Es sah aber eher so aus, als dürfte sich der Täter berechtigt in der Wohnung aufgehalten haben. Also musste nur noch ermittelt werden, wer aus ihrem Umfeld einen Grund gehabt haben könnte, diese Frau umzubringen, sie entweder spontan im Sinne einer Affekttat oder geplant getötet zu haben. Aber das war zunächst sekundär. In erster Linie ging es darum, die Antwort auf das erste der sieben goldenen »W« zu finden, nämlich auf das »Wer?«.

Die Frage nach dem »Wann« konnte wie immer relativ schnell beantwortet werden, wenn das letzte Lebenszeichen so klar abgrenzbar ist. Als Tatzeit wurde die Nacht von Sonntag, dem 14. August, zum Montag, dem 15. August, festgestellt. Denn ab diesem Zeitpunkt hatte Veruschka kein einziges Mal mehr telefoniert, und an diesem Sonntagabend wurde sie auch letztmals von einer Nachbarin gesehen. Diese Frau hatte zufällig Besuch erwartet und exakt um 21.00 Uhr durch ihren Türspion ins Treppenhaus geblickt, als sie hörte, dass jemand die knarrenden Holztreppen des Jugendstilhauses hochkam. Es war aber nicht ihr Besuch, sondern ihre Nachbarin in Begleitung eines Mannes, den sie auch noch gut beschreiben konnte. Ein elegant gekleideter Herr sei es gewesen, groß, schlank, dunkles Haar. Da es hell war im Treppenhaus, konnte sie sogar sein Gesicht gut sehen, das trotz der pockennarbigen Wangen sehr markant gewesen sei. Aber nicht nur das: Ganz sicher war sich die Frau auch, dass dieser Herr schon Stunden vorher vor dem Haus eingeparkt hatte, und zwar habe er einen dunklen Sportwagen mit Schweizer Kennzeichen gefahren. Damit schien die Frage nach dem letzten Besucher fast schon geklärt zu sein. Jetzt mussten wir nur noch herausfinden, wer der Mann mit dem pockennarbigen Gesicht und dem Schweizer Fahrzeug war.

Noch während die Ermittler in der Nachbarschaft Erkenntnisse sammelten, entdeckte die Spurensicherung im Nachtkästchen des Opfers einen Brief aus der Schweiz, der von einem gewissen Beat Kayser geschrieben worden war und von Geldanlagen handelte. Leider war keine Adresse enthalten, nur die Unterschrift, die aber gut leserlich war. Das war er, unser Schweizer. In die Schweiz waren auch zahlreiche Telefonate geführt worden, wie wir anhand der Telefonrechnungen feststellen konnten, wobei verschiedene Nummern angewählt worden waren. Auf den Auszügen waren zwar die letzten drei Ziffern der jeweiligen Anschlüsse durch ein »X« ersetzt, aber in enger Zusammenarbeit mit der Schweizer Kriminalpolizei war rasch ermittelt, wer jener ominöse Banker war und für welches Geldinstitut er arbeitete. Bereits einen Tag nach Auffindung der Leiche war der große Unbekannte gefunden. Er hieß tatsächlich Beat Kayser.

Beat Kayser räumte gegenüber der Schweizer Kriminalpolizei ein, der Vermögensverwalter von Esther Maier aus München gewesen zu sein. Leider habe man sich zerstritten, da sie ihm Verluste anlastete, die aber dem hohen Risiko geschuldet waren, über das sie informiert und aufgeklärt worden war. Aber sie habe ja nie genug Rendite bekommen können, rechtfertigte er sich, und sei damit selbst verantwortlich gewesen für die Verluste. Selbstverständlich bestritt er, Geld veruntreut zu haben. Aber die Kollegen aus der Schweiz waren auf diesem Gebiet äußerst versiert, und so gelang es ihnen schließlich, die Behauptungen des Bankers, es habe sich um Spekulationsverluste gehandelt, klar zu widerlegen und nachzuweisen, dass er das Geld der Esther Maier aus München veruntreut hatte. Das gab Beat Kayser dann sogar zu.

Unabhängig davon wollte er selbstverständlich mit dem schrecklichen Tod Veruschkas nicht das Geringste zu tun haben. Er war sogar bereit, nach München zu kommen und sich hier einer Befragung zu stellen. Gegen die Begleitung durch einen Schweizer Kriminalbeamten hatte er keine Einwände. Schließlich mimte er den Unschuldigen, und Unschuldige haben ein Interesse an der Wahrheitsfindung. Deshalb kooperieren sie. Alles andere würden wir als abweichendes Verhalten einstufen.

Bei seiner Zeugenvernehmung durch die Münchner Mordkommission, zu der er siegessicher ohne Anwalt erschien, verstrickte sich Beat Kayser in immer mehr Widersprüche und log hemmungslos. Das war ein Fehler. Besonders dass er seinen Besuch am Sonntag, dem 14. August, in München abstritt, wurde ihm zum Verhängnis. Es konnte nämlich nicht stimmen, dass er diesen Sonntag bei seiner Schweizer Geliebten verbracht hatte, auch wenn diese das bestätigt hatte, wie uns der Schweizer Kollege mitteilte. Abgesehen davon, dass wir eine Augenzeugin hatten, kam uns wie so oft Kommissar Zufall zu Hilfe. Nachdem wir nämlich die Kennzeichen aller Fahrzeuge kannten, die unser Banker fuhr, war es reine Routine, sie auch in unserer Verkehrssünderkartei zu überprüfen. Und siehe da: Das Foto einer Blitzlichtkamera, auf dem sein markanter Kopf einwandfrei erkennbar war und das an einer Münchner Einfallstraße aufgenommen worden war, war nun der sichere Beweis, dass Beat Kayser mit einem Audi GT an diesem Sonntagabend gegen 17.00 Uhr Richtung Innenstadt gefahren war. Wobei er statt der erlaubten 80 km/h mit 112 km/h unterwegs gewesen war. Zeitlich passte das mit der Beobachtung unserer Nachbarin zusammen, die den Mann an jenem Sonntagabend zweimal gesehen hatte: einmal, als er gegen 18.00 Uhr unmittelbar in der Nähe ihres Wohnhauses einparkte, und dann, als er gegen 21.00 Uhr mit Veruschka nach Hause kam. Schließlich konnte sogar noch ermittelt werden, in welchem Lokal sie in der Zeit zwischen diesen beiden Zeitpunkten beim Essen waren. Damit war der Kreis geschlossen.

Die Fingerabdrücke des Bankers fanden sich an vielen Stellen in der Wohnung, aber nicht im Schlafzimmer. Damit war uns klar, warum er sich so selbstsicher einer Vernehmung in München gestellt hatte. Er war sich sicher, dass wir am unmittelbaren Tatort keine Fingerspuren von ihm finden würden. Das bedeutete, dass er wusste, dass das Schlafzimmer der Tatort war, und damit war auch klar, dass er dort alle Spuren beseitigt hatte. Letzteres war auch daran erkennbar, dass überhaupt keine Fingerspuren gefunden wurden, nicht einmal solche des Opfers. Leider hatten wir Anfang der 1990er-Jahre noch keine Ahnung von den Möglichkeiten der DNA-Analyse.

Nach entsprechenden Vorhalten hatte Beat Kayser keine andere Möglichkeit, als zuzugeben, dass er an diesem Abend in München bei Veruschka war. Das Schlafzimmer habe er aber nie betreten. Er habe auch kein sexuelles Verhältnis mit ihr gehabt. Man habe geschäftliche Dinge besprochen, einen Schwabingbummel gemacht, und bevor er in die Schweiz zurückgefahren sei, hätte er bei ihr in der Wohnung noch einen Kaffee getrunken. Warum er nicht gleich die Wahrheit gesagt habe? Weil er Angst hatte, dadurch in Verdacht zu geraten. Schließlich habe er ein Motiv, das sehe er ein, aber gerade deswegen habe er befürchtet, verdächtig zu werden, wenn er auch noch seine Anwesenheit in ihrer Wohnung einräume.

Eine hinreichend bekannte Ausrede. Es verhält sich nämlich genau umgekehrt. Ein wirklich Unschuldiger orientiert sein Aussageverhalten nicht an dem, was andere glauben könnten, sondern er sagt die Wahrheit, weil er unschuldig ist und sich gerade deswegen auf der sicheren Seite glaubt. Denn was bietet ihm mehr Schutz als die Wahrheit?

Beat Kayser wurde zum Beschuldigten erklärt und wegen Mordverdacht festgenommen. Beat Kayser kam in Untersuchungshaft. Dass er von der renommiertesten und teuersten Anwaltskanzlei der Stadt vertreten wurde, versteht sich von selbst. Die ging auch sofort zum Angriff über und ließ in der Öffentlichkeit verbreiten, die Schweizer und die Münchner Ermittler einschließlich der Staatsanwaltschaft hätten den perfiden Plan verfolgt, ihren Mandanten nach München zu locken, um ihn hier angeblich als Zeugen zu vernehmen. In Wahrheit hätten sie von vornherein beabsichtigt, ihn festzunehmen. Die Verteidiger beantragten die sofortige Aufhebung des Haftbefehls, scheiterten mit ihren Anträgen aber immer wieder. Nicht zuletzt deswegen, weil sich der Tatverdacht immer mehr erhärtete.

Die Schlinge zog sich langsam zu. Seine bisherigen Aussagen und die vielen Widersprüche ließen sich nur dadurch erklären, dass Beat Kayser mit dem Mord an Esther Maier zu tun hatte. Mit hoher Wahrscheinlichkeit hatte sie ihm, wie sie es auch Zeugen gegenüber angekündigt hatte, mit einer Anzeige gedroht, sollte er ihr Geld nicht unverzüglich beibringen. Womit die überall Veruschka genannte Esther Maier ihr Geld verdiente bzw. erworben hatte, war kein Geheimnis. Zum einen hatte sie mehr als reichlich geerbt, zum anderen hatte sie erfolgreich mit Antiquitäten gehandelt. Arbeiten musste sie jedenfalls nicht mehr. Sie hatte auch keinen Beruf erlernt, und ihr Kunststudium hatte sie nicht abgeschlossen.

Knapp 300 000 DM hatte Veruschka ihrem Schweizer Banker anvertraut. Nichts mehr davon war auf ihrem Konto, und sie hatte keine Ahnung, wo das Geld geblieben sein könnte. Den Verlust dieser Summe hätte sie bei ihrem Vermögen zwar verkraften können, aber betrogen zu werden wollte sie nicht hinnehmen. Hatte ihr Banker sie hintergangen? Letzteres erzählte sie jedenfalls innerhalb ihres Bekanntenkreises, ohne aber den Namen des Mannes, dem sie ihr Geld anvertraut hatte, zu nennen. Nicht einmal ihre Schwester wusste etwas davon. Veruschka einzige überlieferte Äußerung ein paar Wochen vor ihrem Tod war: »Mein Vermögensverwalter hat mich vermutlich um mein Geld gebracht, den werde ich zur Rede stellen.«

Seine Anwesenheit in der Tatwohnung stand fest, und der Versuch, dies zu bestreiten, sprach für seine Täterschaft. Allerdings fehlten klare Sachbeweise. Ein Geständnis war nicht zu erwarten. Also lief alles auf einen Indizienprozess hinaus. Die zuständigen Ermittler waren dennoch zuversichtlich. Die Indizienkette war lückenlos und in ihrer Gesamtbetrachtung schlüssig.

Besonders belastend war die Tatsache, dass der Todeszeitpunkt nahezu identisch war mit seinem Aufenthalt in München. Dass es sich bei Beat Kayser um den letzten Besucher handelte, daran gab es keine vernünftigen Zweifel mehr. Wenn Veruschka also, wie errechnet, am Sonntagabend getötet wurde, kam nur er als Täter infrage. Sie lag zwar zwei Wochen tot in der Wohnung, sodass der genaue Todeszeitpunkt rein medizinisch nicht mehr exakt festzustellen war, aber es gab ja noch andere Hinweise. So brannte ab Sonntagabend nachweislich ununterbrochen Licht in der Wohnung, ihre Telefonate hörten abrupt auf, und die Zeitungen lagen ab Montag, dem 15. August, noch vor der Tür. Darüber hinaus fehlte seither jedes Lebenszeichen von ihr. Jedes?

Die Schweizer Kriminalpolizei arbeitete auf Hochtouren und konnte ermitteln, dass der feine Herr nicht nur das Geld seiner Münchner Geliebten veruntreut hatte, sondern auch noch weitere 1,5 Millionen Schweizer Franken anderer Kunden. Man kann sich unschwer vorstellen, welche Wellen das in der Öffentlichkeit schlug. Immerhin handelte es sich bei ihm um den Vizepräsidenten eines renommierten Bankhauses. Das wäre eine Katastrophe für die Schweiz und viel schlimmer als dieser Mord in München. Was ist schon ein einzelnes Tötungsdelikt gegen die Reputation des Schweizer Bankwesens?

Sieben Monate versuchten Kaysers Anwälte, die Indizienkette einzureißen. Es gelang ihnen nicht. Vor allem scheiterten sie an der Tatsache, dass die Tatzeit zementiert schien: die Nacht vom Sonntag auf Montag. Aber was wäre, wenn Veruschka am Montag noch gelebt hätte? Was, wenn sie am Montag noch von irgendjemandem gesehen worden wäre? Dann würde Beat Kayser sofort als Täter ausscheiden, denn am Montagmorgen war er bereits nachweislich wieder in der Schweiz. Das erkannten natürlich auch seine Anwälte. Und wenn Anwälte erst einmal eine letzte Chance erkennen, nutzen sie diese. Selbstverständlich müssen auch sie sich an Recht und Gesetz halten und dürfen weder etwas konstruieren, noch dürfen sie manipulieren. Aber sie dürfen natürlich »den Dingen« auf den Grund gehen.

Veruschka gehörte auch einem Stammtisch an, allerdings keinem spießbürgerlichen, sondern einem Künstlerstammtisch. Der tagte regelmäßig am Montag in einem noblen Lokal in Bogenhausen. Dort erschien sie dann stets zwischen 16.00 Uhr und 17.00 Uhr, immer als Letzte natürlich. Außer ihr waren es vier weitere Personen, die dieser edlen Runde angehörten. Bei schönem Wetter saßen sie draußen im Biergarten, ansonsten war selbstverständlich der beste Tisch im Inneren reserviert. Schließlich handelte es sich bei einem der Stammtischmitglieder um den Wirt höchstpersönlich. Außer Veruschka waren noch zwei Damen mit von der Runde sowie ein Opernsänger. Eine der Damen war Schauspielerin, die andere bezeichnete sich als Schmuckdesignerin. Sie alle waren etwas älter als Veruschka, die es genoss, im Mittelpunkt der Runde zu stehen. Die anderen scharten sich mehr oder weniger um sie und profitierten auch von ihrer Großzügigkeit. Es gab kaum ein Treffen, bei dem sie nicht die gesamte Zeche übernahm.

Warum die vier Stammtischler nicht persönlich bei der Mordkommission erschienen, um ihre Erkenntnisse mitzuteilen, lässt sich nur erahnen. Vermutlich wollten sie unangenehmen Vernehmungen durch die Mordkommission aus dem Weg gehen. Also machten sie ihre Aussagen vor dem Anwalt des Beschuldigten in Form einer eidesstattlichen Versicherung, und dieser übersandte sie der Staatsanwaltschaft. Der Staatsanwalt leitete die Aussagen an die Mordkommission weiter und bat um Abklärung. Die Brisanz dieser Pamphlete hatte ihn offensichtlich erahnen lassen, welcher Sprengstoff darin steckte.

Die vier eidesstattlichen Versicherungen enthielten tatsächlich höchst Brisantes: Alle vier Zeugen hatten versichert, dass Veruschka an jenem Montagabend, um 17.00 Uhr, am Stammtisch gewesen sei. Jeder der zwei Männer und beide Frauen konnte das anhand persönlicher Eckdaten festmachen. Der Wirt beispielsweise wollte sich genau erinnern, dass er noch am selben Tag, in den Abendstunden, mit der ganzen Familie nach Italien gefahren sei. Die anderen Zeugen erzählten, es sei ein herrlicher Sommerabend gewesen, und Veruschka sei in einem blumigen Kleid erschienen, mit einem großen Sommerhut auf dem Kopf. Besonders die beiden Damen waren sich in der detaillierten Beschreibung ihrer Kleidung einig.

Als Erklärung für die späte Aussage stand zu lesen, dass sich die vier wochenlang gemeinsam den Kopf zerbrochen, rekonstruiert und rekapituliert hätten, bevor sie sich absolut sicher waren, dass Veruschka am Montag, dem 15. August, noch gelebt habe. Also konnte sie nicht schon am Sonntag umgebracht worden sein.

Alle vier Zeugen gaben an, diesen Schweizer Banker nicht zu kennen, nie gesehen und keinen Bezug zu ihm zu haben. Sie sähen es aber als ihre menschliche Pflicht, einem möglicherweise Unschuldigen zu helfen. Der zuständige Sachbearbeiter glaubte ihnen kein Wort, nahm aber die Aussagen pflichtgemäß entgegen. Er war sich sicher, dass die Aussagen keinen Beweiswert haben. Dass sie abgesprochen und aufeinander abgestimmt waren, lag klar auf der Hand. Aber er hatte schon eine Idee, wie er diese falschen Aussagen wieder vom Tisch fegen könnte: Er holte ein Wettergutachten ein. Als dieses schon am nächsten Tag auf seinem Schreibtisch lag, führte er Freudentänze auf und lud die gesamte Kommission am Abend auf ein Bier ein. In dem Gutachten stand nämlich, dass es an diesem Montag, dem 15. August, einem zunächst heißen Sommertag, ab 16.00 Uhr in München ein schweres Unwetter gegeben habe. Und bei einem heftigen Gewitter, so der Sachbearbeiter, erscheint niemand im luftigen Sommerkleid und großem Sommerhut im Biergarten. Das sah auch der Ermittlungsrichter so und beließ Beat Kayser in U-Haft. Daraufhin legten die Verteidiger Beschwerde beim Oberlandesgericht ein. Und dann passierte es.

Wenn vier Zeugen, an deren Glaubwürdigkeit keine begründeten Zweifel bestehen, übereinstimmend aussagen, dass sie am späten Nachmittag des 15. August die besagte Person persönlich getroffen haben, dann ist das hinsichtlich der Glaubhaftigkeit höher zu bewerten als ein Wettergutachten, deren Genauigkeit erfahrungsgemäß zu wünschen übrig lässt. Da die im Gutachten bezeichneten Örtlichkeiten, über denen das Unwetter niedergegangen sein soll, zudem auch nur global für den Raum München gelten, lässt sich schließlich nicht ausschließen, dass es im Westen der Stadt ein Gewitter gegeben haben kann, während im Osten die Sonne geschienen habe. Derartige Wetterlagen seien schließlich keine Seltenheit, sodass diesen Fall betreffend den Aussagen von vier Augenzeugen höherer Beweiswert einzuräumen sei als einem oberflächlichen Wettergutachten.

Die logische Konsequenz aus dieser Entscheidung: Da Veruschka am späten Montagnachmittag im Biergarten war und dort vier Freunde traf, kann sie nicht schon am Sonntag umgebracht worden sein. Wenn sie aber nicht am Sonntag umgebracht wurde, sondern zu einem späteren Zeitpunkt, kann Beat Kayser nicht der Täter gewesen sein. Denn ab Montag, dem 15. August, hielt er sich bekanntlich in der Schweiz auf.

Beat Kayser wurde sofort aus der Untersuchungshaft entlassen. Innerhalb von zwei Stunden kehrte er in die für ihn sichere Schweiz zurück, wo er von einem weiteren Zugriff der deutschen Strafverfolgungsbehörden sicher war. Denn in der Schweiz wurde gegen ihn lediglich wegen Betruges und Untreue ermittelt, nicht mehr aber wegen Mordes. Denn nach Schweizer Recht kommt bereits die Einstellung eines Ermittlungsverfahrens einem Freispruch gleich. Wegen Mordes würde er in seiner Heimat jedenfalls nie mehr belangt werden können.

Beat Kayser war damit ein freier Mann. Er hätte zu dieser Zeit sogar nach Deutschland reisen können, ohne dass er hier inhaftiert worden wäre. Diese Gefahr hätte nur dann bestanden, wäre das Urteil des Oberlandesgerichtes aufgehoben und der Haftbefehl wieder in Kraft gesetzt worden. Dazu aber wäre es erforderlich gewesen, die Aussagen dieser vier Augenzeugen zu widerlegen. Genau diese Aufgabe ist schließlich mir übertragen worden, als ich neu zur Mordkommission kam und dem Team zugeteilt wurde, das diesen Fall bearbeitet hatte. Es war sozusagen mein Einstand. Damals schrieben wir das Jahr 1987. Endgültig abgeschlossen war der Fall dann im Jahre 2008, kurz bevor ich in Pension ging.

Als Neuling will man sich bewähren, weshalb ich die Akten akribisch studierte und zunächst auch nicht schlauer war als die Sachbearbeiter vor mir. Auch ich kam nur zum

Ergebnis, dass der Todeszeitpunkt für den Tatnachweis entscheidend sei.

Es galt zu beweisen, dass das Opfer am Montag, dem 15. August, nicht mehr gelebt und demnach nicht wie behauptet bei schönstem Sommerwetter im Biergarten gesessen haben kann. Aber was tun, wenn das Gericht ein gegenteiliges Wettergutachten nicht anerkennen wollte? In meiner Unbefangenheit fiel mir nur eine Lösung ein: Es galt nachzuweisen, dass das Oberlandesgericht falsch entschieden hat. Als einfacher Ermittler das zu versuchen sei an Naivität nicht zu überbieten, meinten meine Kollegen. Die Bewertung oder gar Kritik von Gerichtsentscheidungen durch Polizisten kam und kommt auch heute noch einem Tabubruch gleich. Na gut, meinte ich, dann müsse man halt diese Zeugen dazu bringen, ihre Aussage zu korrigieren bzw. zurückzunehmen. Das brachte mir mitleidiges Lächeln ein, aber ich versuchte es trotzdem. Denn wie sagte doch schon Napoleon Bonaparte: »Die Hartnäckigen gewinnen die Schlachten.«

Zunächst durfte ich davon ausgehen, dass das Wettergutachten richtig war, aber eben nicht differenziert genug. Es musste noch untermauert werden. Wodurch? Durch Fakten. Erste Frage: Welche Auswirkungen hatte das Unwetter auf die Stadt? Wodurch ist zweifelsfrei zu belegen, dass an diesem Montag zu genau dieser Zeit, als Veruschka im Biergarten gewesen sein soll, auch über deren Tisch ein Regenguss niederging, der ihren Aufenthalt im Freien im luftigen Sommerkleid unmöglich gemacht hätte?

Als Erstes fielen mir die Ampelanlagen ein, die in der Nähe des Lokals aufgestellt und mit Rotlichtkameras ausgerüstet sind. Also forderte ich bei der zuständigen Verkehrspolizeidienststelle sämtliche Aufnahmen an, die zur infrage kommenden Zeit »geschossen« worden waren. Und auf all den vielen Lichtbildern, die damals dort von Rotlichtsündern ausgelöst worden waren, war das schwere Unwetter beweiskräftig dokumentiert. Man sah die Autos allesamt mit Licht fahren, obwohl es zu dieser Zeit taghell gewesen sein müsste, und erkannte die überfluteten Straßen und die Gischt, die von den Autos erzeugt wurde. Anschließend überprüfte ich die Verkehrsunfälle, die sich zur relevanten Zeit in unmittelbarer Nähe des besagten Lokals ereignet hatten. Tatsächlich gab es exakt um 16.45 Uhr einen Verkehrsunfall zwischen einem Taxi und einem anderen Pkw, wobei eine Person verletzt wurde. Sowohl der Taxifahrer als auch der Unfallgegner erinnerten sich an die Unfallsituation und das schreckliche Unwetter, das damals niederging. Es habe Katastrophenstimmung geherrscht, berichteten beide Männer. Diese Aussagen wurden auch noch durch viele Einsatzberichte der Münchner Berufsfeuerwehr ergänzt, die im gesamten Stadtgebiet umgestürzte Bäume, eingestürzte Baugerüste und andere Schäden zu beheben hatten. Damit war der Beweis erbracht, dass das Wettergutachten richtig und die Wertung der Richter falsch war. Genauso falsch wie die Aussagen unserer Entlastungszeugen. Nun kam Schritt zwei.

Konfrontationsvernehmungen sind heikel. Sie führen oft dazu, dass betroffene Personen jegliche weitere Aussagen ablehnen. Deshalb mussten wir mit viel Fingerspitzengefühl vorgehen. Parallel zu meinen Wetterermittlungen hatte ich auch noch anderweitig ermittelt. Weil es mich interessierte, ob da noch jemand erscheint, wenn sich das Zeugenquartett am Montagabend trifft, hatte ich den Stammtisch in dem gut besuchten Lokal beobachtet bzw. beobachten lassen. Und tatsächlich: Mehrmals kam ein Mann hinzu, der sich dann sehr angeregt mit den Leuten unterhielt. Der Fremde war Mitte vierzig und fuhr stets mit einem großen Pkw vor. Natürlich war es jetzt nicht mehr allzu schwierig, herauszufinden, dass dieser Mann ein Privatdetektiv von einer bekannten Detektei war, die auch für die Anwaltskanzlei arbeitete, durch die Beat Kayser vertreten wurde. Das stank zum Himmel.

Die Vernehmung der Zeugen war gründlich vorbereitet. Sie wurden zeitgleich und getrennt befragt. Vier Vernehmungsteams standen bereit. Erst sollten die Zeugen mit den Fakten bezüglich der Wetterlage konfrontiert werden. In Kenntnis der geschlechtsspezifischen Unterschiede hinsichtlich des Aussageverhaltens erwarteten wir, dass zumindest die beiden Männer ihre bisherigen Aussagen zurücknehmen würden.

Der Gastwirt kam sehr schnell zur Einsicht, sich wohl doch geirrt zu haben. Auch beim Opernsänger dauerte es nicht lange, und er korrigierte seine Aussagen. Angesichts der eindrucksvollen Bilder und der entsprechenden Protokolle war ihnen auch gar nichts anderes übrig geblieben. Dass sie an diesem besagten Nachmittag nicht wie angegeben in einem sonnigen Biergarten gesessen haben konnten, mussten sie wohl oder übel einräumen. Der Wirt entschuldigte sich vielmals und begründete seinen Irrtum damit, dass er sich an der Heimfahrt nach Italien orientiert habe, und der andere Mann erklärte, nachdem alle anderen bezüglich des Datums so sicher gewesen seien, sei auch er letztendlich überzeugt gewesen, dass es so war, wie sie ausgesagt haben. Das sei aber wohl doch ein Irrtum gewesen. Aus jetziger Sicht müsse er klar sagen, dass das von ihnen beschriebene Zusammentreffen mit Veruschka nicht am Montag, dem 15. August, war, sondern wohl doch schon eine oder zwei Wochen früher.

Nun zu den Damen. Bei beiden fruchtete die Vorlage der klaren Sachbeweise nicht. Schnippisch erklärten sie unabhängig voneinander, es sei ihnen egal, welche »Dinge« wir da vorbringen würden, sie blieben dabei, dass es dieser Montag war, an dem sie sich bei herrlichem Wetter mit Veruschka im Biergarten getroffen hätten. Nicht einmal der Hinweis, dass die beiden Männer ihre Aussage korrigiert hätten und auch bereit wären, ihnen dies selbst zu bestätigen, konnte sie erweichen.

Eine Konfrontation mit den beiden Männern wollten wir nicht. Es sollte unter allen Umständen der Eindruck vermieden werden, als wären die Damen beeinflusst oder unter Druck gesetzt worden. Nein, sie mussten ihre Aussagen aus freien Stücken korrigieren. Wir änderten die Taktik. Weg mit den Bildern, Protokollen und sonstigen Sachbeweisen, hin zu dem Bereich, der bei Frauen mehr Erfolg verspricht: den Gefühlen.

In den Mittelpunkt wurde nun der Lebenswandel des Täters gestellt, den die beiden Zeuginnen ganz offensichtlich noch immer als »tollen Hecht« empfanden. Die Damen schienen nicht zu wissen, dass der vornehme Gigolo ihre Freundin Veruschka nicht nur um schnöden Mammon betrogen, sondern – viel schlimmer – auch noch ihre Gefühle tief verletzt hatte. Weniger, weil er verheiratet war, sondern weil er neben Veruschka noch eine weitere Geliebte hatte. Eine, zu der er jetzt wieder zurückgekehrt war und die immer noch zu ihm halten würde. Die vorher empfundene Sympathie der beiden Frauen für Beat Kayser wandte sich nun fast zeitgleich in Verachtung um. Aber es sollte noch toller kommen.

Die beiden Damen korrigierten nicht nur ihre bisherigen Angaben und räumten ihren Irrtum ein, sie ergänzten ihre Aussagen auch um ein Detail, das meinen Glauben an die Seriosität von Anwälten nachhaltig erschüttern sollte. Im Gegensatz zu den Männern, die sich auf einen Irrtum hinausredeten und darüber hinaus keine weiteren Erklärungen abgaben, schilderten die beiden Damen ausführlich, wie es zu diesen Falschaussagen kam.

Einige Wochen nach dem Tod Veruschkas und der Inhaftierung ihres mutmaßlichen Mörders gesellte sich ein Mann zu ihnen an den Stammtisch, der sich als Bekannter von Veruschka ausgab. Er erzählte von gemeinsamen Unternehmungen und sonstigen Kontakten, ohne aber zu sehr ins Detail zu gehen. Allerdings betonte er von Anfang an, dass er nicht an die Schuld dieses Bankers aus der Schweiz glaube. Seine Zweifel begründete er damit, dass er sich sicher sei, Veruschka noch am Montag, dem 15. August, in der Innenstadt getroffen zu haben. Natürlich begann nun eine heftige Diskussion darüber, ob dies zutreffen könne, schließlich sei doch an diesem Montag Stammtisch gewesen, zu dem sie schon nicht mehr erschienen sei. Oder doch? Die Zweifel, die dieser Mann unter den Stammtischmitgliedern säte, wurden immer stärker. Je mehr man diskutierte, desto weiter entfernte man sich von der Wahrheit. Irgendwann habe sich der Fremde dann sogar geoutet und sich als Privatdetektiv vorgestellt. Als solcher helfe er den Anwälten, Beweise dafür zu finden, dass Veruschka an diesem Montag noch gelebt habe. Das würde bedeuten, dass sich ein Unschuldiger in Haft befinde, hilflos den einseitigen Ermittlungen der Mordkommission ausgeliefert. Da er sich aber hundertprozentig sicher sei, Veruschka an diesem Montag noch gesehen zu haben, suche er nach Leuten, die seine Aussage bestätigen könnten. So habe er Kenntnis von diesem Stammtisch erlangt und sei gekommen, um diesen Tag zu rekonstruieren. Nachdem sie nämlich an diesem Montag noch gelebt hat, daran gebe es für ihn keine Zweifel, müsste sie eigentlich auch an ihrem Stammtisch gewesen sein. Und wenn das so war, müssten sie als Stammtischangehörige eigentlich bestätigen können, dass es so war wie von ihm festgestellt.

Die Krönung dieser Gehirnwäsche, die der Privatdetektiv den naiven Stammtischmitgliedern verpasste, gipfelte schließlich darin, dass er eine »Aufwandsentschädigung« von jeweils 50 000 DM anbot. Dabei würde es keinesfalls um Bestechung oder Anstiftung zu einer Falschaussage gehen, bemühte er sich zu beteuern, vielmehr gehe es seinem Auftraggeber lediglich darum, für die zu erwartenden Unannehmlichkeiten eine Entschädigung zu entrichten. Dies allerdings nur, wenn sie auch bereit wären, ihre Aussagen vor Gericht zu wiederholen. Die Anwaltskanzlei, für die er arbeite, so der Detektiv, habe damit aber nichts zu tun. Sie hätte lediglich den Kontakt zur Auftraggeberin in der Schweiz hergestellt.

Später wurde bekannt, dass das Geld von der millionenschweren Geliebten unseres mutmaßlichen Mörders stammte. Der Privatdetektiv, der selbstverständlich vernommen und angezeigt wurde, bestätigte dies unumwunden. Doch weder für die Zeugen noch für den Privatdetektiv oder die Anwaltskanzlei und schon gar nicht für die Schweizer Millionärin gab es ein juristisches Nachspiel. Alle Verfahren wurden mit der Begründung eingestellt, es habe am Vorsatz gefehlt. Jurisprudenz ist eben Auslegungssache und nicht immer kompatibel mit dem gesunden Menschenverstand.

Beat Kayser hat später die Millionärin sogar geheiratet. Er durfte nur nicht mehr die Schweiz verlassen, denn außerhalb lauerte ein internationaler Haftbefehl auf ihn. Das wusste er, und so überschritt er nie mehr die Grenzen seines Landes.

Im Rahmen der Überprüfung und Aufarbeitung sogenannter Altfälle wurden auch die Asservate aus dem Fall Esther Maier untersucht. Dabei konnten im Schlafzimmer, in dem Beat Kayser nie gewesen sein will, zahlreiche DNA-Spuren analysiert werden, die von ihm gesetzt worden waren. Unter anderem fand sich seine DNA auch unter den Fingernägeln des Opfers. Vermutlich hatte sie ihn gekratzt, als sie um ihr Leben kämpfte. Zwei Wochen bevor das Ergebnis dieser neuesten Untersuchungen und damit der endgültige Nachweis seiner Täterschaft bekannt und in vielen deutschen und Schweizer Zeitungen veröffentlicht wurde, starb Beat Kayser im Alter von 68 Jahren in einer Schweizer Klinik an Magenkrebs.

Die Mutter

Die junge Frau war niedergemetzelt worden. Ihr von Messerstichen übersäter Körper lag in einer riesigen Blutlache auf den Steinkacheln des Tordurchganges, der zum Rückgebäude eines Anwesens in München-Laim führte. In diesem Rückgebäude, einem renovierungsbedürftigen Altbau, wohnte das Opfer, die 21-jährige Studentin Irene Richter. Sie lebte mit zwei Freundinnen und dem Freund einer der beiden in einer Wohngemeinschaft. Dass es sich beim blutüberströmten Opfer um eine einst sehr schöne junge Frau gehandelt haben soll, war natürlich nicht mehr erkennbar. Das Gesicht wies klaffende Stichverletzungen auf, ein Auge war getroffen, und die langen, eigentlich blonden Haare waren blutverkrustet und durch das dunkle Blut verklebt. Der ausgestreckte Körper lag unmittelbar an der Hauswand in Rückenlage. Breitflächige Blutspuren an der Wand deuteten darauf hin, dass die junge Frau an dieser niedergesunken sein muss, als sie bereits aus mehreren Wunden stark blutete.

Irene Richter war demnach angegriffen worden, als sie noch stand. Die meisten Stiche waren von vorne erfolgt, einige wenige trafen sie auch in den Rücken, vermutlich als sie schon am Boden lag. Insgesamt würden bei der Obduktion mehr als 40 Stiche gezählt werden. Ein bedingter Tötungswille, bei dem der Tod des Opfers »nur« billigend in Kauf genommen wurde, schied damit aus. Dieser Täter wollte töten.

Es muss ein großes Messer gewesen sein, meinte der zum Tatort gerufene Rechtsmediziner. Er bescheinigte als Todesart einen nicht natürlichen Tod aufgrund Fremdverschuldens und als Todesursache Verbluten nach innen und außen infolge zahlreicher Messerstiche. Die Körpertemperatur war nur unwesentlich gesunken, sodass der Eintritt des Todes erst kurz vorher erfolgt sein dürfte. Die Tatwaffe fehlte. Der Täter muss sie mitgenommen haben. Erfahrungsgemäß werden Tatwerkzeuge kurz nach der Tat entsorgt, meistens werden sie in Gullys oder Mülltonnen geworfen. Eine Absuche erübrigte sich jedoch, weil sich die Ereignisse quasi überschlagen sollten.

Aufgefunden worden war die junge Frau vom Paketboten, der auch eine wichtige Beobachtung gemacht hatte. Als er nämlich vor dem Anwesen anhielt, kam ein jüngerer Mann aus dem Durchgang, der wie in Trance wirkte. Seine Kleidung war von oben bis unten mit Blut besudelt, und in der Hand hielt er ein großes Messer. Erschrocken wich der Paketbote zurück und lief hinter sein Postauto. Aber der völlig apathisch wirkende Mann beachtete ihn nicht, sondern ging langsamen Schrittes über die Straße und entfernte sich. Als er außer Sichtweite war, traute sich der Paketbote, das Tor zum Durchgang zu öffnen und hineinzugehen. Dort sah er eine blutüberströmte Person liegen, schrie laut um Hilfe, lief zu seinem Postauto zurück und wählte die Notrufnummer 110. Kurze Zeit später brach das Chaos los.

Von überallher kamen Hausbewohner hinzu, darunter auch jene jungen Leute, mit denen das Opfer in einer WG lebte. Alle schrien durcheinander, keiner wusste, was zu tun war, und alle fühlten sich hilflos. Gut, dass es nur maximal drei Minuten dauerte, bis der erste Streifenwagen der Polizei vor Ort war. Die Beamten hatten Mühe, die Dinge in den Griff zu bekommen, aber mit Eintreffen weiterer Kräfte gelang es ihnen, einigermaßen Ordnung zu schaffen, den Tatort abzusperren und die weitere Vernichtung von Tatortspuren zu verhindern. Das Kriseninterventionsteam rückte an und betreute insbesondere die jungen Freunde des Tatopfers, die unter Schock standen.

Die Frage, ob es sich hier um eine Beziehungstat handeln könnte, war schnell beantwortet. Ein Raubmord war auszuschließen, da die Handtasche einschließlich Geldbörse sowie der Schmuck der jungen Frau unangetastet geblieben waren. Auch ein Sexualdelikt lag nicht vor, weil der Reißverschluss der Jeanshose nicht geöffnet war. Niemand hatte Hilfeschreie gehört, obwohl die in der Tordurchfahrt an Intensität gewonnen hätten und im Hinterhaus garantiert vernommen worden wären.

Eine Zeugin hat jedoch ein lautes Streitgespräch gehört, das aus der Tordurchfahrt kam und in den Hinterhof hineinhallte. Sie war sich sicher, dass sie sowohl die ihr bekannte Stimme des Opfers als auch die einer männlichen Person unterscheiden konnte, ohne aber den Inhalt zu verstehen, da es zu sehr gehallt habe. Wer aber war der Mann, mit dem unser Opfer offensichtlich heftig stritt? Der junge Student aus der WG konnte es nicht gewesen sein, denn der war mit seinen beiden Mitbewohnerinnen von einer Party gekommen und erst am Tatort eingetroffen, als kurz vorher die tote Irene entdeckt worden war.

Die Befragung der jungen Freundinnen brachte Merkwürdiges und Erstaunliches zutage. Irene Richter soll in der vorangegangenen Nacht zusammen mit ihnen und mit ihrem Freund, dem 23-jährigen Germanistikstudenten Franz Bauer, unterwegs gewesen sein. Die beiden seien aber etwas eher aufgebrochen, ohne zu sagen, was sie vorhätten. Die Freundinnen vermuteten, sie seien in die WG gegangen, weil sie noch etwas Sex haben wollten. War das schon des Rätsels Lösung? Hatte es vielleicht Streit gegeben zwischen den beiden, der eventuell eskaliert ist? Unmöglich, meinten alle drei Mitbewohner unisono. Irene und Franz hätten sich sehr geliebt und auch mit dem Gedanken getragen, irgendwann zu heiraten und Kinder zu kriegen. Außerdem sei Franz ein ganz liebenswerter, sanftmütiger Mensch, der seiner Irene nie und nimmer etwas antun würde. Fast war ich versucht, vielsagend zu lächeln und ihnen zu antworten: »Das kommt mir irgendwie bekannt vor«, als eine der Freundinnen plötzlich hinzufügte, bevor die beiden hätten heiraten können, hätte sich Irene erst einmal scheiden lassen müssen.

»Wie bitte? Soll das heißen, dass sie schon verheiratet war, aber quasi so nebenbei einen Freund hatte?«, fragte ich die Zeuginnen ehrlich erstaunt und fuhr fort: »Mit wem ist sie verheiratet? Weiß der Ehemann, dass sie einen festen Freund hat? Und warum lebt sie in einer WG? Wo wohnt der Ehemann? Hat sie Familie? Wo leben die Eltern?«

Alle meine Fragen würden in den nächsten Stunden beantwortet sein. Aber die Antworten würden ganz anders ausfallen, als ich es mir trotz reichhaltiger Erfahrung vorstellte. Eine junge Frau, ein Ehemann, ein Liebhaber, da steckt doch schon das gesamte Konfliktpotenzial drin, das sich in solchen Fällen offenbart, oder? »Leider wieder einmal das Übliche«, meinte ich voreilig und fügte hinzu: »Entweder der Freund oder der Ehemann, einer von beiden. Schauen wir mal, wer das Rennen macht.«

Das Rätselraten dauerte nicht lange. Irene Richter war mit einem jungen Tunesier verheiratet, und der Paketbote beschrieb den Mann mit dem Messer, den er gesehen hatte, als »arabisch aussehend«. Der Freund von Irene dagegen war groß und strohblond. Der Fall schien geklärt. Die Fahndung nach dem Ehemann wurde eingeleitet. Dann folgte die nächste Überraschung.

Ein Mann ging mitten auf der zu diesem Zeitpunkt wenig befahrenen Ludwigstraße stadtauswärts. Er fiel den Menschen, die zu der Zeit dort unterwegs waren, auf, weil sein helles Hemd blutbesudelt war und er ein großes Küchenmesser offen in der Hand hielt.

Beamte der Einsatzhundertschaft, die an der Fahndung beteiligt waren und die zufällig aus der anderen Richtung die Leopoldstraße entlangfuhren, sahen den Mann mit dem Messer. Sie umzingelten ihn. Auf Anruf blieb er sofort stehen und ließ sich widerstandslos festnehmen. Das Messer wurde sichergestellt und der Spurensicherung zugeführt. Der Festgenommene wurde zum Institut für Rechtsmedizin gebracht und dort körperlich untersucht. Er hatte zwei Stich- bzw. Schnittverletzungen an der rechten Hand und am Unterarm, die stark bluteten. Diese Verletzungen hatte sich der Linkshänder bei der Tatausführung selbst zugefügt. Die durchgeführte Blutuntersuchung sollte ergeben, dass er zum Tatzeitpunkt unter keinerlei Alkohol-, Drogen- oder Medikamenteneinfluss stand.

Menir Marzouki war 30 Jahre alt. Er stammte aus der Nähe von Tunis, sah gut aus, war 1,73 Meter groß, schlank und hatte dunkles, sehr gepflegtes, halblang geschnittenes Haar. In seiner Heimat hatte er als gelernter Damen- und Herrenfriseur in verschiedenen Salons großer Hotels gearbeitet. Er sprach relativ gut Deutsch, allerdings nicht gut genug für eine offizielle Beschuldigtenvernehmung. Deshalb wurde ein Dolmetscher hinzugezogen. Ein Anwalt wurde verständigt, obwohl Menir Marzouki auch ohne einen solchen ausgesagt hätte. Außerdem hatte er bereits gegenüber den festnehmenden Beamten aus freien Stücken seine Täterschaft eingeräumt. Bei Beschuldigten, die des Deutschen nicht mächtig sind, pflegte ich aber trotz eines Dolmetschers stets einen Anwalt hinzuzuziehen, um späteren Behauptungen, die Angaben seien nicht korrekt protokolliert worden, vorzubeugen. Der mit Mordanklagen vertraute Anwalt erkannte sofort, dass es an der Täterschaft keine Zweifel gab, und hatte keine Einwände gegen die polizeiliche Vernehmung.

Zunächst machte der junge Mann Angaben zu seiner Person und zu seiner Ehe. Demnach hatte er vor einem Jahr die

20-jährige Irene Richter in Tunesien geheiratet. Ein halbes Jahr später sei er hierher nach München gekommen, um bei seiner Frau zu leben. Die Ehe sei aber durch die deutschen Behörden noch nicht bestätigt gewesen. Aha, dachte ich, jetzt kommt wohl das Übliche: Der junge Moslem ist mit der Lebensweise seiner jungen Frau nicht zurechtgekommen, und als sie auch noch einen Freund hatte, drehte er eben durch. Nein, das sollte es immer noch nicht sein. Also begannen wir, die Fragen chronologisch zu ordnen und mit der Nachtatphase zu beginnen.

»Herr Marzouki, wie ist es einzuordnen, dass Sie zu Fuß durch die halbe Stadt gelaufen sind, blutbesudelt und mit dem Tatmesser in der Hand?«

»Ich wollte zu ihr. Ich wollte auch sie umbringen.«

»Aber Sie hatten Ihre Frau doch schon umgebracht. Wen wollten Sie denn noch umbringen?«

»Die Gudrun.«

»Wer ist Gudrun?«

»Die Mutter von Irene. Ich wollte auch sie umbringen, weil sie Schuld hat an dem, wie es gekommen ist. Sie hat mich betrogen. Schade, dass mich Ihre Kollegen aufgehalten haben. Sie muss sterben.«

»Das verstehe ich jetzt nicht ganz. Betrogen wurden Sie doch von Ihrer Frau. Was hat deren Mutter damit zu tun?«

»Ich habe Irene geheiratet, weil ich sie sehr geliebt habe. In meiner Heimat. Dann kam ich nach München, habe Deutsch gelernt und Arbeit gefunden in meinem Beruf. Aber Irene wollte nicht meine Ehefrau sein. Stattdessen musste ich der Mann von ihrer Mutter sein. Ich wohnte bei ihr, ich schlief in ihrem Bett, und ich musste fast jeden Tag Sex mit ihr machen. Wie in Tunesien, bevor ich Irene kennenlernte. Das habe ich nicht mehr ausgehalten.«

Es war schwer zu glauben, was sich offenbarte und auch noch vor Gericht zum Thema geworden war: Eine Frau Mitte fünfzig fährt mehrfach jährlich nach Tunesien, um sich dort junge, willfährige Männer auszusuchen, die bereit sind, für Geld auch mit nicht mehr ganz jungen Damen ins Bett zu gehen.

Gudrun Richter, Physiotherapeutin aus München, verheiratet mit einem 70-jährigen, schwer kranken Rentner, eine Tochter namens Irene, gehört zu einer Clique von Frauen, die regelmäßig in diese Region reisen, natürlich ohne ihre Männer. Die 57 Jahre alte Gudrun hatte im Laufe der Jahre verschiedene junge Liebhaber, wobei es sich aber immer nur um kurze, rein auf Sex ausgerichtete Bekanntschaften gehandelt hatte. Ihr kranker Ehemann, der die gemeinsame Dreizimmerwohnung nicht mehr verlassen konnte, wusste, dass sich seine Frau in Tunesien gelegentlich etwas sexuelle Entspannung gönnt, und hatte nichts dagegen einzuwenden.

Dann aber passierte etwas, womit niemand gerechnet hatte. Gudrun verliebte sich in den smarten Menir. Fortan »buchte« sie nur noch ihn, und er verstand es, sie zu umgarnen. Allerdings wurden ihr die häufigen Aufenthalte in Tunesien zu teuer. Ihr Mann bezog keine allzu üppige Rente, und ihr Verdienst reichte gerade, um einigermaßen den Lebensunterhalt finanzieren zu können. Hinzu kam, dass ihre Tochter Irene noch zur Schule ging und später studieren wollte. Andererseits wollte Gudrun nicht auf ihren Liebhaber verzichten. Also kam sie auf eine geniale Idee: Damit sie nicht mehr so häufig anreisen muss, muss Menir eben nach München zu ihr kommen. Aber das war nicht so einfach. Eine Aufenthaltserlaubnis in Deutschland hätte Menir nur bekommen, wenn Gudrun ihn geheiratet hätte. Das war natürlich nicht möglich. Aber da kam ihr die rettende Idee: Wozu hatte sie eine junge, bildschöne, blonde Tochter? Und ob man es glauben mag oder nicht, sie brachte ihre Tochter Irene dazu, mit ihr nach Tunesien zu reisen.

Als Menir die Schöne sah, verliebte er sich sofort in Irene, aber diese verliebte sich leider nicht in ihn. Sie tat nur ihrer Mutter einen Gefallen, als sie ihn nach dortigem Ritual heiratete. Die Hochzeitsnacht verbrachte sie trotzdem mit ihm, immerhin handelte es sich ja bei Menir um einen hübschen jungen Mann. Aber mehr wollte sie nicht von ihm. Mit ihrer Mutter war vereinbart, dass Menir ihr Zimmer in der elterlichen Wohnung haben könne, sie würde ohnehin in eine WG ziehen und irgendwann ihren Freund heiraten. Davon aber, was ihn in München erwarten würde, ahnte Menir nichts. Dass er allabendlich mit Gudrun ins Bett musste anstatt mit seiner jungen Ehefrau, das ging ihm zu weit. Die Lage eskalierte. Langsam brachte er in Erfahrung, dass seine Ehefrau einen Freund hatte und wo sie lebte. Er begann, sie zu stalken. An jenem Morgen lauerte er ihr mit dem Messer im Ärmel auf. Er wollte eine Aussprache. Als ihn Irene anbrüllte, er solle sie in Ruhe lassen, sie habe ihn nur geheiratet, weil ihre Mutter das so gewollt hatte, und sie würde ihn nicht lieben, sondern einen anderen Mann, da kam es, wie es kommen musste: Er bestrafte sie mit dem Tod.

Als die Mutter zur Vernehmung in mein Büro kam, war ich auf eine traumatisierte Frau eingestellt. Umso mehr wunderte ich mich, als sie als Erstes fragte, was sie tun müsse, um Menir im Gefängnis besuchen zu können. Er habe schließlich niemanden außer ihr, und sie wolle ihm unbedingt sagen, dass sie ihn nicht im Stich lassen werde …

Der Biedermann

»Es hat mich eine Menge an Mut und Überwindung gekostet, diese schlimmen und furchtbaren Erinnerungen niederzuschreiben. Anfangs wollte ich es ja auch nicht, denn ich versprach mir nichts davon. Doch nach reiflicher Überlegung kam ich zu dem Schluss, es doch zu tun. Einfach deswegen, weil ich möchte, dass die Mitmenschen erfahren, wie leicht und schnell man ganz tief in den Abgrund stürzen kann.

Wenn Sie, liebe Leser, diese meine Stationen des Lebens durchgegangen sind und auch begriffen haben, dann glaube ich, dass mich eventuell ein Großteil von Ihnen wirklich verstehen wird. Natürlich nicht die Tötungsdelikte, sondern die Art und Weise, aus denen heraus sie geschahen und ich somit in einen Teufelskreis hineingedrängt wurde, aus dem ich einfach aus eigener Kraft nicht mehr herausfand.

Ich bin mir schon bewusst, dass viele es nicht für möglich halten werden, was ich wirklich und wahrhaftig erlebt habe. Ich wünsche keinem Menschen, dass er jemals in solch eine schlimme, ausweglose Situation und Lage kommen wird, bei Gott nicht; denn es war einfach furchtbar und schlimm. Und jeder, der es liest, mag sich sein eigenes Urteil bilden. Wobei ich mir sicher bin, dass ich in Ihrer Urteilsfindung ganz bestimmt schlecht abschneiden werde. Deshalb sage ich es noch mal: Ich hatte keinen Anlass.

Dass ich für meine Delikte ganz gewiss bestraft werden musste, ist für mich vollkommen klar; jedoch erscheint mir das Strafmaß von Lebenslänglich als viel zu hoch!«

Die »Fälle« des Serienmörders Horst David beinhalten alle Themen, die auch in diesem Buch erörtert werden, nämlich Opferrollen, Aufklärungsarbeit und die Kunst des Lügens. Über diesen »Meister des Tarnens und Täuschens« sind bereits Bücher und zahlreiche Abhandlungen in renommierten Zeitschriften verfasst worden, und auch die Filmindustrie hat dessen Leben und »Wirken« schon aufgegriffen, vor allem wohl deshalb, weil er das Doppelleben à la Dr. Jekyll und Mr. Hyde wie kein anderer verkörpert. So war es kein Wunder, dass er mit Attributen wie »Biedermann-Mörder« oder »Wolf im Schafspelz« u. Ä. betitelt wurde.

Horst David hat alle Geständnisse mir gegenüber in mündlicher Form abgelegt, bevor er sie dann ausführlich bei meinen Mitarbeitern zu Protokoll gegeben hat. Vor Gericht hat er die objektiven Abläufe und Ereignisse bereitwillig wiederholt, aber in Bezug auf seine jeweiligen Motive hat er plötzlich begonnen, das zu tun, was die meisten Menschen tun, die schwere Schuld auf sich geladen haben: sie bagatellisieren, relativieren oder schieben die Schuld auf andere. Die Offenheit, die er bei den polizeilichen Vernehmungen noch zeigte, war jedenfalls mehr und mehr einem Taktieren gewichen, was sicherlich auch dem Einfluss seines Anwaltes geschuldet war. In seiner Biografie, die er nach ein paar Jahren Haft als Grundlage für den Fernsehfilm »Der Mann, dem die Frauen vertrauten« verfasst und die er mir zur freien Verfügung »verehrt« hatte, rechnet er gnadenlos ab mit den Strafverfolgungsbehörden. Also auch mit mir. Ausschnitte davon wurden hier eingearbeitet.

»*Der nächste Wagen zur Arcisstraße 48.*« Die Stimme des Sprechers in der Einsatzzentrale der Polizei klang am Sonntag, dem 24. August 1975, um 22.34 Uhr monoton und routiniert wie immer. Sogleich meldete sich Funkstreifenwagen »Isar 86« einsatzbereit.

»Tote Person. Dort im vierten Stock werden Sie von einem Herrn Menzel erwartet. Bei der Toten soll es sich um seine Ehefrau handeln«, fuhr der Sprecher fort.

»Richtig«, bestätigte der Streifenführer des Funkwagens und signalisierte mit diesem einen Wort, damit alles zu wissen, was nötig war. Alles Weitere würde sich vor Ort ergeben.

Mein Kollege und ich hatten in jener Nacht Dienst. Als Angehörige der Zivilen Einsatzgruppe des örtlich zuständigen Polizeireviers waren wir in den Straßen Schwabings in ziviler Kleidung unterwegs, um die ausufernde Straßenkriminalität zu bekämpfen, vorwiegend Gewalt-, Drogen- und Einbruchskriminalität. Eine neue Strategie, die sehr erfolgreich werden sollte und noch heute einen hohen Stellenwert hat. Mit der Auffindung toter Personen in Wohnungen waren wir allerdings nicht befasst. Das war Sache der Kripo.

Es dauerte ungefähr zehn Minuten, bis »Isar 86« meldete, was es mit der toten Person auf sich hatte. Dazu genügten wiederum wenige Worte: *»Tötungsdelikt an Prostituierter; Mord soll kommen.«*

Dass es sich bei der Toten um eine Prostituierte handelte, hätte der Kollege besser nicht erwähnt. Denn jetzt fuhren sämtliche Einsatzfahrzeuge, die in diesem Gebiet unterwegs waren, zum Tatort, um sich vor Ort »ein Bild zu machen«. So auch mein Kollege und ich.

Am Tatort wimmelte es bereits von Kollegen. Die Beamten der Mordkommission waren noch nicht da, sodass auch wir einen Blick auf die Leiche riskieren durften. Der Körper der offensichtlich jungen Frau lag auf dem Bett des orientalisch eingerichteten Einzimmerapartments, nur mit einem Slip bekleidet.

Wie einige Anwesende bereits wussten, galt die Tote als Berühmtheit in den einschlägigen Kreisen. Eine rassige Orientalin war sie, die 26 Jahre junge Tunesierin mit dem schönen Namen Sulaika. Mit ihrer Schönheit war es allerdings vorbei.

Die dunkel verfärbte Zunge quoll aus dem Mund, und die weit aufgerissenen, schwarz geschminkten Augen boten einen bizarren Anblick und ließen auf Anhieb Todesart und Todesursache erkennen. Das Drosselwerkzeug war noch um den Hals geschlungen und so fest verknotet, dass es tief einschnürte. Wie sich später herausstellte, war es ihr Negligé, mit dem sie erdrosselt worden war. Mehr konnten wir in der kurzen Zeit nicht sehen. Als die Mordkommission eintraf, waren wir schon wieder in den Straßen Schwabings unterwegs. Damals ahnte ich nicht, dass mich der Fall der toten Prostituierten eines fernen Tages einholen sollte.

Am nächsten Tag war medienmäßig die Hölle los. Auf allen Boulevardzeitungen prangten Schlagzeilen, die sinngemäß das Gleiche zum Ausdruck brachten: »Schon wieder Prostituiertenmord in Schwabing«. Das enorme Medienecho war verständlich. War doch erst zwei Tage vorher, nämlich am Freitag, 22. August 1975, die 24-jährige Edelprostituierte Anna Hierl ermordet in ihrer Wohnung aufgefunden worden, und zwar ebenfalls in Schwabing-West. Auch sie war mit einem Kleidungsstück erdrosselt worden, auch sie hatte in derselben Münchner Zeitung inseriert und ihre Dienste angeboten. Es lag nahe, dass es sich um ein und denselben Täter handelte. Noch näher schien zu liegen, dass der oder die Täter der Zuhälterszene angehören dürften, tobte doch seit der Verbannung der Prostitution aus der Innenstadt eine Art Zuhälterkrieg in München. Jedenfalls hatten sich die meisten Liebesdienerinnen nach ihrer Verbannung anstatt für den Straßenstrich vor den Toren Münchens für die illegale Wohnungsprostitution entschieden. Dadurch entzogen sich viele dem Einflussbereich der Zuhälter und arbeiteten auf eigene Rechnung. Aber die Herren Zuhälter wollten sich die Butter nicht vom Brot nehmen lassen und denunzierten, bedrohten oder misshandelten diejenigen, die sich nicht mehr schützen lassen wollten. Schmierschriften wie »Nutte im vierten Stock« oder Anschläge mit Buttersäure waren noch die harmloseren Formen. Warum also nicht auch mal ein Mord zur Warnung?

Die Morde an den beiden Edelprostituierten konnten nicht geklärt werden und wurden zu den Akten gelegt. Die damaligen Ermittler waren jedoch fest davon überzeugt, dass sie im Zusammenhang mit dem Rotlichtmilieu stehen mussten und dass es sich um Racheakte bzw. sogenannte Revierkämpfe handelte.

Zwanzig Jahre später hatte ich nahezu alle kriminalpolizeilichen Sparten durchlaufen und ein Studium an der Fachhochschule hinter mich gebracht. Insbesondere hatte ich Erfahrungen als Todesermittler, der Vorstufe von Mordermittlungen, gesammelt. Seit sieben Jahren war ich nun bei der Mordkommission, hatte gerade die fast vierjährigen Ermittlungen im Mordfall Walter Sedlmayr hinter mir und leitete als Hauptkommissar eines von fünf Ermittlungsteams. Fünf Kollegen und eine Protokollführerin gehörten zu meiner Mannschaft (Frauen waren noch sehr dünn gesät). Als Teamchef empfand ich mich als »Primus inter pares«. Der »Erste unter Gleichen« zu sein bedeutete für mich, aktiv mitzuwirken bei den Ermittlungen und nicht nur am Spielfeldrand zu stehen und zuzusehen.

Es war nur eine einzige DIN-A4-Seite, die am Montag, dem 9. Mai 1994, auf meinem Schreibtisch landete. Mit diesem alltäglichen, lapidaren Vorgang begann ein Fall, der in die Kriminalgeschichte eingehen sollte. Absender des Schreibens war das Bayerische Landeskriminalamt. Es handelte sich um die nüchterne Mitteilung der Abteilung für Daktyloskopie, wonach eine bislang ungeklärte Tatort-Fingerspur einer bestimmten Person zugeordnet werden konnte. Gesichert worden war dieser Abdruck eines Daumens an einem Mordtatort in München-Schwabing, und zwar an einem Whiskyglas im

Wohnzimmer der Tatwohnung. Eigentlicher Tatort war aber das Schlafzimmer. Opfer: die 28-jährige Prostituierte Anna Hierl. Tatzeit: Freitag, der 22. August 1975. Todesursache: Erdrosseln. Verursacher dieser bislang ungeklärten Fingerspur: Horst David, nunmehr 56 Jahre, wohnhaft in Regensburg.

»Das ist ja schon 20 Jahre her«, rief ich erstaunt und legte das Schreiben erst einmal zur Seite. Kann man eine Tat, die schon so lange zurückliegt, überhaupt noch klären? Ist ein solcher Fall nach so langer Zeit überhaupt noch verhandelbar? Mord verjährt zwar nicht, aber wie sieht es mit Zeugen aus, mit Alibiüberprüfungen, Beweismitteln etc.? Damit wurde deutlich, dass wir noch keinerlei Erfahrungen mit Fällen hatten, die so lange zurücklagen. Das sollte erst kommen. Die Zuordnung der Spur in diesem Fall war aber nicht auf DNA-Analysemöglichkeiten zurückzuführen, sondern auf das neu entwickelte revolutionäre AFIS (Automatisches-Fingerabdruck-Identifizierungs-System).

Zunächst wurde unsere Euphorie wieder etwas gedämpft. Wie wir nämlich den Akten entnehmen konnten, wurde Anna Hierl im Schlafzimmer erdrosselt. Der Fingerabdruck war aber an einem Glas im Wohnzimmer gesichert worden. Damit hatte er keine unmittelbare Tatrelevanz. Schließlich verkehren in der Wohnung einer Edelprostituierten täglich mehrere Freier. Jeder von denen dürfte einige Fingerspuren hinterlassen haben, ohne dass sie mit der Tat etwas zu tun hatten. Insofern handelte es sich zunächst um einen wichtigen Hinweis, aber um nicht mehr. Man konnte nicht einmal von einer heißen Spur sprechen.

Dann aber nahmen die Dinge doch noch Fahrt auf, und zwar mit dem Studium der Akten. Als wir nämlich die wenigen schwarz-weißen Lichtbilder genauer betrachteten, fielen uns Hämatome auf, die wir auch in den Obduktionsberichten bestätigt fanden. Eines orteten wir bei Anna Hierl, das andere bei Sulaika Menzel. Es handelte sich um zwei fast identische

Hämatome im Hinblick auf Intensivität, Form und Größe, die sich auch noch an der gleichen Stelle des jeweils linken Schienbeines befanden. Konnte es Zufall sein? Wohl kaum. Wesentlich wahrscheinlicher erschien uns, dass in beiden Fällen der Angriff auf die Opfer mit einem Tritt gegen ein Schienbein eingeleitet wurde. Dadurch krümmten sich vermutlich die Frauen vor Schmerz zusammen, sodass der Täter leichter über sie herfallen konnte. Wir waren uns jedenfalls sicher, dass die so bezeichneten Fußfeger dem Angriffsmodus ein und desselben Täters entsprachen. Mir fielen auf Anhieb mehrere Sportarten ein, wo Tritte gegen das Schienbein des Gegners eine Rolle spielen, zum Beispiel Ringen, Judo und vor allem Fußball.

Wer war nun dieser Horst David? Wo war er einzuordnen? Vor allem war er ein hervorragender Fußballspieler, wie unsere zunächst noch geheimen Nachforschungen ergaben. In den Ermittlungsakten der Münchner Mordermittler tauchte sein Name kein einziges Mal auf. Das war schon beruhigend. Wenigstens war damit der Vorwurf vom Tisch, man habe »ihn schon gehabt«, seine Täterschaft aber nicht erkannt. Er war auch in keiner Verbrecherdatei zu finden, wurde nicht gesucht und schien ein völlig unbescholtener Zeitgenosse zu sein. Außer einem Eintrag wegen Unterhaltspflichtverletzung war nichts zu finden. Deswegen war er vor einigen Jahren schon zu einer Geld- und Bewährungsstrafe verurteilt worden, wobei die Strafe aber nie vollstreckt worden war. Insgesamt sah es also so aus, als wäre dieser Horst David wirklich nur ein Freier gewesen.

Aber warum war er vor einem Jahr, also 1993, durch die Kriminalpolizei in Regensburg erkennungsdienstlich behandelt worden? Wegen der Unterhaltsverletzung konnte es nicht gewesen sein, die lag schon viel länger zurück. Und der eigentliche Grund war in der Mitteilung nicht vermerkt. Also nahmen wir Kontakt mit den Kollegen in Regensburg auf und waren danach wie elektrisiert. Horst David stand im Verdacht, eine 85-jährige Rentnerin im eigenen Wohnanwesen umgebracht und beraubt zu haben. Er befand sich deswegen sogar einige Monate in Untersuchungshaft, musste dann aber auf freien Fuß gesetzt werden, weil die Beweise für eine Anklage nicht ausreichten. Aber das war noch nicht alles. Wie uns die Regensburger Kollegen weiter berichteten, war er zehn Jahre vorher schon einmal im Zusammenhang mit dem Mord an Elisabeth Knott, einer 68-jährigen Rentnerin, in den Fokus der Ermittler geraten. Allerdings habe er damals ein Alibi vorweisen können, das nicht zu widerlegen war. Wir hatten es also mit einem Mann zu tun, der nun zum dritten Male im Zusammenhang mit einem Frauenmord in Erscheinung trat. Reiner Zufall? Wohl kaum, überlegten wir. Welcher normale Bürger gerät schon dreimal in seinem Leben unschuldig unter Mordverdacht?

Kopfzerbrechen bereitete uns die Frage der Opferauswahl. Waren es doch in München junge Edelprostituierte, die erdrosselt wurden, während es in Regensburg ausschließlich ältere, alleinstehende Frauen waren. Erfahrungsgemäß bleiben nämlich Täter bei ihrem »Beuteschema«. Insofern war der Wechsel von jungen Prostituierten zu alten Damen schon auffallend.

»Ihr werdet euch wundern«, warnte uns ein Kollege aus Regensburg, der Horst David schon mehrfach vernommen hatte. »Aus dem werdet ihr nichts rauskriegen, da beißt ihr euch die Zähne aus, das sage ich euch gleich«, schloss der Kollege und hatte uns damit wichtige Informationen geliefert, die äußerst wertvoll sind, wenn man eine Strategie entwickelt. Und genau das taten wir. Wir wussten also, dass der Mann, den wir zu vernehmen gedachten, lügen wird. Das war gut. Denn wenn man das weiß, kann man sich darauf einstellen.

Dann war es so weit. Mit meinem gesamten Team fuhr ich am Dienstag, dem 7. Juni 1994, nach Regensburg. Vereinbart war, dass die Vernehmung zunächst von mir allein geführt wird und ein Kollege als Protokollführer fungiert. Die Vernehmung fand in den Räumlichkeiten der Regensburger Kripo statt. Wir waren äußerst angespannt. Würde es gelingen, was wir uns ausgemalt hatten? Würden wir aus Regensburg zurückkommen und wenigstens diesen einen Mordfall an Anna Hierl geklärt haben?

Ein Kollege aus Regensburg war zu Horst David gegangen und hatte ihn gebeten, zur Dienststelle mitzukommen. Es seien Beamte aus München da, die ihn gerne befragen würden, sagte ihm der Kollege lapidar, und um 9.30 Uhr war er da, »der Mann, dem die Frauen vertrauten«.

Horst David hatte mit keinem Wort nachgefragt, worum es eigentlich genau ginge. Uns war klar: Wenn er Täter war, würde er wissen, warum wir da sind. Die Frage war, wie würde er reagieren? Zwei Optionen hielten wir für möglich: entweder totale Verweigerung oder scheinbare Kooperation. Wir hofften natürlich auf Letzteres. Nur wenn es uns gelingt, ihn in Sicherheit zu wiegen und sein Misstrauen in Grenzen zu halten, würde er reden – und lügen. Als Zeuge war er zwar verpflichtet, auszusagen, aber er konnte die Aussage verweigern, wenn die Gefahr bestand, dass er sich selbst belasten könnte.

»Am 7. Juni 1994 vormittags um exakt 9.00 Uhr musste ich zum Verhör auf das Polizeirevier am Minoritenweg. Noch war ich ahnungslos und daher umso erstaunter, als sich mir plötzlich zwei Beamte des Münchner Morddezernats vorstellten. Zwar konnte ich mir in etwa einen Reim darauf machen und mir denken, dass es dabei um die beiden Mädels ging, die ich 1975 in München unter tragischen Umständen tötete, doch ich ahnte nicht, wie sie mir draufkamen …«

Horst David hatte die Antennen ausgefahren. Das war sofort spürbar, auch wenn er sich sichtlich bemühte, ruhig und gelassen zu wirken wie jemand, der einen Angriff erwartet und sich deshalb auf die Verteidigung konzentriert. Darüber täuschte auch die Tatsache nicht hinweg, dass er sehr höflich, fast schüchtern auftrat, dieser circa 1,90 Meter große Mann mit der drahtigen, muskulösen Figur, den dichten, dunkelblonden, gescheitelten, sorgfältig gekämmten Haaren und dem glatt rasierten Gesicht, das weder schön noch hässlich war. Er wirkte auf Anhieb nicht unsympathisch, eher gewöhnlich und schien dem äußeren Eindruck nach ein angepasster, harmloser Zeitgenosse zu sein. Die Kleidung war einfach, wirkte aber sauber und gepflegt. Braune Hose, akkurate Bügelfalte, blitzblank geputzte Schuhe, offenes Hemd und ein altmodisches Sakko. Mir fielen sofort seine großen, kräftigen Hände auf. An den gepflegten Fingern und Nägeln konnte man erkennen, dass er wohl schon seit längerer Zeit keine schwere handwerkliche Arbeit mehr verrichtet haben dürfte.

Ich begrüßte den Mann freundlich, aber nicht zu freundlich. Es sollte nach Routine aussehen, und es sollte keinesfalls der Eindruck entstehen, hier würde »etwas Großes« ablaufen. Das gelang ganz gut. Ich erklärte ihm wahrheitsgemäß, wir würden alte, noch ungeklärte Mordfälle überarbeiten und in diesem Zusammenhang auch Personen überprüfen, die in Bayern bereits einmal wegen Mordverdachtes festgenommen worden waren. Da dies bei ihm im Zusammenhang mit der Ermordung von Elisabeth Knott der Fall gewesen sei, sei er halt in unserem Raster hängen geblieben, nicht mehr und nicht weniger. Auch wenn er nicht angeklagt worden sei, hätten wir ihm dennoch gerne ein paar Fragen gestellt, wogegen er hoffentlich nichts habe. Selbstverständlich habe er den Status eines Zeugen und nicht den eines Beschuldigten. Im Übrigen würde es nicht viel Zeit in Anspruch nehmen, was uns auch ganz recht sei, da wir möglichst bald wieder in Richtung

München starten müssten. Es kam uns darauf an, zu suggerieren, es ginge lediglich um die Abarbeitung einer lästigen Pflichtaufgabe. Das funktionierte.

Es war deutlich zu spüren, dass er erleichtert war. Die Stimmung wurde sofort lockerer, seine Anspannung schien nachzulassen, aber sein Misstrauen blieb. Ich, damals leider noch Raucher, bot ihm eine Zigarette an, die er dankbar annahm. Als ich ihn auch noch fragte, ob er eine Tasse Kaffee wolle, war er sichtlich überrascht. Er schien eine solche Behandlung nicht erwartet zu haben. Das kam uns zugute. Er fühlte sich sicher. Damit war der erste Schritt getan und planmäßig verlaufen. Ich bat unseren Zeugen noch einmal, er möge bitte nichts verschweigen, damit sich um Himmels willen kein Tatverdacht aufbaue. Sollte sich nämlich herausstellen, dass jemand gelogen hat, würden wir natürlich sofort glauben, dass es mit der Tat zu tun habe, obwohl das gar nicht immer der Fall sein muss. Deshalb noch einmal der Appell, nicht zu lügen und nichts zu verschweigen. Dann fragte ich ihn, ob er damit einverstanden wäre, wenn wir gleich mit dem Protokoll beginnen würden, um Zeit zu sparen. Er war einverstanden, und dann begann sie, diese legendäre Vernehmung, die ganz genauso verlaufen ist, wie wir sie vorbereitet und erwartet hatten.

Herr David, Sie sollen im Zusammenhang mit Frauenmorden in München als Zeuge vernommen und alibimaßig überprüft werden. Insbesondere sollen Sie Auskünfte zu Ihren Kontakten nach München geben und, falls noch möglich, zu bestimmten Zeiträumen. Sie werden ausdrücklich zur Wahrheit ermahnt, da unrichtige Angaben und bewusstes Verschweigen einen Anfangsverdacht begründen können. Außerdem werden Sie darauf hingewiesen, dass Sie sich als Zeuge nicht selbst oder Angehörige belasten müssen. Sie können also die Auskunft auf entsprechende Fragen verweigern. Haben Sie diese Belehrung verstanden, oder haben Sie irgendwelche Nachfragen?«

»Ja, ich habe verstanden und werde die Fragen beantworten.«

»Sie wollen gar nicht wissen, worum es genau geht? Soll ich Ihnen die betreffenden Tötungsdelikte nicht erst einmal benennen?«

»Nein, nicht nötig. Weil ich mit Tötungsdelikten nichts zu tun hatte und habe. Nicht das Geringste. Ich weiß auch nichts über irgendwelche solche Taten. Also fragen Sie ruhig.«

»Würden Sie der Einfachheit halber ein paar Angaben zur Person machen, vielleicht einen ganz kurzen Lebenslauf? Ich kann Ihnen aber auch Einzelfragen stellen, wenn Sie das möchten.«

»Nein, kein Problem. Ich wurde 1938 in Breslau geboren. 1944, auf der Flucht nach Deutschland, hat mich meine Mutter am Bahnhof in Hof ausgesetzt. Ich kam dann nach Kallmünz ins Kinderheim. Ich habe meinen Vater und meine Mutter nie kennengelernt. Meine Mutter wurde erst 1948 festgestellt. Ich habe sie dennoch nie gesehen, hatte nur brieflichen Kontakt zu ihr. Sie hatte an mir kein Interesse. Meine Mutter starb 1990. Ein Kontakt hat sich nie ergeben. 1948 kam ich von den Katholiken weg in ein evangelisches Kinderheim bei Wörth. Dann habe ich die Volksschule in Kallmünz und Kastell Windsor besucht. Nach der Volksschule bin ich nach Regensburg gekommen, in ein Lehrlingsheim. Ich absolvierte dann eine Lehre als Maler, die ich auch abschloss. Da war ich 18 Jahre alt.«

»Wie war die Zeit in den Heimen, welche Erinnerungen verbinden Sie damit?«

»Nur die besten. Ich hatte eine sehr schöne Kindheit. Wir wurden sehr gut versorgt, besser als andere Kinder damals in der Nachkriegszeit. Die Schwestern und Lehrer waren alle sehr nett, fürsorglich und freundlich. Es hat uns an nichts gefehlt, wir haben uns geborgen gefühlt und bekamen auch Zuwendung. Wir wurden auch nie geschlagen oder misshandelt oder so und schon gar nicht missbraucht, wie man das immer wieder von anderen Einrichtungen hört. Uns ging es sehr gut, und ich war dort glücklich.«

»Wie ging es nach Ihrer Lehre weiter in Ihrem Leben?«

»Ich arbeitete dann als Maler bei der Firma Dollinger. Weil ich wenig verdiente, ging ich 1961 aufs Land und arbeitete dann in Hainsacker als landwirtschaftlicher Helfer in einem großen Bauernhof mit Gasthaus. In diesem Dorf lernte ich auch meine spätere Frau kennen. 1963 heiratete ich meine Frau Marianne. Da sie nicht wollte, dass ich nur Bauernknecht bin, ging ich in meinen erlernten Beruf zurück und arbeitete bis 1984 bei der Firma Mauerer als Maler. Aus der Ehe gingen zwei Söhne hervor, einer wurde 1966 geboren, der andere drei Jahre später. Wir wohnten in einer geräumigen Mietwohnung in Hainsacker. 1986 wurde meine Ehe geschieden, weil mich meine Frau mit einem anderen Mann betrogen hat. Daraufhin bin ich nach Regensburg zurückgezogen. Dort wohnte ich zunächst in der Gaststätte ›Drei Kronen‹, wo ich sozusagen ›Mädchen für alles‹ war. Hauptsächlich Hausmeisterdienste, Reparaturen und Malerarbeiten eben. Für freie Kost und Logis. Leider war der Lohn gering, aber ich kam aus damit. Meine Arbeit als Maler gab ich auf. Dann traf ich zufällig meine große Jugendliebe Lotte wieder. Sie war seit Jahren geschieden und lebte alleine. 1991 zog ich zu ihr und wurde ihr fester Lebensgefährte. Ich sorgte für sie, denn sie war krank. Genauer gesagt, war sie alkoholkrank. Wir lebten von Sozialhilfe, trotzdem war es eine schöne Zeit. Wir liebten uns nämlich sehr. Vor ein paar Monaten wurde Lotte in ein Pflegeheim eingewiesen. Sie leidet an der Korsakow-Krankheit und steht geistig wieder auf der Stufe eines Kindes. Ich darf sie nicht besuchen, weil man mich mitverantwortlich für ihren Zustand macht. Dabei habe ich immer versucht, sie vom Trinken abzuhalten. Wenn es aber nicht mehr anders ging, habe ich ihr eben etwas besorgt. Das war's mit meinem Leben.«

»Danke für diesen Einblick, Herr David. Sie scheinen ein sehr gutes Gedächtnis zu haben, insbesondere was Jahreszahlen betrifft. Sicherlich können Sie dann auch die Fragen beantworten, wegen denen wir gekommen sind?«

»Ja klar, das dürfte kein Problem sein, ich habe nichts zu verbergen, und ich habe mir auch nie etwas zuschulden kommen lassen.«

»Welchen Bezug hatten oder haben Sie nach München?«

»Gar keinen.«

»Was? Sie waren noch nie in der Landeshauptstadt? Kann das sein?«

»Ich war bisher nur zwei- oder dreimal kurz in München, immer in Begleitung meiner Ehefrau. Einmal waren wir am Oktoberfest und einmal im Stadion bei einem Fußballspiel. Aber das ist schon viele Jahre her. Ansonsten war ich nie in München. Wozu auch?«

»Vielleicht weil Sie in München gearbeitet haben?«

»Nein. Ich war ja hier bei der Firma Mauerer angestellt, und ich habe nie außerhalb von Regensburg gearbeitet.«

»Ich frage vorsichtshalber trotzdem: Hatten oder haben Sie Kontakt zu Frauen in München, auch brieflich oder telefonisch?«

»Nein, ich hatte nie Kontakt zu Frauen in München und habe auch jetzt keinen.«

»Kann ich trotzdem die Fragen abarbeiten, die ich vorbereitet habe? Auch wenn ich mich wiederhole. Einverstanden?«

»Ja klar, machen Sie nur.«

»Könnte es sein, dass Sie Kontakte zu Frauen in München nur vergessen haben? Vielleicht weil sie schon zu lange zurückliegen?«

»Nein, das kann nicht sein. Sie sagten ja selbst, dass ich ein gutes Gedächtnis habe, und an Kontakten zu Frauen würde ich mich doch hundertprozentig erinnern, auch an kurze oder berufliche.«

»Es gibt ja Gründe, warum Männer bestimmte Kontakte zu Frauen verschweigen, oder? Sie verstehen, was ich meine?«

»Ja, ich weiß schon, was Sie meinen.« (Er lacht.) »Sie meinen Prostituierte. Da muss ich passen. Ich war ja verheiratet, und ich war meiner Frau immer treu. Wenn ich Kontakte zu Frauen in München gehabt hätte, würde ich es heute sagen, denn ich bin ja seit 1986 geschieden, lebe alleine und bin frei. Warum sollte ich es dann verschweigen?«

»Ach, da gibt es viele Gründe. Einer ist sicherlich, dass man Kontakte zu anderen Frauen als der eigenen, insbesondere zu Prostituierten, generell nicht gerne zugibt. Viele Männer haben hier eine Hemmschwelle.«

»Die habe ich garantiert nicht. Wozu auch? Es wäre doch nichts dabei. Aber ich hatte zu solchen Damen keinen Kontakt, schon gar nicht in München. Nur hier in Regensburg hatte ich einmal einen einzigen Kontakt zu einer Prostituierten, da war ich aber schon geschieden. Das war in einem Nachtclub am Regensburger Hafen, das war aber schon 1985.«

»Wurden Sie nicht erst 1986 geschieden?«

»Ja, das stimmt. Entschuldigen Sie, ich habe da etwas durcheinandergebracht. Bei dieser Prostituierten war ich, nachdem ich meine Frau mit einem anderen erwischt hatte und die Scheidung für mich und auch für sie schon feststand.«

»Waren Sie auch schon in Bordellen oder auf Dirnenstandplätzen?«

»Nein, nie. Die Dame hier in Regensburg habe ich wie gesagt in einem Nachtclub kennengelernt. Das war zwar auch eine Art Bordell, aber eben kein solches, wie man es aus dem Fernsehen oder von Filmen kennt.«

»Herr David, gibt es irgendeinen Grund, warum Sie uns

verschweigen wollen, doch schon mal bei einer oder mehreren Prostituierten auch in München gewesen zu sein? Vielleicht weil es Ihnen peinlich ist oder weil Sie Angst haben, es könnte jemand erfahren, Ihre Söhne vielleicht oder Ihre geschiedene Frau? Vielleicht wollen Sie auch nachträglich nicht als Ehebrecher dastehen?«

»Nein, wirklich nicht. Warum sollte ich es nicht sagen, wenn ich bei Prostituierten gewesen wäre? Ich lebe wie gesagt alleine, meine jetzige Lebensgefährtin ist ein Pflegefall, und sie ist im Pflegeheim. Und meine geschiedene Frau ist mir wurscht. Genauso wie meine Söhne, zu denen ich nie ein inniges Verhältnis hatte und habe. Ich habe nicht einmal Kontakt mit ihnen.«

»Vielleicht haben Sie ja nur Angst, in irgendetwas hineingezogen zu werden oder zu Unrecht in Verdacht zu geraten. Es geht schließlich um Morde an Frauen, und wie Sie sich denken können, speziell an Prostituierten. Da gibt es viele, die sich sagen, da halte ich lieber meinen Mund, bevor ich Schwierigkeiten bekomme. Insofern wäre es sogar verständlich, wenn man damit nicht in Verbindung gebracht werden will. Wäre das bei Ihnen denkbar?«

»Ganz sicher nicht. Wenn man nichts gemacht hat, muss man keine Angst haben. Ich würde es hier und heute sagen, wenn ich jemals Kontakt zu Prostituierten in München oder auch zu normalen Frauen gehabt hätte. So etwas vergisst man doch nicht.«

»Wissen Sie, was man unter einem Callgirl versteht?«

»Ja, so ungefähr schon, das ist halt eine Edelprostituierte. Die kosten halt viel mehr wie die normalen Prostituierten, wie ich immer wieder mal gelesen habe in den Zeitungen. Das weiß doch jeder.«

»Was verbinden Sie noch mit Edelprostituierten?«

»Soviel ich weiß, kann man die bestellen, oder man kann einen Treffpunkt ausmachen oder so.«

»Welche Treffpunkte könnten Sie sich vorstellen?«

»Ich habe gelesen, dass sie ihrer Tätigkeit meist in Wohnungen nachgehen und dass sie in Zeitungen inserieren. Dann ruft man halt an und kriegt gesagt, wohin man kommen soll. Das weiß doch auch jeder, deswegen muss man es doch noch nicht selber gemacht haben.«

»Ich frage trotzdem noch mal, um das abzuschließen: Könnte es nicht doch sein, dass Sie schon einmal auf solche Zeitungsannoncen reagiert oder Kontakt mit einem solchen Callgirl aufgenommen haben?«

»Auch hier ein klares Nein. Das wüsste ich. Das war noch nie der Fall, es ist auch nicht möglich, dass ich es vergessen habe oder aus sonst irgendwelchen Gründen nicht sagen würde.«

»Letzte Option: Wäre es vielleicht denkbar, dass Sie versehentlich in der Wohnung einer solchen Dame gelandet und unverrichteter Dinge wieder gegangen sind?«

»Nix, da ist nichts drin. Mit Prostituierten hatte ich nie etwas zu tun, außer dem einen Mal hier in Regensburg. Auch wenn Sie noch so oft fragen, es gibt auch keinen Grund, warum ich es hier und heute nicht sagen würde, wenn es so gewesen wäre. Ich hätte auch gar nicht das Geld gehabt. Ich weiß es ja von dem einen Mal hier in Regensburg, da sind 100 DM auf dem Schlag für eine Viertelstunde weg.«

»Es gibt ja auch Leute, die können sich an Einzelheiten nicht mehr erinnern, weil sie sehr häufig zu Prostituierten gehen.«

»Auf mich trifft das garantiert nicht zu. Außerdem habe ich 1985 meine Lotte wiedergefunden und habe sie die letzten sechs Jahre lang gepflegt.«

»Kennen Sie den Stadtteil München-Schwabing, waren Sie dort schon, und wenn ja, in welchem Zusammenhang?«

»Schwabing ist mir vom Hörensagen bekannt, vom Fernsehen usw., aber ich war dort noch nie. Ich kenne mich dort auch nicht aus, und einzelne Straßennamen sind mir überhaupt nicht bekannt. Wie schon gesagt, war ich mit meiner Frau zwei- oder dreimal in München. Einmal haben wir in einem Hotel in der Grünwalder Straße übernachtet. Da war noch 1860 in der Bundesliga. Aber ohne meine Frau war ich nie alleine in München. Ich habe auch nie in München gearbeitet. Deshalb kann ich jeglichen Kontakt zu Prostituierten ausschließen.«

»Haben Sie vor Jahren einmal von spektakulären Dirnenmorden in München gehört oder gelesen?«

»Ich erinnere mich, dass ich einmal vor vielen Jahren in der Fernsehsendung ›Aktenzeichen XY‹ von solchen Dirnenmorden in München etwas gesehen habe. Ich lese auch sehr viel Zeitung, und es kann durchaus sein, dass ich auch dort etwas gelesen habe. An Einzelheiten kann ich mich nicht erinnern.«

»Wann ungefähr könnte das gewesen sein?«

»Das könnte in den 70er-Jahren gewesen sein, aber an den genauen Jahrgang kann ich mich nicht mehr erinnern.«

»Ihr Langzeitgedächtnis ist wirklich erstaunlich. Ich wüsste so etwas nicht mehr. Gibt es noch weitere Details, die Ihnen im Gedächtnis geblieben sind?«

»Ich glaube, das waren irgendwelche Zuhälter. Die Zeitungen waren ja voll. Ich meine mich zu erinnern, dass mehrere Prostituierte in kurzer Zeit umgebracht wurden. Aber wie gesagt, Einzelheiten weiß ich nicht mehr.«

»Die eine hieß Anna Hierl, war 28 Jahre, blond und stammte aus Niederbayern. Die andere hieß Sulaika Menzel, war Tunesierin mit dunklem Teint. Hierl wohnte in der Winzerstraße, Menzel in der Arcisstraße. Sagt Ihnen das irgendetwas?«

»Mir sagen weder die Namen etwas noch die Beschreibungen. Auch die Straßennamen sind mir völlig unbekannt. Ich bin über den Hauptbahnhof und die Fußballstadien nie hinausgekommen.«

»Es kann ja auch sein, dass man zwar mit den Morden nichts zu tun hat, aber trotzdem lieber nicht sagt, dass man schon einmal dort war, weil man Angst hat, in Schwierigkeiten zu geraten oder zum Tatverdächtigen zu werden. So nach dem Motto »Da halte ich lieber meinen Mund, sonst krieg ich noch Schwierigkeiten«. Könnte das bei Ihnen der Fall sein? Zumal Sie schon einmal unter Mordverdacht standen. Das will man sicher nicht noch einmal durchmachen.«

»Das stimmt. Aber da wohnte ich ja im selben Haus wie die Frau, die umgebracht wurde, da kannte ich das Opfer. Da war jeder irgendwie unter Verdacht. Dass es mich getroffen hat, lag daran, dass ich mir von der Frau Knott ab und zu etwas Geld geliehen habe. Das habe ich leider verschwiegen, das gebe ich zu. Da verstehe ich sogar, dass man mich anfänglich in Verdacht hatte und mir nicht glaubte, als ich immer wieder sagte, dass ich es nicht war. Aber statt mich ins Visier zu nehmen, hätten sich die Herrn Ermittler lieber um den verkommenen Sohn der Frau kümmern sollen. Der war jeden Tag da und wollte Geld von seiner Mutter, um es dann versaufen zu können. Mehr will ich gar nicht sagen dazu, ich wurde ja freigelassen, weil ich es nicht war. Aber hier geht es ja um Prostituierte, die ich gar nicht kannte. Wenn ich jemals dort gewesen wäre, würde ich es schon deshalb sagen, weil ich nicht noch einmal in Schwierigkeiten kommen möchte, nur weil ich etwas verschwiegen habe. Also noch einmal: Es gibt für mich keinen Grund, etwas zu verschweigen. Mehr kann ich nicht sagen.«

»Herr David, das klingt ja sehr entschlossen und sicher, was Sie da angeben. Deshalb sehen Sie sicherlich ein, dass Sie in massiven Tatverdacht geraten, wenn sich herausstellen sollte, dass Sie gelogen haben, oder?«

»Darüber bin ich mir voll und ganz im Klaren.«

»Was, wenn wir Ihnen das Gegenteil von dem beweisen, was Sie angegeben haben?«

»Das kann nicht sein. Ich sage die Wahrheit.«

Um 10.45 Uhr war die Vernehmung beendet. Bis 11.20 Uhr las Horst David dieses Protokoll aufmerksam durch. Dann unterzeichnete er es, Seite für Seite. Es war ganz still im Raum.

Horst David zeigte keinerlei Nervosität. Jedenfalls ist er nicht der, als der er sich gibt, sagte mir mein Bauchgefühl, als ich ihn beobachtete, wie er das Protokoll durchlas. Als er mit ruhiger Hand schwungvoll seine Unterschrift unter das Protokoll setzte, wirkte er äußerlich ruhig und gelassen. Mir war jedenfalls klar, dass ich hier einen Mann vor mir hatte, der mindestens gefühlsarm war, wenn nicht gar völlig gefühlskalt. Ist er ein empathieloser, stressresistenter und mit schauspielerischer Begabung ausgestatteter Psychopath? Saß hier ein Serienmörder vor mir? Oder war er doch nur der, als der er sich ausgab, nämlich ein biederer, einfach strukturierter, konservativer, altmodischer, spießiger, harmloser Malermeister, der in bescheidenen Verhältnissen sein trauriges Dasein fristete? Kann es wirklich nur Zufall sein, wenn man mehrfach mit Mordverbrechen in Verbindung gebracht wird? Wie auch immer, eines war auffallend: Er hatte ein sehr gutes Langzeitgedächtnis, konnte zusammenhängend schildern, gut formulieren und war aussagewillig. Jetzt würde sich gleich zeigen, ob unser Konzept aufgeht. Ich war etwas nervös.

Nachdem Horst David das Zeugenprotokoll unterschrieben hatte, folgte das sogenannte Kreuzverhör, in dem der Zeuge mit Widersprüchen und Fakten konfrontiert wird. Mit ruhiger, fester Stimme und für ihn sicherlich total überraschend sagte ich:

»Herr David, Sie haben gelogen. Ich habe Sie ausdrücklich gewarnt, das nicht zu tun. Aber Sie haben trotzdem nicht die Wahrheit gesagt. Tut mir leid. Es stimmt nicht, dass Sie nie in der Wohnung einer Prostituierten waren. Wir haben nämlich in einer solchen Ihre Fingerabdrücke gefunden. Was sagen Sie dazu?«

»Nach etwa einer Stunde Verhör – ich log hartnäckig, die beiden Mädels gekannt zu haben –, da sagten sie es mir knallhart ins Gesicht. Und dann wusste ich es genau. Dieser eine Fingerabdruck an dem Whiskyglas bei dem ersten Opfer Anna Hierl, den sie anhand des neuen AFIS ermittelt haben, der führte sie nach fast 20 Jahren auf meine Spur.«

Horst David kannte die Bedeutung und den Beweiswert von Fingerabdrücken. Selbstverständlich sagte ich ihm nicht, an welchem der beiden Tatorte diese gesichert wurden. Und nachgefragt hat er nicht. Er saß in der Falle. Und das war ihm bewusst. Mit Ausflüchten und Erklärungen brauchte er gar nicht erst anzufangen, hatte er doch selbst alle denkbaren Ausreden ausgeschlossen. Nun kam es darauf an, ob er genauso reagieren würde, wie wir es erhofft hatten. Anfangs sah es gut aus. Er widersprach nämlich nicht sofort und vehement, er machte mir auch keinen Vorwurf dahingehend, ihn hereingelegt zu haben, sondern schwieg, senkte den Kopf und stützte ihn in die riesigen Hände, in die er gleichzeitig das Gesicht vergrub. Er dachte nach, mindestens zwei Minuten lang. Niemand sprach, es war totenstill im Raum. Unsere Nerven waren zum Zerreißen gespannt.

Dann war es so weit. Er hob den Kopf und sagte laut und deutlich: »Ich habe gelogen.«

»Das war's«, dachte ich, schaute meinen Kollegen an und registrierte an dessen Mimik, dass auch er innerlich triumphierte. Und während wir beide uns sicher waren, dass jetzt nur noch ein Mordgeständnis folgen könnte, kam es doch ganz anders. Es folgte nämlich zunächst jener Satz, der wortwörtlich in die Münchner Kriminalgeschichte einging:

»Ich war an einem Wochenende im August 1975 in München-Schwabing und hatte dort Kontakt mit zwei Prostituierten. Mit der einen am Freitag, mit der anderen am Sonntag.

Die beiden Damen wurden umgebracht, wie ich später aus der Zeitung erfuhr. Aber ich war's nicht!«

Wieder herrschte Schweigen im Raum. Diese Antwort hätte ich nie und nimmer erwartet. Jetzt war mir klar, welch zäher Fuchs da vor mir saß. Dann begriff ich, dass ich diese Aussage nicht nur nicht glauben musste, sondern gar nicht glauben konnte und durfte. Und das musste ich jetzt auch zum Ausdruck bringen, aber ohne Triumphgefühle, Belastungseifer oder gar Siegesgewissheit zu zeigen. Im Gegenteil, jetzt kam es darauf an, Souveränität und vor allem Objektivität zu vermitteln. Vor diesem Hintergrund machte ich jenen Vorhalt, der ebenfalls in die Kriminalgeschichte einging. Ich sprach leise, aber eindringlich:

»Herr David, es kann schon vorkommen, dass jemand zu einer Prostituierten geht, mit dieser verkehrt, bezahlt und wieder geht. Es kann auch sein, dass dann ein anderer kommt, der die Frau umbringt. So etwas ist denkbar. Dass man aber zwei Tage später zu einer anderen Prostituierten geht, die man auch wieder willkürlich ausgewählt hat, und auch diese wird dann rein zufällig wieder vom großen Unbekannten umgebracht, einen solchen Zufall gibt es auf der ganzen Welt nicht. Deshalb sind Sie jetzt festgenommen.«

»Nun musste ich wohl oder übel zugeben, dass ich dieses Mädchen kannte und auch bei ihr war, jedoch leugnete ich hartnäckig, mit ihrem Tod etwas zu tun zu haben. Natürlich glaubten sie mir nicht, und so musste ich mit ihnen nach München fahren, denn ich war ja vorläufig festgenommen, verhaftet. Glauben Sie mir, liebe Leser, mit so etwas hatte ich wahrlich nicht gerechnet. Dieser so simple und einfache Fingerabdruck, der jetzt ganz deutliche Form im Polizeiapparat annahm, der holte mich jetzt nach 20 Jahren ein.«

Auf der Fahrt nach München, die zwei Stunden später erfolgte, sprach er kein Wort. Er saß im Fond des VW-Busses und hielt den Kopf gesenkt, gestützt mit beiden Händen. Man spürte, dass es in ihm arbeitete. Wir ließen ihn in Ruhe. Mir war in diesem Moment bewusst, dass wir keinerlei Druck aufbauen durften. Ich war mir sicher, dass er sich öffnen würde. Wann, war schwer abzuschätzen.

»Alles kreiste auf dieser Fahrt nach München um meine Lotte. Als ich im Dezernat der Mordkommission auch noch erfuhr, wo meine Lotte untergebracht ist, war dies das Tüpfelchen auf dem i. Und wenn Sie mich fragen, ob mir der Entschluss, zu gestehen, schwerfiel, muss ich sagen: ›Nein!‹ Er fiel mir leicht. So leicht, wie es einem fällt, wenn man sich von einem Makel befreien kann.«

Wir behandelten ihn eher wie einen Gast und nicht wie einen Festgenommenen. Es waren ihm auch keine Handschellen angelegt worden, obwohl dies den Vorschriften widersprach. Ich bevorzugte ohnehin die geistige Fessel, nicht die stählerne. Meine einleitenden Worte sind mir noch gut im Gedächtnis. Sinngemäß gab ich ihm zu verstehen, dass wir beabsichtigten, ihn zu vernehmen, falls er überhaupt bereit sei, auszusagen. Es sei ganz alleine seine eigene Entscheidung. Mir persönlich sei es egal, ob er etwas zu der Beschuldigung sagen wolle oder nicht, aber er habe nun einmal das Recht auf rechtliches Gehör, und wenn er dieses in Anspruch nehmen wolle, sei es meine Pflicht, alles aufzuschreiben, was er von sich gebe. Und wenn es die ganze Nacht dauere. Dafür würde ich schließlich bezahlt, fügte ich an, und scherzhaft ergänzte ich, ich sei halt auch nur ein »kleiner Staatsdiener«. Und heute Abend hätte ich eben ihm zu dienen, falls er das wolle.

Zum ersten Mal sah ich ihn schmunzeln. Er richtete sich sogar auf, schaute mich an und meinte: »Aber Mitleid muss ich nicht mit Ihnen haben, oder?«

Mein Kollege und ich mussten lachen, als ich verneinte. Auch er musste jetzt lachen, und das Eis war gebrochen, wie man so schön sagt. Wir boten ihm eine Tasse Kaffee an und fragten ihn, ob wir ihm etwas zum Essen besorgen sollten, immerhin habe er heute noch nichts gegessen, und er nahm dankend an. Wir ließen ihm drei Wurstbrote bringen. Er griff nach dem ersten und wollte hineinbeißen. Dann aber legte er es doch noch mal auf den Teller zurück, schaute mir ins Gesicht und sprach dann jenen Satz aus, der ebenfalls in die Kriminalgeschichte eingehen sollte:

»Also gut, es hat eh keinen Sinn mehr. Ich habe drei Frauen in meinem Leben getötet. Die beiden jungen Prostituierten in München und die Frau Prien in Regensburg. Aber eines sage ich Ihnen gleich: Die Frau Knott bei mir im Haus, die habe ich nicht umgebracht. So, jetzt wissen Sie alles, mehr waren es nicht.«

Dann biss er in das Wurstbrot und begann, ganz langsam und scheinbar genüsslich zu essen. Es schien ihm wirklich zu schmecken.

Nur wenigen Mordermittlern dürfte es beschert sein, jemals in einem Atemzug drei Mordgeständnisse erhalten zu haben. Wir hatten uns allenfalls auf ein Geständnis eingerichtet, und nun sprudelten plötzlich gleich drei hervor. Das war wie Weihnachten und Ostern zusammengenommen. Trotzdem ließ ich mir meine innere Jubelstimmung nicht anmerken und tat so, als ob ich nicht überrascht wäre. Selbstverständlich zeigte sich auch niemand von uns entsetzt oder schockiert. Das wäre wohl das Ende der Geständnisfreudigkeit gewesen. Er musste das Gefühl haben, dass es seine ureigenste, unbeeinflusste Entscheidung ist, schwere Schuld einzugestehen oder auch nicht. Und das war sie auch.

Horst David war bereit, auch schriftlich auszusagen, und verzichtete auf die Hinzuziehung eines Anwaltes, obwohl wir ihm die Verständigung eines solchen ausdrücklich angeboten hatten. Denn hätten wir seinen Wunsch nach rechtlichem Beistand missachtet, wäre seine Aussage vor Gericht unverwertbar gewesen.

»Ich machte also bei der Mordkommission reinen Tisch. Und ich sage Ihnen, dass ich mich hinterher völlig befreit fühlte. Es hat wohl so sein müssen. Ich habe mein Geständnis nie bereut, niemals. Aber ich bereue auf das Tiefste all meine Delikte, alle sieben Opfer und ihre Hinterbliebenen. Es hätte nie geschehen dürfen. Niemals.«

Die Vernehmung dauerte bis in die frühen Morgenstunden. Dann folgte die Schlussphase.

»Herr David, Sie haben soeben drei Tötungsdelikte gestanden. Ich würde deshalb zunächst gerne wissen, wie Sie sich jetzt fühlen?«

»Ich fühle mich schuldig und gleichzeitig freier. Ich bin froh, dass ich es jetzt gesagt habe, es hat mich sehr belastet. Aber mit dem Mord an Frau Knott habe ich nichts zu tun. Das möchte ich gleich von vornherein sagen.«

Während er diese ersten drei Morde gestand, wirkte er völlig entspannt und locker. Dabei fiel uns auf, dass der Mann über ein phänomenales Gedächtnis verfügte. Was niemand von uns für möglich gehalten hätte, das erlebten wir hier zum ersten Mal: Ein Täter erinnerte sich selbst nach 20 Jahren noch an jedes Detail bezüglich der Vortatphase, der Tat selbst und des Nachtatverhaltens. Er war sogar noch in der Lage, den Grundriss der Tatwohnung aufzuzeichnen und Einzelheiten wie Spiegel über dem Bett etc. zu beschreiben. Lag das vielleicht an seinem außergewöhnlich guten Langzeitgedächtnis, oder lassen sich derartige Erlebnisse, die auch für Täter traumatisierend sein können, zwar verdrängen, aber nicht auslöschen? War Letzteres der Grund, warum er sich so gut an Einzelheiten erinnern konnte? Stimmte es, was er nach diesen ersten Geständnissen behauptete, nämlich dass er erleichtert sei? Angeblich fühlte er sich befreit und froh darüber, dass er diese Last endlich losgeworden wäre. Dies behaupten fast alle geständigen Mörder. Aber ist es wirklich die Erleichterung darüber, seine Seele vom schlechten Gewissen befreit zu haben? Oder gestehen die meisten nur deshalb, weil sie sich eine geringe Strafe erhoffen? Was diesen Mann betraf, der soeben drei Morde gestanden hatte, weil er »reinen Tisch« machen wollte, so durfte man gespannt sein. Mein Gespür sagte mir jedenfalls, dass der Tisch noch nicht ganz »rein« war.

Drei Tage dauerte es, bis die ersten drei Mordgeständnisse unter Dach und Fach waren. Alle Angaben in Bezug auf Zeiten und Örtlichkeiten waren nachvollziehbar. Nur was das jeweilige Tatmotiv betraf, waren seine Aussagen völlig unglaubhaft. Die Aussage, alle drei Opfer hätten ihn beleidigt und bedrängt, sodass er durchgedreht habe und auf der Stelle zur Tat hingerissen worden sei, klang schon sehr nach Schutzbehauptung. Warum hätte Sulaika ausgerechnet von ihm noch vor dem Geschlechtsverkehr plötzlich den doppelten Liebeslohn verlangen sollen? Und warum ist er nicht einfach gegangen, wenn es so war? Weil sie ihn wie eine Hexe ansprang? Das entsprach nach unseren Erkenntnissen so gar nicht ihrem Charakter und ist besonders deshalb völlig unglaubhaft, weil es bei Anna Hierl genauso gewesen sein soll. Und auch diese ältere Dame in Regensburg, Frau Prien, muss ja eine schlimme Furie gewesen sein.

In seiner Biografie beschreibt Horst David später diese Taten so:

»Da ich schon seit einer längeren Zeit keinen sexuellen Kontakt mit meiner Frau hatte, also Enthaltsamkeit in diesem Bereich lebte, hatte ich an diesem Tage, es war der 22. August 1975, ein für meine Lage normales Verlangen und auch Bedürfnis, endlich wieder einmal mit einer Frau körperlichen, sprich sexuellen Intimverkehr zu genießen. Der Gedanke daran und die damit verbundene fleischliche und sinnliche Lust empfand ich als normal und keineswegs verwerflich. Dass es auch noch eine Prostituierte sein sollte, ebenfalls nicht. Denn diese Mädchen oder Frauen waren in meinen Augen keinesfalls minderwertiger. Warum auch? Selbst die Tatsache, dass man bei ihnen für körperliche Liebe bezahlen musste, war für mich auch etwas völlig Normales. Ich finde daran gar nichts anstößig, nein, das ist in Ordnung.

Ich war zu der Zeit in München und gerade im besten Mannesalter, war gesund und glaubte mit Recht, auf ein wenig körperliche Liebe Anspruch zu haben. Dass ich dabei war, meine Ehefrau das erste Mal zu betrügen, war mir bewusst. Aber für mich gab es dennoch keinen Grund, auf sie und unsere Ehe Rücksicht zu nehmen. Dazu hatte sie mich viel zu viel und zu oft gedemütigt, beleidigt und verletzt. Und mit diesem, ihrem gemeinen und niederträchtigen Handeln hatte sie mich ja auch zur Flucht aus dem Hause getrieben. Ja, das war einzig und alleine ihre Schuld.

Nun, an diesem besagten Tag, dem 22.08.1975, rief ich aufgrund einer Zeitungsannonce das Callgirl Anna Hierl an und verabredete mich mit ihr in ihrem Apartment. Ich fuhr mit einem Taxi zu der angegebenen Straße in Schwabing und traf dort etwa gegen 18.15 Uhr ein. Als sie mich oben empfing und eingelassen hatte, tranken wir gemeinsam an ihrer Hausbar je einen Whisky mit einem Schuss Cola, rauchten eine Zigarette dazu und plauderten dabei. Etwa nach einer viertel

Stunde begaben wir uns in ihr Schlafzimmer, welches äußerst großzügig und mit einer Spiegeldecke ausgestaltet war. Ich bezahlte den vereinbarten ›Liebeslohn‹ von 100 DM, den ich ihr auf das Nachttischchen legte, und dann führten wir unseren Liebesakt durch. Zuvor aber hatte ich mit ihr noch einen Schwabingbummel für den weiteren Verlauf des Abends vereinbart. Aber dazu konnte es dann ja nicht mehr kommen, denn es kam alles ganz anders.

Nach Beendigung des Geschlechtsverkehrs – mit Kondom – war ich im Begriff, mich wieder anzukleiden. Sie lag nackt auf dem Bett und musste erst einmal verschnaufen. Als sie dann wieder bei Puste war, sagte sie plötzlich und wie aus heiterem Himmel: ›Schatz, ich bekomme von dir für dieses Liebesspiel noch weitere 200 DM.‹ Ich glaubte, nicht richtig gehört zu haben, und sagte zu ihr über meinen Rücken hinweg: ›Nein, nein, Mädel. Dort auf dem Nachttischchen, da liegt dein Geld, mit mir kannst du so etwas nicht machen, ich habe dich ja schon bezahlt.‹ Dabei war ich enttäuscht von ihr, denn sie war sehr hübsch, jung und hatte mir sehr viel Liebe gegeben, auch wenn diese Liebe nur gespielt war. Aber das machte mir im Endeffekt gar nichts aus. Deshalb sagte ich ihr noch: ›Für die zwar schönen, aber nur 15 Minuten Liebe sind doch wohl 100 DM genug, oder, Mädel?‹ Und ehe ich mich versah, sprang sie vom Bett auf, schrie wie am Spieß und schlug mir alle zehn Fingernägel mit Wucht in den Rücken. Den Schmerz dabei, den fand ich noch nicht einmal gar so schlimm. Was jedoch schlimm war? Nun, als ich sie wieder aufs Bett zurückstieß, sprang sie abermals auf, schlug mir ins Gesicht, spuckte mich an und schrie: ›Du Mistkerl, du Hurenbock, du gemeiner Hund, ich rufe die Polizei, dann werden wir schon sehen, wer recht bekommt!‹ Und sie hörte nicht auf, auf mich einzuschlagen, so nackt, wie sie auch war. Und dieses Schreien und Gekeife, dazu das Spucken, erinnerten mich plötzlich an meine Domina daheim. Ich sah nur noch wie im Nebelschleier das

Gesicht meiner Frau, dazu den Mund, der sich pausenlos öffnete und schloss. Dann, ich weiß nicht, wie, muss ich explodiert sein, hatte plötzlich ihren Hals in meinen Händen und würgte sie, und dabei sah ich meine Frau vor mir. Ich muss wie im Rausch gewesen sein, denn da lag gleich am Fußende des Bettes ein Hausanzug von ihr. Den nahm ich, schlang ihn ihr um den Hals und zog zu. Ich glaube mich zu erinnern, dass ich sogar noch einen Knoten hineinmachte. Als ich in ihre leblosen, gebrochenen Augen sah, ließ ich von ihr ab. Dann endlich kam ich wieder zu mir und sah, was ich angerichtet hatte. Das Mädchen war tot.

Ich wollte das nie und nimmer. Ich spürte so viel Hass auf meine Frau, nicht auf dieses Mädel, welches jetzt zu meinen Füßen mit dem Rücken am Bett lehnte und tot war. Nein, nur auf meine Frau, obwohl diese ja mit dem Tod dieses armen Mädels nichts zu tun hatte. Trotz allem spielte sie in diesem Drama eine entscheidende Rolle.

Nun aber war ich in Panik, zog mich so schnell fertig an wie noch nie in meinem Leben, steckte nebenbei automatisch die 100 DM noch ein, die auf dem Nachttischchen lagen, und verließ fluchtartig die Wohnung. Ich hatte nichts, aber auch gar nichts gesucht oder gar gestohlen, auch nicht die Wohnung durchwühlt. Ich wollte nur weg. Am ganzen Körper zitternd, lief ich zu Fuß in meine Pension zurück. Als ich dort ankam, war es etwa 19.45 Uhr. An diesem Abend blieb ich in meinem Zimmer, denn ich war fix und fertig.

Ja, es war schlimm, auch erbrach ich mich mehrmals an diesem Abend, so hundeelend war mir zumute. Es kam mir nämlich jetzt erst die ganze Tragweite dieses Geschehens so richtig in mein Bewusstsein. Ich hatte einen Menschen getötet. Zwar nicht mit Absicht, sondern im Affekt, aber dennoch hatte ich getötet. Ich konnte erst ziemlich spät in dieser Nacht einschlafen, doch es war ein verdammt unruhiger Schlaf.

Am nächsten Tag, Samstag, 23.08.1975, ging ich in die Stadt, wollte mich ablenken und nicht immer daran denken, was ich getan hatte. Ich streunte umher und fand doch keine Ruhe mehr. Nach Hause fahren, das konnte ich jetzt bestimmt nicht. Immer wieder dachte ich seltsamerweise an meine Frau, aber glauben Sie mir, das waren keine guten Bilder und Gedanken. Ich ging dahin, dorthin, in Cafés, zum Bahnhof, konnte aber das Erlebte einfach nicht wegwischen. Es kam der Abend, und so ging ich nach dem Abendessen wieder auf mein Zimmer, konnte aber keine Ruhe finden und fasste den Entschluss, doch noch mal auszugehen. Ja, ich ging aus, stürzte mich in meiner Verzweiflung wieder ins Vergnügen und ging zum Tanzen ins Tanzlokal ›Herz‹. Nur unter die Leute, um zu vergessen, so war der Schrei in mir. Ich suchte die Nähe von Menschen, tanzte sogar des Öfteren, meistens jedoch mit gleichaltrigen Frauen. Die jüngeren mied ich. Und ob Sie es nun glauben oder nicht: Ich schaffte in diesem Tanzlokal das, was ich den ganzen lieben Tag nicht zustande brachte: Ich vergaß. Ich konnte all das Schlimme, was ich getan hatte, dort beim Trubel in diesem Lokal verdrängen. Viele werden sich sagen, der spinnt doch oder der lügt uns da was vor. O nein, ganz bestimmt nicht, das liegt mir wirklich fern. Die ganze lange Tanznacht, die ja immerhin bis um 3.00 Uhr früh dauerte, ermöglichte es, dass ich das furchtbare Geschehen verdrängen konnte. Und ich sage Ihnen ebenso, dass ich diesen Zustand zu dem Zeitpunkt nicht mal bewusst in mich aufnahm. Das wurde mir erst wieder ganz klar und deutlich vor Augen geführt am Sonntagmittag, etwa gegen 13.30 Uhr.

Als ich am Sonntag, dem 24.08.1975, etwa gegen 11.30 Uhr aufstand, fühlte ich mich zwar noch ein wenig gerädert, doch ansonsten in einer physisch guten Verfassung. Nach ausgiebigem Duschen und anschließendem Mittagessen hatte ich wiederum dieses Bedürfnis, mit einer Frau sexuell zusammen sein zu wollen. Ja, ich spürte wieder dieses Verlangen danach.

Natürlich werden manche von Ihnen, liebe Leser, jetzt denken, das sei doch irgendwie nicht normal gewesen, für mich war das aber ganz normal. Was war denn auch schon falsch an diesem Verlangen? Nichts, was die Moral und meine körperliche und geistige Gesundheit betraf.

Auch hier rief ich ein Callgirl an, welches sich ›Sulaika‹ nannte. Ich fuhr wieder mit dem Taxi zu ihr, denn an diesem Sonntag regnete es, und es war ziemlich kühl für den Augustmonat. Etwa um 13.30 Uhr traf ich bei ihr im vierten Stock ein. Sie ließ mich ein in ihr Apartment und fragte mich, ob ich einen guten heißen Tee mit ihr trinken möchte. Ich sagte ja, denn es war ein wirklich kühler Sonntag. Sie machte Tee in einem Automaten. Als wir tranken, da plauderten wir ein wenig. Währenddessen bekam sie einen Telefonanruf, wobei ich später erst von der Kripo erfuhr, dass das ihr Mann war, der da anrief. Dieses Gespräch mag vielleicht drei bis fünf Minuten gedauert haben, und als sie wieder aufgelegt hatte, wollten wir zur Sache, dem eigentlichen Geschlechtsverkehr, kommen. Am Telefon, als ich sie von der Pension aus anrief, hatten wir einen Betrag von 150.– DM vereinbart. Als ich ihr nun die 150.– DM hinreichte, da kam von ihr der Satz, der für mich der ganz große Hammer war: ›Schatz, das reicht nicht. Du musst mir 300.– DM dafür geben!‹ Heilige Jungfrau, als ich dieses Wort ›Schatz‹ hörte und die damit verbundene doppelte Forderung der Summe, da machte es in meinem Gehirn ›klick‹. Es war gerade so, als hätte mich ein Blitz gestreift. In meinem Kopf da dröhnte es, und mit einem Schlag war mir bewusst, was dieses Mädel da von mir verlangte und vorhatte. Jetzt erst setzte mein Verstand wieder ein. Mich erfasste eine schlimme Panik, und ich zitterte am ganzen Körper. Ich glaubte regelrecht, ich stünde dauernd unter Strom. Ich sagte zu ihr wortwörtlich: ›Du kannst mich mal, Mädel‹, drehte mich um, schob das Geld wieder ein und wollte nichts wie raus. Raus, nur raus! Das waren meine Gedanken und Worte, die in meinem

Hirn tobten. Denn jetzt dachte ich auch wieder an den Moment und die Situation, die ich ja schon vor zwei Tagen bei Anna Hierl erlebte. Und ich bekam eine Heidenangst. Der Gedanke an das Geschehen machte mir so zu schaffen, dass ich nur noch eines im Sinn hatte: Nichts wie raus aus der Wohnung und weg von dem Mädel. Was ich in der Nacht zuvor beim Tanzvergnügen so intensiv und mit Erfolg geschafft hatte, nämlich die Geschehnisse um Anna Hierl ganz zu verdrängen, das war mir mit einem Schlag wieder bewusst. Hervorgerufen durch dieses Mädel, welches jetzt vor mir stand und die doppelte Summe forderte. Und ich kann Ihnen sagen, liebe Leser, die Angstzustände, die ich in diesem Augenblick in mir fühlte, waren die schlimmsten bisher in meinem Leben. Nun, es war ja so einfach, die Tür zu dem Ausgang der Wohnung, die nur etwa vier Meter von mir entfernt war, zu erreichen, um schnell rauszukommen. Aber ich hatte dem Mädel den Rücken zugekehrt und hatte auch schon fast die Türklinke in der Hand, da passierte es. Plötzlich wurde ich von dem Mädel an der Schulter herumgerissen, und ehe ich michs versah, hatte ich schon diese Schläge im Gesicht. Sie spuckte mich an und das mehrmals. Dabei schrie sie mir ins Gesicht, allerdings in tunesischer Sprache, wie ich später erfuhr. Ich konnte mir aber denken, dass es keine guten und schönen Worte waren. Und immer weiter drosch sie auf mich ein, spuckte und schrie wie eine wilde Katze. Was war das doch für eine Duplizität; diese Situation glich der, die ich vor zwei Tagen hatte durchstehen müssen. Ich schubste sie weg von mir. Jedenfalls versuchte ich es, doch dieses sich wie wild gebärdende Mädchen ließ mir wahrhaftig keine Chance. Als ich dachte, ich hätte es geschafft, da geschah das Gleiche – nur umso heftiger – wie bei Anna Hierl. Nun versuchte sie, mit dem Fuß in meinen ›männlichen‹ Teil zu treten. Und, was soll ich sagen, plötzlich hatte ich meine Hände um ihren so schönen Hals geschlungen und drückte zu, erbarmungslos zu. Es war wieder so wie bei

Anna Hierl: Ich sah wie durch einen Nebelschleier das Gesicht meiner Frau vor mir. Der Hass war wieder da, so stark, dass ich erst wieder zu mir kam, als das Mädchen gebrochene Augen hatte und ich merkte, dass sie sich nicht mehr rührt. Auch bei ihr hatte ich irgendein Kleidungsstück zusätzlich um ihren Hals geschlungen, zugezogen und verknotet. Wie gesagt, als ich aus meinem rauschähnlichen Zustand in die Wirklichkeit zurückkehrte und sah, was da jetzt schon zum zweiten Male passiert war, packte mich die Panik. Durch diesen unbändigen Hass auf meine Frau, aber auch durch das unmögliche Verhalten dieser beiden noch so jungen Mädels, denen ich gar nicht mal mehr so böse bin, dass sie mich quasi dazu trieben, in jener unheilvollen schwarzen Sekunde die Kontrolle über mich zu verlieren, hatte ich nun schon zwei Menschenleben ausgelöscht. Dass dies nie und nimmer meine Absicht war, kann ich nur vor dem Herrgott, der ja unser aller oberster Richter ist, verantworten und ihn um Verzeihung bitten. Dass mir dies, was ich getan habe – wohlgemerkt, im Affekt –, kein Mensch glauben würde, das war mir von Anfang an klar. Bin ich mir doch selbst nicht klar darüber geworden, weshalb mir das Schicksal so einen Streich spielte und mich fallen ließ.«

Am ersten Tatort Anna Hierl sah es nach Raubmord aus, wobei niemand wusste, was eigentlich entwendet worden sein könnte. Es waren Schubladen herausgezogen und Schränke durchsucht worden, ohne dass etwas fehlte. Am zweiten Tatort war nichts durchwühlt oder durchsucht worden. Hier deutete nichts auf einen Raubmord hin. Die Handtaschen der Damen, in denen die Geldbörsen steckten, waren jedenfalls unversehrt, und sie enthielten auch noch Geld. Es war zwar nicht allzu viel, aber da niemand wusste, welche Summe es mindestens hätte sein müssen, hätte der Täter, um von einem

Raubmord abzulenken, auch dieses Geld zurücklassen können. Aber warum war dann am ersten Tatort alles durchwühlt? War es vielleicht gar nicht der Täter? Immerhin wurde die Leiche vom Zuhälter entdeckt, und der rief nachweislich erst nach längerer Zeit die Polizei. Was hat er so lange gemacht? Die damaligen Kollegen nahmen an, dass er die Wohnungsprostitution vertuschen wollte. Deshalb war er es, der den Tatort so aussehen ließ wie bei einem Raubmord. Die Ermittler sollten getäuscht werden. Unser Fazit damals: Es waren Raubmorde, aber die Beute beschränkte sich auf Bargeld, wobei nicht alles mitgenommen wurde.

Der dritte Mord, den Horst David in diesem ersten Anlauf gestand, war gar nicht sein dritter, sondern – wie sich erst später erweisen sollte – bereits sein vierter. Es stellte sich deshalb die Frage, warum er den Mord Nummer vier an Mechthild Prien eher gestand als den eigentlichen dritten Mord an Renate Heinz. Hatte er sich nur geirrt, was bei der Vielzahl verständlich wäre, oder gab es andere Gründe? Jedenfalls ging er bei seiner Lebensbeichte nicht chronologisch vor, sondern gezielt und berechnend. Erst später sollten wir wissen, warum er das tat: Er gestand eigentlich nur solche Fälle, von denen er glaubte, man würde sie ihm nachweisen können, weil er damit rechnete, dass wir sie nochmals ausgraben würden – und zwar im wahrsten Sinne des Wortes. Dass wir den Mord an Mechthild Prien neu aufrollen würden, bei dem er als einer der Tatverdächtigen überprüft worden war, war ihm ebenso klar wie die Tatsache, dass wir auch den Fall von Elisabeth Knott aufgreifen werden, wo er sogar in Untersuchungshaft war. Den Beweis für unsere Theorie erbrachte er gleich am nächsten Vernehmungstag. Da gestand er nämlich den Mord an Elisabeth Knott. Es war sein viertes Geständnis, das sich allerdings auf seinen siebten Mord bezog.

Später schildert er seine Tat folgendermaßen:

»Diese Frau hieß Mechthild Prien, und es geschah am 26. Januar 1983. Auch bei ihr stieß ich sofort auf Sympathie und Zuneigung. Als ich zum ersten Male bei ihr in der Wohnung arbeitete, kamen wir uns näher, und es war auch nur eine Frage der Zeit, bis wir beide zusammen im Bett lagen. Die Duplizität der beiden Situationen zwischen Renate und Mechthild waren schon erstaunlich. Auch Mechthild verwöhnte mich sensationell in allen Belangen, am meisten aber mit Liebe, denn sie war unersättlich. Sie war auch schon lange Witwe, und dadurch musste sie ja auch lange Zeit enthaltsam leben, was den Intimverkehr betrifft. Nun, wir beide ergänzten uns prächtig und liebten uns leidenschaftlich und hemmungslos …«

Den Rest der Vorgeschichte zu diesem Verbrechen kann ich weglassen, sie ist nahezu identisch mit der des Mordes Nummer drei. Auch sie, die »notgeile« Witwe, wollte den fantastischen Liebhaber Horst irgendwann ganz für sich haben und verwöhnte ihn sehr, machte ihm Geschenke und ermöglichte ihm finanzielle Unabhängigkeit von seiner bösen Ehefrau. Warum dann das geschah, was am 26. Januar 1983 passierte, ist für ihn ein Rätsel, für uns Ermittler und das Gericht aber nicht.

»Nun, am 26.01.1983 sollte ich ihr Bad und Toilette mit Farbe ausmalen. Etwa um 14.45 Uhr traf ich bei ihr ein. Sie machte Kaffee, es gab dazu Hörnchen und Bienenstich. … Zwischen Kaffeetrinken und Arbeitsbeginn war es dann so, dass sie mich ganz schnell ins Bett zog; denn ich muss sagen, diese Mechthild war schon ein tolles Weib trotz ihres Alters von 67 Jahren. Und dabei war sie auch noch unersättlich.

Nach unserer Liebesstunde, als wir wieder in der Küche saßen, fragte ich sie so ganz spontan, ob sie mir nicht einen größeren Geldbetrag von 300.– DM vorschießen könnte, leihweise …

Nun fegte sie die Kaffeetasse vom Tisch, sprang auf und schrie mir ins Gesicht lauter unschöne Worte …

… und als sie wieder schrie: ›Du Hurenbock von einem Mann!‹, knallte sie mir eine ins Gesicht, ähnlich wie bei Renate. Und da war er wieder da, dieser Hass. Ich nahm blitzschnell eine auf der Spüle liegende Suppenkelle und schlug einfach zu, direkt auf ihren Kopf. Dieser Schlag ließ sie blutend und noch lauter schreiend zu Boden stürzen. Und dieses Schreien, das mir in den Ohren lag und mich wahnsinnig zu machen schien, konnte ich nicht mehr mit anhören. Dazu dieser enorme Hass. Und so legte ich meine Hände um ihren Hals und drückte zu. Ich sah wieder einmal, wie schon so oft, das Gesicht meiner eigenen Frau wie im Nebelschleier vor mir. Als ich merkte, sie rührt sich nicht mehr, ließ ich von ihr ab. Nun kam ich erst wieder so richtig in die Wirklichkeit zurück und sah, was ich angerichtet hatte. Denn ihr Kopf lag in einer Blutlache. Ich hatte wieder mal getötet, nun schon zum vierten Male, und wiederum im Affekt, im Streit. Wer, so frage ich Sie, liebe Leser, wer würde mir glauben, dass ich das nicht gewollt habe? Und so nahm ich auch hier ein Küchentuch, legte es in ihre Hand, damit es so aussah, als wäre Mechthild bei der Hausarbeit einem Herzinfarkt erlegen. Ohne mich in der Wohnung umzusehen, verließ ich sie und ging zum Bahnhof …«

Diesmal gelang die Täuschung nicht. Im Gegensatz zum Fall Heinz wurde hier erkannt, dass es sich um einen gewaltsamen Tod infolge Fremdverschuldens handelte. Die Kripo Regensburg ermittelte wegen Mordes. Horst David war im Rahmen der Umfeldermittlungen als Zeuge vernommen worden und geriet sogar in Tatverdacht, aber ein Nachweis gelang nicht, da ihm ein Bekannter ein 100-prozentiges Alibi gab. Aber auch derartige Alibis können falsch sein, wenn sich der Zeuge im Tag irrt. Denn am Tattag, dem 26. Januar 1983, war David mit dem Zug heimgefahren. Am darauffolgenden Tag, dem 27. Januar, war er abermals in Regensburg und hatte aus der Tatwohnung einige Handwerksutensilien geholt. Dann ging er zur Bushaltestelle.

»Um diese Zeit marschierte ich zur Bushaltestelle Steinweg, um mit diesem dann heimzufahren. Dabei regnete es in Strömen. Ein Bekannter aus Hainsacker, der mich da stehen sah, nahm mich mit seinem Auto mit nach Hause. Etwa zwei bis drei Wochen später musste ich, wie so viele andere Handwerker auch, zur polizeilichen Vernehmung der Mordkommission nach Regensburg. Ich wurde direkt von Beamten vom Arbeitsplatz weggeholt. Was ich damals nicht wusste, aber schon erahnte: Ich war zu diesem Zeitpunkt der Hauptverdächtige. Nur die Aussage des Bekannten, der mich am 26.01.83 mit dem Auto mitnahm, rettet mich vor einer Verhaftung, denn er lieferte mir ein hieb- und stichfestes Alibi.«

Wie bereits erwähnt, hatte Horst David das Wochenende in der JVA Stadelheim verbracht. Am Montag wurde er wieder zur Mordkommission gebracht. Als er in meinem Büro saß und einen Kaffee trank, wirkte er nach wie vor gelöst. Er war freundlich und zugänglich. Mit der Fortsetzung der Vernehmungen war er einverstanden, er hatte schon damit gerechnet. Also sprach ich gleich den Fall Elisabeth Knott an, den Mord, den er anfänglich so vehement in Abrede gestellt hatte und weshalb er sogar in Untersuchungshaft war, aber mangels Beweisen wieder entlassen werden musste. Ich klärte ihn darüber auf, dass wir eine Sonderkommission gegründet hätten, weil wir alle Ablebensfälle älterer, alleinstehender Frauen in Regensburg überprüfen müssten, zu denen er möglicherweise Kontakt hatte. Immerhin wohnte die 85-jährige Elisabeth Knott im selben Haus wie er. Er sehe das ein, versicherte er, und ich versprach ihm, alle Fälle, die in die engere Wahl kämen, rechtzeitig mit ihm anzusprechen, damit er selbst entscheiden könne, ob er etwas dazu sagen wolle oder nicht. Wir würden mit absolut offenen Karten spielen, und ich würde ihm ehrlich erklären, welche Beweise und Verdachtsmomente wir jeweils hätten. Horst David war mit dieser Vorgehensweise zufrieden, versicherte aber, er habe nur drei Morde begangen, nämlich die, die er bereits gestanden habe, und nicht mehr.

Ich beugte mich etwas vor, sah ihm direkt in die Augen und sagte in völlig ruhigem, unaufgeregtem Ton:

»Herr David, Sie haben drei Morde gestanden. Glauben Sie wirklich, dass Ihnen jetzt noch irgendjemand glaubt, dass Sie nicht auch die Frau Knott umgebracht haben? Sie sind doch ein intelligenter Mensch und kennen die Leute. Da glaubt Ihnen doch jetzt eh keiner mehr, dass Sie unschuldig sind, oder? Seien Sie mal ehrlich, das würden Sie doch auch nicht glauben, oder? Wenn Sie es ernst meinen mit der Lebensbeichte und falls Sie es wirklich waren, meinen Sie nicht, dass es Ihrer Glaubwürdigkeit guttun würde, wenn Sie die Wahrheit sagen? Zumal sich Ihre Lage in strafrechtlicher Hinsicht ohnehin nicht viel ändern dürfte.«

Es dauerte keine Minute, bis er antwortete.

»Ja, gut. Das mit der Frau Knott war ich auch. Jetzt glaubt mir sowieso niemand mehr, und die Leute werden sich das Maul zerreißen. Damit Sie sehen, dass ich es ernst meine …«

Plötzlich nahm er seine Armbanduhr ab, legte sie mir auf den Schreibtisch und sagte:

»Da müsste noch Blut von der Frau Knott dran sein. Ich

habe das Band zwar gewaschen und geschrubbt, aber trotzdem habe ich es nicht mehr ganz sauber gekriegt.«

Es war ein geflochtenes Textilarmband mit einer billigen Uhr. Im Gewebe fanden sich tatsächlich Blutstropfen, die dem Mordopfer Elisabeth Knott zugeordnet werden konnten. David zeigte sich belustigt darüber, dass er die Uhr schon seinerzeit getragen hatte, als er bereits unter Verdacht geraten war, aber sie niemand sichergestellt hatte. Als ich später Zeit hatte, darüber nachzudenken, wurde mir bewusst, dass die Dinge wohl ganz anders gelaufen wären, hätte man ihn damals anhand dieser Spuren überführt. Dann wäre er wegen des Mordes an Elisabeth Knott verurteilt worden. Aber ob dann alle anderen Fälle aufgeklärt worden wären? War es gar Schicksal, dass es so gelaufen ist, wie es lief?

»Diese Frau hieß Elisabeth Knott, war 85 Jahre alt und wohnte im selben Haus wie ich. Kennengelernt hatte ich Frau Knott das erste Mal, als Lotte sie eines Tages zum Kaffeeklatsch zu uns ins Apartment im Hause ›Drei Kronen‹ mitbrachte. Das war 1987. Sie kam öfter zu uns, da es ihr recht gut gefiel und sie auch gerne etwas Gesellschaft suchte. Nun, als ich 1991 ins Haus Kirschgässchen 5 einzog zu Mama, da freute sich auch Frau Knott darüber. Ab da kam sie regelmäßig zu uns herunter zu unseren tagtäglichen Kaffeestunden des Nachmittages. Lottes Mutter und Frau Knott kannten sich ja schon seit vielen Jahren, seit sie eben hier im Hause wohnten. Bei diesen regelmäßigen Plauderstunden erzählte uns Frau Knott viel aus ihrem Leben, insbesondere über ihren regelmäßig betrunkenen Sohn. Dieser Sohn, der übrigens auch Horst hieß, besuchte Frau Knott aber nur dann, wenn er Geld brauchte. Er arbeitete schon 14 Jahre nicht mehr und lebte von Sozialhilfe. Dass er bei seinen kurzen Besuchen immer ihr Geld stahl, das sie in einem Briefkuvert aufzubewahren

pflegte, das berichtete Frau Knott selbst, das wusste schon das ganze Haus. Er schlug auch seine Mutter, wenn sie das Geld nicht gleich herausrückte. Im Verlaufe der Jahre hatte ich diesem versoffenen Sohn schon mehrmals Vorhaltungen gemacht, aber meistens begriff er das gar nicht so richtig in seinem ewigen Delirium.

Als dann im Mai 1993 unsere Mama verstarb, blieb Frau Knott mehr und mehr von unseren Kaffeestunden aus. Fast jeden Tag fuhr sie zu ›ihrem Dreckhammel‹, wie sie den eigenen Sohn nannte. Trotzdem unterstützte sie ihn weiterhin …

Ja, und dann kam der Tag, an dem alles wieder anders wurde in meinem Leben. Das Schicksal schlug wieder mal voll auf mich ein, kannte auch hier kein Erbarmen. Wir waren beide an diesem Tag, dem 7. September 1993, geschafft. Da Lotte nach dem Abendessen noch ein bisschen fernsah, dabei aber schneller müde wurde, wollte sie nun ins Bettchen. Ich brachte sie also gegen 19.30 Uhr in dieses hinein. Und, da sie es so gerne hatte, dass ich mich für ein halbes Stündchen neben sie legte, schlief sie auch ganz schnell ein. Und wie es halt so ist, wenn man müde ist, bin auch ich eingeschlafen. Es war dann fast 23.00 Uhr, denn ich sah auf meine Armbanduhr, als es an meiner Wohnungstür läutete. Und das gleich im Sturm. Lotte hörte das Gott sei Dank nicht, darüber war ich sehr froh. Ich ging zur Tür, machte sie auf, da stand Frau Knott im Morgenmantel vor mir und sagte ziemlich erregt und sehr laut: ›Herr David, helfen Sie mir doch, meine Lampe in der Küche muss kaputt sein, sie brennt nicht mehr.‹ Da sage ich zu ihr und das mit schon etwas zorniger Stimme: ›Hat das nicht Zeit bis morgen? Und schreien Sie doch nicht so, Lotte wacht auf.‹ – ›Nein‹, rief sie, ›das muss jetzt sein, sonst sehe ich nichts und falle über meine Schwelle, wenn ich auf die Toilette muss.‹ Diese befand sich tatsächlich im Treppenhaus. Ja, liebe Leser, heute bin ich viel gescheiter als damals, denn hätte ich die Frau bis zum nächsten Tag warten lassen, wäre das alles niemals geschehen. Aber so bin ich nun einmal gewesen: immer hilfsbereit, wo es auch nur nötig war, so bin ich nun mal erzogen worden. Doch was brachte mir das im Leben ein? Man rechnet doch nicht mit so etwas! Ich sagte also zu ihr: ›Ich kann gleich hinaufkommen, muss mir nur noch was anziehen.‹ Ich überzeugte mich erst, dass meine Lotte auch wirklich fest schlief, ging nach oben und schraubte die Birne aus ihrer Lampe. Weil der Fassungsring in der Lampe blieb, musste ich nochmals runter in die Wohnung, um mir eine Zange zu holen, ebenso eine neue Birne. Nun ging ich also hinunter, öffnete die Eingangstür, und da stand auch schon Lotte inmitten des Zimmers, im Dunkeln. Sie weinte und rief meinen Namen. Als ich Licht machte, kam sie auch schon mit ausgestreckten Armen auf mich zu und sagte: ›Horstl, wo bist du denn, ich habe mich so gefürchtet.‹ Und glauben Sie mir, liebe Leser, diese Augenblicke, die gingen mir sehr ans Herz und Gemüt, denn sie war ja jetzt nur noch ein krankes ›Hascherl‹, meine kleine Lotte. Es ging schon ein paarmal so weit, dass sie in ihrer Angst und Panik sogar auf die Straße lief und mich suchte, obwohl ich nur wenige Minuten um die Ecke im Zigarettenladen war, um Tabakwaren und Zeitungen zu holen. Und dabei lief Lotte so hinaus, wie sie gerade war, nämlich im Morgenmantel und Pantoffeln. Nun, da stand sie nun zitternd und ängstlich, und ich musste sie erst einmal beruhigen. Dann erklärte ich ihr alles, sprach ganz eindringlich auf sie ein und nahm ihr das Angstgefühl. … Aber, liebe Leser, sagen Sie dies einmal einem kranken Menschen, der so arm dran ist und sein Gehirn nicht mehr unter Kontrolle hat. Denn Lotte war schon so weit, dass nichts mehr in ihrem Gedächtnis haften blieb. Schlimm, sage ich Ihnen, denn so ein Menschenkind wie meine kleine Lotte, aber auch Tausende andere sind unbarmherzig vom Schicksal getroffen. Irgendwie ist das nicht gerecht, und machtlos ist man dagegen allemal. So kann man diesen Menschen nur dadurch helfen, dass man ihnen seine ganze Liebe in Form von Aufopferung und Pflege zuteilwerden lässt.

Ich ging also schweren Herzens nach oben zu Frau Knott. Ich wollte die Sache schnell hinter mich bringen, um Lotte nicht lange alleine lassen zu müssen. Ja, und die ganze Zeit, die ich bei Lotte war, suchte Frau Knott vergeblich nach ihrem Kuvert mit dem Geld, welches sie sich erst vor einigen Tagen von der Bank geholt hatte. Normalerweise, so war es uns allen im Hause bekannt, trug sie es meistens in ihrer Schürzentasche bei sich. Jedenfalls: Als ich noch dabei war, die Birne in ihre Fassung zu drehen, schrie sie plötzlich auf mich ein: ›Herr David, haben Sie mir mein Kuvert mit dem Geld gestohlen, ich finde es nicht mehr?‹ Nun war ich aber sauer, denn dass mich diese Frau für etwas bezichtigte, was ich nie und nimmer sein konnte, das machte mich doch zornig. Und so schrie ich sie ebenfalls an: ›Frau Knott, wie kommen Sie nur auf so einen dummen Gedanken?‹ Aber sie schrie immer weiter. Da fiel es mir wie Schuppen von den Augen: Jesus und Maria, so dachte ich mir, die war doch heute Nachmittag wieder zu Besuch bei ihrem besoffenen Dreckhammel, wie sie ihn immer so liebevoll nannte. Da war mir alles klar. Ich schrie sie an: ›Denken Sie mal richtig nach, Frau Knott, wo Sie heute Nachmittag waren? Niemand außer Ihrem Sohn kann Ihr Geld gestohlen haben, wie schon so oft.‹ – ›Mein Horst, der tut so etwas nicht‹, schrie sie, ›das waren doch Sie, Sie Drecksau.‹ Nicht genug, liebe Leser, dass ich mich all die Jahre um sie bemüht hatte, nicht genug, dass ich ihr so oft half und unter die Arme griff und ihr sämtliche Reparaturarbeiten erledigte, dass sie mich jetzt eine ›Drecksau‹ schimpfte, das war zu viel …

Jetzt hatte sie mich zutiefst verletzt, ganz gemein und unnötig. Doch als sie nun auch noch die Unverschämtheit besaß, mich eine Drecksau zu nennen, da sah ich wieder rot! Und der Hass, der in dieser Sekunde in mir wieder emporkam auf die Ungerechtigkeit und Gemeinheit dieser alten, keifenden Furie, der ließ mich augenblicklich explodieren. Als ich wieder zu mir kam, da lag sie mit dem Rücken auf dem kleinen Bett in der mittleren Kammer und rührte sich nicht mehr. Auch hier hatte ich in diesen schwarzen Sekunden meines Handelns völlig vergessen, dass es ja eine alte Frau war. Doch sie hatte mich beschmutzt mit ihren Anschuldigungen und somit in diese Lage gebracht. Wie schon bei allen anderen Opfern auch, waren auch hier die Enttäuschung und der abgrundtiefe Hass ausschlaggebend. Und die Panik, die mich jetzt erfasste, die ließ mich etwas tun, was gar nicht so recht dazu passte: Ich zog ihre Strumpfhose bis über die Knie herunter, damit es so aussah, als wäre Frau Knott von einem Sexualtäter getötet worden. Dann nahm ich ihren Schlüsselbund, verließ die Wohnung und sperrte von außen ab.«

Nach diesem nunmehr vierten Mordgeständnis war uns allen klar, dass wir es mit einem Serienmörder zu tun hatten. In Regensburg waren 20 Ermittler damit beschäftigt, circa 2 000 Ablebensfälle älterer, alleinstehender Damen zu überprüfen und Angehörige, Nachbarn und ehemalige Arbeitskolleginnen zu befragen, ob eine von ihnen Malerarbeiten hatte durchführen lassen, und zwar entweder von Firmen, bei denen Horst David beschäftigt war, oder eventuell durch Schwarzarbeiten. Letztere anzubieten entsprach schließlich dem Anbahnungsmuster unseres Tatverdächtigen. Soviel wussten wir bereits.

Die Medien berichteten taglich über den »Würger aus Regensburg«, sodass wir uns mit unserem Fahndungsanliegen leicht an die Öffentlichkeit wenden konnten: Wer kannte Horst David, und wer wusste etwas über seine Kontakte zu älteren Damen? Wir bekamen viele Hinweise, und wir wurden schnell fündig. David, der auch in Behörden Malerarbeiten ausgeführt hatte, war gelegentlich auch für dort Beschäftigte privat tätig, wie beispielsweise für Renate Heinz. Als Horst

David hörte, dass wir dabei wären, auch ihren Tod zu untersuchen, kam das nächste Geständnis. Aber nicht nur das: Es war ein Doppelgeständnis. Mit Renate Heinz nannte er ein weiteres Opfer namens Hilde Rauscher. Diese Dame hatten wir noch gar nicht auf unserer Agenda, was bei der Fülle der zu überprüfenden Fälle und einigen damit einhergehenden Exhumierungen kein Wunder war.

»Dieses Drama geschah im April 1981, also sechs Jahre nach den beiden Ereignissen von München. Die Frau hieß Renate H., war Witwe, 59 Jahre alt, eine gepflegte, attraktive Frau. Sie lebte in Regensburg, alleine in einer großen Wohnung. Sie war beschäftigt im Rathaus der Stadt, und ich kannte sie schon etliche Zeit, bevor es zum Eklat kam. Doch erst einmal die Vorgeschichte:

Durch meine Malertätigkeit arbeiteten wir schon öfter und viel im Rathaus. Ich sah Renate ja fast täglich, und diese gefiel mir von Mal zu Mal besser. Ich merkte ihr auch an, dass sie mich äußerst charmant, höflich und mit einem gewissen Esprit grüßte. Sie führte auch gerne längere Gespräche mit mir. Dazu lud sie mich des Öfteren in ihr Arbeitszimmer ein, wo wir alleine waren. Es gab guten Kaffee, aber auch ab und zu ein ›Stamperl‹ Cognac. Und irgendwie merkte ich: Diese Frau interessiert sich für dich. ... Dafür hatte ich ein untrügliches Gespür. Aber noch hielt ich mich zurück. ... Dennoch, den ersten Schritt, den machte sie. Sie fragte mich nämlich eines Tages, ob ich bereit wäre, bei ihr in der Wohnung ein paar Streich- und Tapezierarbeiten durchzuführen. Dabei fügte sie an, dass sie sich darüber sehr, sehr freuen würde. Diese Ausdrucksweise konnte ich mit meinem untrüglichen Gefühl sogleich auch richtig deuten. ... Natürlich sagte ich ihr sofort zu, und sie lud mich gleich fürs Wochenende ein, um die Arbeiten zu begutachten. Hätte ich geahnt, was daraus entstehen würde, ich hätte niemals zugesagt. Ich besuchte sie also am Wochenende, sah mir alles an, und wir plauderten recht angeregt miteinander. Wir tranken guten Kaffee, später auch etwas Wein, und ich hatte zu ihr vollstes Vertrauen. Deshalb erzählte ich ihr im Verlaufe dieses schönen, gemütlichen Nachmittages alles von meinem Desaster, das bei mir zu Hause herrschte. Sie war eine gute Zuhörerin, zugleich zeigte sie auch Mitgefühl und Verständnis, einfach eine prima, klasse Frau. ... Ich hatte als Mann ziemlich deutlich ganz bestimmte Zeichen und Gesten erkannt, die ihre Bereitschaft erkennen ließen, ... mit mir ein Verhältnis einzugehen. Und ich wäre dumm gewesen, hätte ich diese Chance nicht ergriffen. ... Und dann wagte ich diesen Schritt, diesen süßen, berauschenden, alles beiseiteschiebenden Schritt, der für mich gleichzeitig ein unheilvoller sein sollte, wie sich aber erst viel später herausstellen würde. Ich küsste sie also, und in diesem Kuss spürte ich alles, was an geheimen Wünschen in dieser Frau verborgen schlummerte. Es war etwas so Schönes, was ich schon lange nicht mehr erlebt hatte. Sie schenkte sich mir mit ihrer ganzen Leidenschaft und Liebe, als wir beide ein Paar wurden. Und ich kostete dieses wunderbare Geschenk in vollen Zügen aus, dieses ewig süße Sichhingeben und Nehmen. Beide schenkten wir uns etwas, was wir ja schon sehr, sehr lange entbehrten, und beide waren wir im Grunde genommen auch dazu berechtigt nach dieser langen Enthaltsamkeit. Ich werde das Erlebte und alle die nachfolgenden schönen Stunden und Wochen mit dieser Frau niemals vergessen können. Nun hatte ich also eine Geliebte. Eine verständige, aber auch liebende, attraktive Frau, bei der ich mich geborgen fühlte und den ganzen grausamen Zwist, der daheim herrschte, vergessen konnte. Wenn auch nur für ein paar Stunden und Tage. Doch das glich alles andere aus. Und wir hielten unser süßes kleines Geheimnis stets geheim. Niemand an ihrer Arbeitsstelle, ja nicht einmal ihre eigene Schwester oder Nachbarin, die ja auch eine gute Freundin von

Renate war, niemand kannte unser Geheimnis. Und das war auch gut so. Ja, jetzt, da ich mich immer öfter mit Renate traf, natürlich nur in ihrer Wohnung, blühten ich und sie so richtig auf. Es war gerade so, als hätten wir beide den zweiten Frühling erlebt, so kann man es ruhig nennen. Natürlich vergaß ich nie ganz, dass ich schon diese schwere Schuld durch meine Taten auf mich genommen hatte; und darum war es auch für mich umso beglückender, wenn mich Renate so sehr verwöhnte, dass ich zeitweilig diese dunklen Schatten zur Seite verdrängen konnte. Ich gestehe, dass ich diese Frau von Mal zu Mal stärker liebte. … Und glauben Sie mir, liebe Leser, diese Renate, die gab mir auch meinen schon verloren geglaubten Stolz wieder zurück. Denn was war ich denn schon zu Hause in den Augen meiner Frau? Nichts weiter als eine Arbeitsmaschine, die alle Monate nur recht viel Geld heimbringen sollte. Nach ihrer dünkelhaften und herrschsüchtigen Ausdrucksweise war ich für sie ein Affe, ein Hurenbock, ein Depperl, ein Arschloch und so weiter. Also ein Nichts. Dabei hatte diese meine eigene Frau ganz in ihrem Wahn vergessen, dass ich ja auch noch ein Mensch war; zwar kein Übermensch, aber doch ein Mensch. Und nun frage ich Sie, liebe Leser: War an dieser Beziehung, die ich mit Renate hatte, irgendetwas moralisch Falsches? Ich sage Nein. Es war mein gutes Recht, unser beider Recht. Ich war nun schon 43 Jahre alt und Renate 58 Jahre. Dabei spielte der Altersunterschied überhaupt keine gewichtige Rolle. Wir waren beide gesund und voller Lebenskraft. Und alle beide, Renate und ich, waren wie in einem Rausch der Leidenschaft. Wir gaben uns alles, was sich zwei liebende Menschen an Liebe, auch körperlich, nur geben konnten. Es war die einfachste Sache der Welt. Auch auf meine Frau nahm ich jetzt keine Rücksicht mehr. … Dennoch ließ ich sie und die Kinder nicht im Stich. Doch es passierte von nun an immer öfter, dass ich nachts von daheim wegblieb; einfach deshalb, weil es ja immer noch so weiterging mit ihren Angriffen auf mich. Aber ich konnte mich bei Renate verkriechen, um wenigstens für eine Weile meine Ruhe zu finden und nebenbei auch noch das Glück. … Sollte ich denn diesen, für mich so herrlichen und beglückenden Zustand so ohne Weiteres aufgeben? Niemals. Denn ich konnte von Renate einfach nicht mehr loskommen und wollte es auch gar nicht. Dazu hatte ich sie viel zu lieb, und mein Herz gehörte ihr ganz und gar. Glauben Sie mir, ich hatte dabei auch keinerlei schmutzige oder gar gemeine Absichten. Denn wer nun glaubt, ich wäre darauf aus gewesen, diese Renate nur zu benutzen, um mir daraus Vorteile zu ermöglichen, dem sei gesagt, dass er sich ganz gewaltig täuscht. Nein, es war zwischen uns beiden eine klare, saubere und echte Liebe, die uns verband.

Ich musste natürlich daheim jetzt pausenlos das Gezeter und Geschimpfe meiner Frau über mich ergehen lassen. Was ich doch für ein saumäßiger und geiler Hurensohn wäre. Natürlich warf sie mir auch vor, dass ich bestimmt eine andere Frau hätte, was sie sich ja an allen zehn Fingern abzählen konnte. Sie lag ja auch richtig mit ihrer Vermutung, hatte aber keine Ahnung, wer diese andere war und wo sie wohnte. Das war für mich eine feine Genugtuung. Und ich sage Ihnen noch etwas, was ja für jedermann leicht verständlich sein dürfte: Wenn diese meine Ehefrau dazu fähig gewesen wäre, um mich zu kämpfen, um mich wieder an ihre Seite zu bringen, dann glaube ich – und das sage ich ganz ehrlich –, hätte sie schon eine kleine Chance gehabt. Doch sie wollte und konnte wohl nicht. Denn obwohl mein Hass auf meine Frau so groß war, ein offenes Ohr hätte ich für sie immer gehabt. Denn sie ganz fallen zu lassen, das hätte ich dennoch nicht fertiggebracht. Nun, sie hat diese Chance vertan, und daran erkannte ich, dass ich ihr schon seit Langem nichts mehr bedeutete.

Es kam der Tag, an dem alles mit einem Schlag zunichtegemacht wurde und womit ich niemals gerechnet hätte. Der Traum von unserem Glück war damit restlos zerstört. Renate und ich, wir hatten schon öfter mit dem Gedanken gespielt, dass ich doch ganz zu ihr ziehen sollte. ... Und sie drängte auch auf Scheidung. Nun, kurz und bündig: Ich dummer Kerl hatte einfach viel zu lange gewartet, und das, liebe Leser, war ein großer Fehler von mir, der sich alsbald rächen sollte: in tragischer und bedauernswerter Weise. Denn wieder einmal schlug das Schicksal zu, bestrafte mich und meinen Hochmut, zu glauben, man könnte das Glück, das man in Händen hält, für ewige Zeit pachten. Heute weiß ich es ganz genau: Wäre ich nicht so wankelmütig in meinen Überlegungen gewesen, könnte Renate gewiss noch leben.

Es kam der Tag, an dem Renate mit 59 Jahren in den Ruhestand trat. An diesem und am nächsten Tag kam ich mit ihr nicht zusammen, da sie ja anlässlich ihres Ehrentages zu viele Personen und Einladungen zu absolvieren hatte. Doch wir hatten besprochen, dass ich ihr Schlafzimmer unbedingt am Freitag, dem 10. April 1981, tapezieren sollte. Jetzt, da ich dies alles hier schreibe, kommen mir wieder die Tränen, denn die Geschehnisse rollen wie ein Film vor meinen Augen ab. Ich spüre wieder den Schmerz über den Verlust dieser einmaligen, lieben Frau, und sie tut mir auch heute noch leid; so wie alle meine Opfer. Dabei kommt mir die ganze Tragweite dieses Dramas wieder ins Gedächtnis. Es hätte einfach nicht geschehen dürfen.

Am Abend davor, also am Donnerstag, kam mir Renate etwas verändert vor, etwas zu aufgedreht, fast schon übermotiviert. Ich merkte es an ihrem Drängen nach Zärtlichkeit und Liebkosungen, die sie von mir nun sehr viel heftiger forderte. Doch ich war einfach nicht voll konzentriert, war nicht ganz bei der Sache. Der Grund war einfach zu erklären: Ich war abgespannt, überarbeitet, erschöpft durch die häufigen und wilden körperlichen sexuellen Liebesstunden mit ihr. ... Ich hätte dringend eine längere Verschnaufpause haben müssen, denke ich mal. Und da sie merkte, dass an diesem Abend nichts mehr zwischen uns laufen konnte, war sie sauer, ja sogar erbost. So hatte ich sie ja noch gar nicht kennengelernt, von dieser für mich völlig fremden Seite. Ich musste ja dann auch noch nach Hause fahren, denn für den nächsten Tag, diesen Freitag, brauchte ich ja noch mein Werkzeug.

Renate war also sehr eingeschnappt und sauer auf mich; dass es Eifersucht sein könnte, darüber machte ich mir gar keine Gedanken. Noch hatte ich keinen Grund zur Annahme, es könnte irgendetwas sein, was unser Glück ernsthaft gefährden würde.

Als ich also am Freitagmorgen etwa gegen 8.30 Uhr bei ihr eintraf, öffnete sie mir die Tür zu ihrer Wohnung und begrüßte mich äußerst herzlich und überschwänglich. Ich dachte sofort, sie hätte das gestrige Versagen meinerseits vergessen und begraben. Denn kaum war ich in der Wohnung und die Eingangstür war im Schloss, da fiel sie mir um den Hals und sagte: ›Komm, mein Liebster, zuerst gehen wir ins Bett.‹ Um allen Missverständnissen vorzubeugen, die am Abend zuvor zwischen uns entstanden waren, und weil ich sie wieder glücklich und zufrieden sehen wollte, tat ich ihr den Gefallen und ging mit ihr sofort ins Schlafzimmer. Dabei spielte ich mir auch selbst etwas vor, denn ich hatte eigentlich keine so rechte Lust. Aber ich wollte sie befriedigen und versuchte alles, so gut es ging. Naturgemäß ist mir das auch immer gelungen. Aber da ich in letzter Zeit zu viel körperliche, sexuelle und physische Substanz lassen musste, kam ich einfach nicht in Form. Es ging nicht, ich schaffte es nicht. Genauso wie am Abend zuvor. Kurzum: Ich versagte jämmerlich. Und das war mir so peinlich, dass ich mich gewaltig schämte. Aber bitte, liebe Leser, haben Sie um Gottes willen nur nicht den Eindruck, als würde ich mich als einen besonders starken Sexprotz hinzustellen versuchen. Nein, dies ist nicht meine Absicht und auch nicht meine Art; denn dazu war mir die Liebe viel zu heilig und achtungsvoll. Doch wenn ich Ihnen schon alles bis ins kleinste Detail schildere, so gehört auch dies dazu. Auch wenn ich mich als Versager bezeichnen muss. Den Mut dazu, den habe ich.

Was jetzt kam, das hätte nie geschehen dürfen. Aber es rollte auf mich zu wie eine Lawine. Obwohl ich mich bei ihr für mein peinliches Versagen mehrmals entschuldigte, sie in die Arme nahm und zu trösten versuchte, ihr klarmachte, wie es um meine Verfassung stand, und ihr sagte, dass wir ja noch viel Zeit und Gelegenheit hätten, um alles nachzuholen, konnte ich bei ihr nichts erreichen. Der Gesinnungswandel, der sich jetzt bei ihr plötzlich und völlig unbeherrscht vollzog, den begriff ich nicht, aber er erschreckte mich zutiefst. Sie stieß mich heftig von sich, und dann kam ein Wutausbruch in so heftiger Weise, wie ich ihn von daheim nur allzu gut kannte, aber von Renate nie für möglich gehalten hätte. Die Worte und Beschimpfungen, die mich wie giftige Stacheln trafen, konnte ich gar nicht begreifen. Sie schrie: ›Hast du heute Nacht mit deiner Frau geschlafen, weil du jetzt auf einmal nicht mehr kannst? War sie vielleicht doch besser im Bett als ich? Sie ist ja auch viel jünger. Ich bin dir also doch viel zu alt. Ekelst du dich etwa vor mir? Du liebst mich gar nicht, du hast mich nie geliebt, nur ausgenutzt.‹

Das schrie sie mir an den Kopf. Und ich stand da und war maßlos enttäuscht und gekränkt. Wieder einmal von einer Frau enttäuscht, die doch wissen und fühlen musste, dass ich sie ehrlich und aufrichtig liebte. Ich zitterte am ganzen Körper, sah sie nur an und sagte: ›Renate, du tust mir Unrecht; mit meiner Frau habe ich nichts mehr, das weißt du doch.‹ Da begann sie wieder loszulegen: ›Ach, mach mir doch nichts vor, du lügst mich doch an. Deine ganze sogenannte Liebe war immer nur Lüge. Ich war nur ein Zeitvertreib für dich, du hast mich nur ausgenützt.‹ Und damit hatten wir den Streit auch schon. Sie konnte sich gar nicht mehr beherrschen, schrie mir ins Gesicht: ›Ich bin enttäuscht von dir, denn du bist gar kein so guter Liebhaber, für den du dich hältst. Hau doch ab und komme nie wieder!‹

In mir war alles kaputt, ich war maßlos enttäuscht, ich kann es gar nicht so richtig beschreiben. Ich sagte nichts mehr.

Sie zog sich an und auch ich, denn ich wollte wahrhaftig gehen. Und während wir uns beide ankleideten, schimpfte sie fortwährend, sie konnte gar nicht mehr aufhören. Als sie mitbekam, dass ich, ohne ein einziges Wort zu sagen, gehen wollte, hing sie sich plötzlich verzweifelt an meinen Hals und fing an zu weinen. Doch das berührte mich seltsamerweise gar nicht mehr. Es war etwas, was in meinem Herzen einfach zuklappte wie eine Tür, die man nie mehr aufstoßen kann. Ich schob sie sanft von mir und ging zum Ausgang. Da schrie sie mir wieder nach: ›Wenn du jetzt gehst, dann ist alles aus zwischen uns beiden. Und ich werde alles deiner Frau erzählen. Alles.‹ Ich drehte mich noch mal um, ging ein paar Schritte auf sie zu und sagte: ›Renate, hast du so an meiner Liebe zu dir gezweifelt, dass du mir das jetzt antust? Du hast mich beleidigt, gedemütigt und so sehr enttäuscht, dass ich deine Erpressungsversuche einfach lächerlich, aber dennoch nicht weniger gemein finde.‹ Und weiter sagte ich zu ihr: ›Was meine Frau betrifft, so müsstest du doch genau wissen, dass ich mit ihr schon lange, lange fertig bin; hast du denn dies nicht bei unserer Liebe und Leidenschaft gemerkt? Das musst du doch gespürt haben. Du tust mir unendlich leid.‹

Ich wollte mich gerade von ihr abwenden, da schrie sie mir nochmals ins Gesicht: ›Dann hau doch endlich ab, du Schlappschwanz, du Schwein, du Versager. Mich hast du nur ausgenutzt, du Mistkerl, hau doch bloß ab!‹ Ich sah wieder einmal eine keifende Frau vor mir, wie verschwommen; hatte die Augen geschlossen und dachte nur noch: ›Jetzt ist alles aus.‹ Ich rastete buchstäblich wieder einmal aus. Und mir war so, als wäre es ein Zwang. Denn auf einmal hatte ich meine Hände um ihren Hals gelegt und drückte zu. Als sie langsam zu Boden sank, nahm ich ein Kissen, welches nebenan auf dem Sofa lag, und drückte es ihr auf das Gesicht. Als ich zu mir wieder zurückfand, merkte ich, dass sie tot war.

Und nun begriff ich erst so richtig, was ich angerichtet hatte. Im selben Moment musste ich bitterlich weinen. Ich weinte um sie. Weil ich wusste, dass ich sie geliebt hatte. Warum spielte das Schicksal nur auf so grausame Art mit mir! Ich konnte es nicht fassen, dass ich wieder einmal, nun schon zum dritten Male, getötet hatte. Immer nur im Affekt, im Streit, durch Enttäuschungen, Beleidigungen und Demütigungen. Leute, glaubt es mir: Was in mir vorging, das war grausam. Ich verstand gar nichts mehr, am allerwenigsten mich selber.

Diesmal floh ich aber nicht aus der Wohnung, sondern kniete bei ihr am Boden und musste nur noch weinen. Dabei sah ich Renate an, und mir war so elend. Nach einer langen, langen Zeit, als ich wieder etwas klarer denken konnte, da tat ich etwas, was mir später erst ins Bewusstsein trat: Ich nahm einen Staublappen, drückte ihn in ihre Hand, um so den Anschein zu erwecken, sie wäre bei der Hausarbeit einem Herzinfarkt erlegen. Dann nahm ich etwa 200.– DM aus ihrer Geldbörse, die mir ja zustanden, weil ich es ja ausgelegt hatte zur Materialbesorgung. Auch ein kleines Münzalbum nahm ich mit, da sie dieses mir schon lange versprochen hatte. Es lag auf der Telefonanrichte, und ich dachte, sie hätte es schon mal bereitgelegt, um es mir zu geben, wenn ich fertig wäre mit der Arbeit. Ich schildere dies, weil ich alles offenlegen möchte. Denn es war kein Diebstahl, wie manch einer vermuten könnte. Denn wenn ich es wirklich mit Absicht gestohlen hätte, wäre es doch logisch, dass ich es bei meiner Vernehmung für mich behalten hätte. Denn dieses Wissen um das Geld und das Münzalbum hatte doch niemand außer mir, weil niemand davon wusste. Aber der Staatsanwalt drehte mir daraus einen Strick, auf den ich später noch zurückkomme. Nun, selbstverständlich habe ich die Wohnung nicht durchstöbert, genauso wenig wie auch bei den Münchner Fällen. Hätte ich es getan, das dürfen Sie mir glauben, hätte ich das auch wahrheitsgemäß gebeichtet. Aber wem sage ich denn das, kann ich doch ohnehin nicht erwarten, dass mir jemand glaubt.

Nun verließ ich also die Wohnung und die jetzt leider Gottes tote Renate und fuhr nach Hause. Die nächste Zeit war ich gar nicht richtig ansprechbar. Normalerweise hätte meine eigene Frau diese Veränderung an mir feststellen und erkennen müssen. Mir fehlte einfach Renate. Ich war so traurig und geschockt darüber, und die Schuldgefühle setzten mir gehörig zu. Dennoch: Der graue Alltag ging weiter, und so nach und nach stumpfte ich zusehends ab, musste weiterhin das häusliche Dilemma über mich ergehen lassen und schluckte alles runter. Und so kam mit der Zeit das, was eigentlich schon vorhersehbar war: Ich sprang wieder ab von dieser Hölle daheim, denn jetzt war mir sowieso alles gleichgültig.

Im Oktober 1984 traf ich bei einem Stadtbummel in der Nähe des Regensburger Doms eine mir auch schon seit Längerem bekannte Frau. Sie hieß Hilde Rauscher, war 69 Jahre alt und hatte ihre Wohnung in der Nähe des Doms. Auch bei ihr, wie bei vielen anderen Frauen auch, hatte ich durch unsere Malerfirma verschiedene Arbeiten ausgeführt. Im Verlauf des Gespräches mit ihr bat sie mich, doch in der nächsten Zeit mal das Bad und die Toilette zu tünchen. Ich sagte ihr zu, und wir vereinbarten den Termin auf den 2. oder 3. November. Da ich Tage später um 18.00 Uhr, es war der 26.10.1984, in ein ihrer Wohnung nahe gelegenes Gasthaus zum Abendessen ging, kam mir die Idee, auch gleichzeitig im Anschluss daran mal kurz einen Sprung bei Frau Rauscher vorbeizuschauen. Ihre Wohnung lag ja nur zwei, drei Minuten von diesem Gasthaus entfernt. Da ich ihr ja auch für die bevorstehenden Malerarbeiten das entsprechende Material besorgen musste, sollte sie mir einen Vorschuss geben, damit ich es schon mal in den nächsten Tagen besorgen konnte. Nichts anderes war mein Vorhaben. Als ich mit dem Essen fertig war und gezahlt hatte, ging ich den kurzen Weg zu ihrer Wohnung, läutete, und Frau Rauscher ließ mich ein.

Zunächst plauderten wir ein wenig, und nach einer gewissen Zeit da sagte ich ihr mein Anliegen. Als ich die Bitte aussprach, sie möge mir doch 150.– DM geben zur Anschaffung des Materials, da wurde ich plötzlich von ihr gemaßregelt. Und zwar in einer Form, die ich niemals erwartet hätte. Ich war völlig überrascht. Sie erhob sich von ihrem Küchenstuhl, fing an zu schimpfen und mit den Armen herumzufuchteln, und dabei wies sie mir die Tür. Ich sagte zu ihr: ›Frau Rauscher, was soll denn dieses Theater, wozu schreien Sie mich denn so an, ich habe Ihnen doch nichts Unrechtes getan!‹ Aber da ging es erst richtig los. Sie hätte sich bei meiner Firma Erkundigungen eingeholt und wisse somit, dass ich dort nicht mehr beschäftigt bin, sie wüsste auch um diesen Scheckbetrug, und überhaupt wäre ich ein Betrüger und denkbar schlechter Mensch, der ihr nur das Geld abluchsen wolle. Und sie schrie immer wieder: ›Raus, raus, raus …‹ Ich sagte aber zu ihr: ›Frau Rauscher, glauben Sie denn wirklich das, was Sie sagen? Sie kennen mich doch schon lange genug, um zu wissen, dass ich Sie nicht betrügen will.‹ Und sie schrie mich wieder an: ›Und außerdem habe ich gar nicht so viel Bargeld zur Hand, schauen Sie, dass Sie rauskommen, mit Ihnen will ich gar nichts mehr zu tun haben!‹

Da stand also vor mir eine alte Frau mit fast 70 Jahren, die ja im Grunde genommen eine herzensgute Seele war und die mich jetzt ungerechtfertigt und laut schreiend abkanzelte. Da schoss es mir durch den Kopf: Sieh mal an, diese Frau rennt am Tag drei- bis viermal in die Kirche, und jetzt entpuppt sich diese scheinheilige Betschwester plötzlich als schreiende Furie, die mich obendrein noch ganz bitter beleidigte. Ich stand auf und wollte tatsächlich gehen. Doch ich kam gar nicht so weit. Sie sprang an mir vorbei, wollte den Telefonhörer abnehmen und schrie: ›Ich rufe jetzt die Polizei, damit diese sich um Sie kümmert.‹ Sie hätte das gar nicht nötig gehabt, denn ich war im Begriff des Gehens. Doch der Hass, der auch in dieser Sekunde wieder in mir hochkam, auf all die Ungerechtigkeiten, die ich mit allen diesen Frauen schon erlebt hatte, insbesondere mit meiner eigenen Frau, der war wieder einmal so groß, dass ich plötzlich die Nerven verlor und sie auch schon am Hals gepackt hatte. Ich drückte zu, bis sie leblos auf die daneben stehende Couch sank, und legte ihr dann das kleine Kissen auf das Gesicht, so lange, bis sie sich nicht mehr rührte. Und dabei vergaß ich, dass das doch eine alte Frau war. Ich vergaß alles um mich herum, sah wiederum nur im Nebel meine eigene Frau vor mir. Und abermals kam ich zu mir, wie aus einem tiefen Rausch. Was ich dann tat, muss wie in Trance geschehen sein: Ich schleppte sie in ihr Schlafzimmer, entkleidete sie bis auf die Unterwäsche, legte sie ins Bett, deckte sie bis obenhin zu und faltete ihre Hände. Und ich strich ihr auch über die Augen, sodass sie geschlossen waren.

Wenn Sie, liebe Leser, jetzt dies alles anders auffassen und glauben, ich hätte hier mit Kaltschnäuzigkeit gehandelt, so irren Sie sich ganz gewaltig. Es war Panik, und sicherlich stand ich auch unter Schockeinwirkung. Und sicher war da auch der Gedanke in mir: Diese Frau war eine fromme Christin, gläubig und hilfsbereit, also sollte sie auch so daliegen, als wäre sie eingeschlafen.

Als ich aus ihrem Zimmer floh, fiel mein Blick zufällig auf die Kommode des kleinen Zimmers, dessen Tür offen stand. Auf der Ablage der Spiegelkommode sah ich eine holzgeschnitzte Madonnenfigur. Diese zog mich ganz magisch an. Ich kann nicht beschreiben, warum, aber ich nahm sie an mich, steckte sie in einen Tragebeutel und verließ die Wohnung.

Die Frau hieß Isolde Günsch und war, als ich 1984 ins Haus ›Drei Kronen‹ einzog, meine Hausfrau, meine Vermieterin. Die ersten Eindrücke, die ich von ihr bekam, waren unterschiedlich. Mal freundlich, mal boshaft und vor allem sehr, sehr launisch. Da diese Frau Günsch sehr schnell herausfand, wie hilfsbereit und zuvorkommend ich war, wusste sie auch schon bald, wie sie mich packen und beherrschen konnte. Ich sollte so eine Art Sklave werden. Ich hatte also bei ihr ein Zimmer von etwa 16 qm, möbliert, mit kaltem und heißem Wasseranschluss. Die Miete betrug 250.– DM monatlich. Ich wohnte im vierten Stockwerk. Mir direkt gegenüber bewohnte ein Ehepaar ein noch kleineres Zimmer. Die Leute warnten mich schon am ersten Tag vor dieser Frau Günsch. Aber ich hatte mir noch nie etwas aus Vorurteilen und Bezichtigungen gemacht, so auch hier nicht. Aber im Verlaufe der sechs Jahre, die ich in diesem Hause wohnte, kam ich doch zu anderen Erkenntnissen.

Nun, liebe Leser, auch hier möchte ich gleich anfangs betonen, dass ich Frau Günsch keinesfalls in ein schlechtes Licht rücken will, das ist nicht meine Absicht und war es auch bei den anderen nicht, ich will nur schonungslos und offen darlegen, was geschehen ist und wie es dazu kommen konnte zu dem, wie ich es erlebte. Es hat sich alles genauso zugetragen, und es ist ebenso die volle Wahrheit wie alles andere auch. Ob man mir glauben möchte oder nicht, steht für mich außer Debatte. Ich kann es nicht ändern, ich habe es so erlebt, wie ich es schildere. Und glauben Sie mir, es gefällt mir am allerwenigsten, wenn ich durch meine Schilderungen den Eindruck erwecken könnte, dass alles nur erstunken und erlogen ist. Nein, dies alles ist die volle Wahrheit. Ich kann es mit meinem Gewissen vereinbaren, wenn ich sage: So und nicht anders habe ich es erlebt, so ist es geschehen. Ich finde es ja auch nicht schön, was ich da alles preisgebe, jedoch bin ich froh, wenn ich mir das alles von der Seele schreiben kann.

Denn all diese furchtbaren Erlebnisse sind zu fest in meinem Innenleben verwurzelt, als dass ich sie mit einem Handstreich für immer wegwischen könnte. Nun wieder zurück zu Frau Günsch.

Schon nach kurzer Zeit da spannte mich diese Frau in kleinste Tagesarbeiten ein. Mal war es Kellerräume aufräumen, mal Treppenputzen, Fenster usw.«

Es folgt eine seitenlange Beschreibung seiner »Sklavenarbeiten« und der vielen Vorkommnisse in dem Mietshaus einschließlich der Gaststätte und des Verhältnisses zum Sohn der Frau Günsch, der ein noch schlimmerer Sklaventreiber gewesen sei wie seine Mutter, ein elender Schuft und Halunke, der seine Mutter schamlos ausnutzte und ihn ebenso. Bei Isolde Günsch hatte Horst David inzwischen Mietschulden in Höhe von viereinhalbtausend Mark angehäuft, was seine Lage noch verschlechterte.

Dann aber trat etwas ein, das alles veränderte. Horst David traf seine große Jugendliebe wieder. Eine Frau namens Lotte, 45 Jahre alt und schwere Alkoholikerin. Am 16. Juli 1985, das Gasthaus »Drei Kronen« war wegen Renovierungsarbeiten für zwei Wochen geschlossen, suchte er, der leidenschaftliche und seinen Angaben zufolge sehr gute Tänzer, ein Tanzlokal in Regensburg auf, das Café »Fürstenhof«. Und da traf er sie nach 26 Jahren wieder, das Mädchen, das einst seine große Liebe war, seine Lotte.

Die noch verheiratete, aber getrennt lebende Lotte hatte vier Kinder, die aber beim Vater lebten. An diesem Abend besiegelte sie die Liebe zu »Horstl« neu, und fortan wollten beide nicht mehr voneinander lassen. Lotte verbrachte die Nächte meist bei ihm.

»Lotte und ich, wir fanden immer stärker, inniger und sehnsuchtsvoller zueinander, wie es nur bei einer guten, echten und reinen Liebe zu finden ist. Und hier, liebe Leser, muss ich sagen, dass der Unterschied zwischen meiner Frau und Lotte so krass war, dass er größer nicht hätte sein können. Meine Frau war der reine Satan, Lotte, meine Lotte, war ein Engel. Denn was mir Lotte an Liebe, Zärtlichkeit, Geborgenheit und vor allem Verständnis entgegenbrachte, ließ mich alles andere Ungute vergessen. Es war wie ein Paradies auf Erden, wovon viele vielleicht nur träumen können. Nun, eines Tages, da lernte ich Lottes Mutter kennen, die schon Witwe war. Wir mochten uns beide von Anfang an, und ich war ihr sehr willkommen. Leider war sie schon sehr kränklich und lebte alleine. Lottes Mutter gab mir zu spüren, wie sehr ich ihre Zuneigung hatte, sodass ich mich auch bei ihr geborgen fühlte, als wäre ich ihr Sohn. Es war ganz selbstverständlich, dass ich zu ihr ›Mama‹ sagen konnte, es gefiel ihr sogar. Ich kümmerte mich fortan auch um die Mutter. Im Januar 1991 zogen wir zu ihr in deren Sozialwohnung im Kirschgässchen. Endlich konnte ich das Haus der Günsch verlassen. Ohne Schulden, denn ich überließ ihr meinen gesamten Hausstand. Damit waren wir quitt, was wir aber nur mit Handschlag besiegelten. Was für ein Esel war ich doch. Verlangte sie doch plötzlich die Summe von 23 000.– DM von mir, angeblich hätte ich nie Miete bezahlt. Es kam dann so weit, dass sie mich immer wieder anrief und belästigte, wenn sie etwas brauchte. Ich war mit meiner Kraft am Ende. Schließlich musste ich mich um meine beiden Frauen kümmern, denen ich meine ganze Kraft und Aufmerksamkeit schenken wollte. Als sie dann mit einer Anzeige drohte, dabei noch irre ins Telefon kicherte und wieder Geld verlangte, da beschloss ich, die Sache ein für alle Mal aus der Welt zu schaffen.

Es war dieser Tag, der wiederum für mich ein ganz schwarzer Tag werden sollte. Es war der 10. Januar 1992. Als Frau Günsch anrief und drohte, mich anzuzeigen, da sagte ich ihr:

›Moment, Frau Günsch, ich komme gleich zu Ihnen rüber.‹ Sie lachte nur und legte auf. Ich musste diese Geschichte aus der Welt schaffen, und zwar im Beisein ihres Sohnes. Mama bat ich vorsichtshalber, auf Lotte aufzupassen, denn Lotte wurde sehr nervös und unruhig, wenn ich nicht da war. Sie litt zwischenzeitlich an ›Korsakow‹ infolge der Alkoholsucht, in die sie wegen ihrer Ehe getrieben wurde.

Es war kurz nach 16.00 Uhr, als ich im Café ›Drei Kronen‹ ankam. Ich ging erst einmal ins Café, um den Sohn mit zur Mutter zu nehmen. Aber der war nicht da, war gar nicht im Haus und würde auch nicht so bald zurückerwartet von der Bedienung. … Also blieb mir nichts anderes übrig, als alleine zu Frau Günsch hinaufzugehen. Sie wohnte im zweiten Stock. Ich läutete, und Frau Günsch öffnete. Ihr erster Satz war: ›Haben Sie endlich das Geld dabei, Herr David?‹ Ich aber sagte zu ihr: ›Frau Günsch, jetzt ist aber Schluss mit Ihren Geldforderungen und Erpressungen. Sie wissen genau, dass ich Ihnen nichts mehr schuldig bin. Und außerdem kommt gleich Ihr Sohn herauf, den habe ich benachrichtigt. Dann werden wir drei die ganze Sache ein für alle Mal klären, denn ich habe es satt. Für mich sind Sie verrückt und übergeschnappt.‹ Als Frau Günsch hörte, dass ich ihren Sohn mit einschalten wollte, da drehte sie durch. Mittlerweile fürchtete sie ihn nämlich wie der Teufel das Weihwasser. Sie schrie mich an: ›Herr David, das können Sie mir nicht antun! Mein Sohn, der darf davon nichts wissen, der schlägt mich wieder. Ich will das nicht, um Gottes willen!‹ Und sie schrie und schimpfte in einem fort. Da sie nun sah, dass ihr verrücktes Spiel nicht aufzugehen schien, wurde sie regelrecht hysterisch. Sie drehte sich um, schnappte eine Bratpfanne, die auf dem Gasherd stand, und wollte auf mich los. Sie hatte auch schon mit dieser ausgeholt und war im Begriff, diese Pfanne auf mich niedersausen zu lassen. Ich riss sie ihr aus der Hand, denn ich war ja doch ein bisschen schneller als sie, schubste sie ein wenig weg und stellte die

Bratpfanne auf den Herd zurück. Doch wie von Sinnen riss sie nun eine Schublade auf, griff blitzschnell hinein, und mir wurde klar, dass sie daraus wohl ein Messer ziehen wollte. Ich hatte wirklich nur diesen Gedanken in mir. Nun trat ich blitzschnell hinter sie, packte sie mit meinem rechten Arm von hinten um den Hals und zog sie mit einem kräftigen Ruck nach hinten weg. Ich selbst ging dabei auch noch zwei Schritte rückwärts, sodass Frau Günsch nach hinten hängend in meinem Hebelgriff hing. Dabei muss ich wohl ziemlich fest bei der Sache gewesen sein, denn ich merkte plötzlich, dass Frau Günsch in meinem Arm erschlaffte und nach unten sackte. Als ich sie endlich ganz losließ, meinen Griff lockerte, da lag sie auf dem Rücken, Füße zum Fenster und Kopf fast an der Türschwelle zur Küche. Jetzt erst begriff ich, dass Frau Günsch tot war, denn sie rührte sich nicht mehr. Und, liebe Leser, glauben Sie mir, es war nie und nimmer meine Absicht, Frau Günsch zu töten. Es war einfach ein Unglück, ein miserables Missgeschick, was da passiert ist. Aber wer würde mir das schon glauben? Also nahm ich in meiner Panik ein kleines Heftchen vom Tisch und drückte es ihr in die Hand, damit es so aussehen würde, als wäre Frau Günsch an Schwäche gestorben und umgefallen. Nun hatte ich wieder mal getötet, zum sechsten Mal schon.«

In seiner polizeilichen Vernehmung zum Fall Günsch hatte Horst David noch angegeben, dass er zu ihr gegangen sei, um sie zu töten. Wortwörtlich sagte er: »Ja, das gebe ich zu. Das mit der Günsch, das war glatter Mord. Die Frau hat mich derart genervt mit ihren Geldforderungen und den dauernden Anrufen, dass ich die Nase voll hatte. Also bin ich an diesem Nachmittag hin zu ihr in der vollen Absicht, sie umzubringen. Das sage ich offen und ehrlich, da gibt es nichts zu beschönigen.«

Ich habe den Eindruck, dass Horst David – wie die meisten Schwerverbrecher, die nicht mehr wahrhaben wollen, wozu sie fähig waren – zusehends von Realitätsverlust befallen wurde. Vielleicht liegt es daran, dass diese Menschen in der Haft nachgrübeln und sich schließlich ihre eigene Wahrheit stricken. Und je länger sie einsitzen, desto weiter entfernen sie sich von der Realität.

Erstaunlich ist jedoch, dass sich die Aussagen des Serienmörders Horst David in all den Jahren in einem Punkt nicht verändert haben: Die Ermordung der Frauen schildert er auch nach Jahren mit der gleichen Kälte wie zum ersten Mal beim Geständnis. Sowohl vor der Polizei als auch später vor Gericht und in seiner Biografie hat er den Tötungsvorgang weder beschönigt noch relativiert oder bagatellisiert. Das ist auffallend. Als ob die Tötung der Opfer Nebensache gewesen wäre oder die logische Folge der Geschehnisse. Nur was die Ereignisse im Vorfeld und seine Motivation betraf, änderte er seine Sicht der Dinge. Alle Frauen hatten ihn provoziert, angeschrien und angegriffen, und »mitgenommen« habe er nur, was ihm zustand bzw. erst nach der jeweiligen Tötung seine Aufmerksamkeit erregte.

Insgesamt hatte Horst David sieben Morde gestanden. Wobei ich fest davon überzeugt bin, dass es mehr als sieben Tötungen waren, die auf sein Konto gehen. In vier weiteren Fällen steht seine Täterschaft polizeilich fest, aber juristisch ist sie leider nicht mehr nachweisbar. Dazu müsste er gestehen. Aber mit den Geständnissen war Schluss, als sein Anwalt erschien. Nicht weil dieser weitere Geständnisse verhindern wollte – wozu auch –, sondern weil er sie seinem Mandanten selbst entlocken wollte. Das funktionierte aber nicht, weil Horst David zu ihm »keinen Draht fand«, wie er mir später erklärte. Und nach der Verurteilung mochte er nicht mehr. Bei Horst David sind die Verdrehung von Tatsachen, die Abkehr von der Wahrheit und der Glaube, ungerecht verurteilt worden zu sein, besonders drastisch. Erkennbar ist das am enormen Unterschied zwischen dem, was er in seiner Biografie schrieb, und dem, was er in seinen polizeilichen Vernehmungen angegeben hatte.

Auch wenn Horst David dies immer wieder betont, aber es war keine Lebensbeichte, die er ablegt hatte. Denn wäre es eine gewesen, hätten zumindest die vier Fälle dabei sein müssen, von denen wir ganz sicher glauben, dass die auch auf sein Konto gehen.

Während der Verhandlung trat zum Beispiel ein Zeuge aus Hainsacker auf, der über die Zeit aussagte, als David dort in einem großen Bauernhof mit Gasthaus als Knecht gearbeitet hatte. Plötzlich drehte sich der Zeuge dem Angeklagten zu und schrie ihn an: »Und die alte Frau Zeisig hast du auch umgebracht, du Drecksau.« Die richterliche Ermahnung ließ den Zeugen verstummen, aber wir recherchierten natürlich und stellten fest: Die damals 85-jährige Frau Zeisig war die Seniorchefin auf dem Hof. Sie lebte im sogenannten Austrag in einem Zimmer, direkt neben der Kammer von Horst David. Die Dame galt als noch äußerst rüstig und reiselustig. Eines Tages wurde sie tot in ihrem Zimmer aufgefunden. Sie lag am Boden und hatte einen Reiseprospekt in der Hand. Der Hausarzt stellte einen natürlichen Tod fest, rein auf Vermutung. Was hätte es denn sonst sein sollen? Dass ihre Geldbörse fehlte, erregte keinen Verdacht.

Ein paar Jahre später wurde in dem Mehrfamilienhaus, in dem Horst David mit seiner Familie wohnte, eine ältere, alleinstehende Dame tot in ihrer Küche aufgefunden. Auch sie lag am Boden, neben ihr die Schüssel mit frischem Salat, ein Blatt davon hielt sie noch in der Hand. Auf diesen Ablebensfall wurde David angesprochen, nachdem seine Geständnisbereitschaft bereits aufgrund des Einwirkens seines Anwaltes erloschen war. Ich sehe noch heute vor mir, wie er grinste und sagte: »Was kann ich dafür, dass die Frau beim Salatmachen einen Herzinfarkt erleidet?« Als ich ihn fragte, woher er das mit dem Salat wüsste, erkannte er seinen Fehler und behauptete, ich selbst hätte es kurz vorher erwähnt, was definitiv nicht stimmte.

1991 wurde eine bekannte Nachrichtensprecherin des regionalen Fernsehens tot in ihrer Wohnung aufgefunden. Die erst 45-jährige, kerngesunde, sportliche Frau hatte eine Woche Urlaub genommen, um ihre Wohnung zu renovieren. In dieser Zeit traf sie in der Innenstadt mit einer Kollegin zusammen, der sie erzählte, sie hätte einen reizenden Herrn kennengelernt, der Maler sei und ihr beim Renovieren helfe. Er heiße Horst, wohne hier in Regensburg, arbeite sehr günstig und äußerst professionell und sauber. Als die Woche um war, kam die Frau nicht mehr zur Arbeit. Bei einer Nachschau wurde sie im Flur, nur mit Schlüpfer bekleidet, tot aufgefunden. Sie lag am Boden und hatte einen Putzlappen in der Hand, daneben war ein Eimer umgekippt. Es sah so aus, als habe sie beim Putzen einen Herzinfarkt erlitten. Bei der Leichenschau wurde ein natürlicher Tod bescheinigt, und die Frau wurde feuerbestattet. Das war's.

1992 arbeitete Horst David noch für Isolde Günsch. Eines Tages wurde er nach Nürnberg geschickt, wo er ein Möbelstück kaufen sollte. Die 250 Mark gab Horsti aber lieber im Puff aus, und weil ihm das Geld nicht reichte, brachte er auch gleich noch eine Prostituierte in deren Apartment um. Nach der Tat floh er in ein Hotel und entkam nur knapp seinen Verfolgern. Als er eincheckte, fiel er einem Gast auf, der über ein fotografisches Gedächtnis verfügte, einem Mathematiker. Als Davids Bilder im Rahmen seiner Festnahme bundesweit durch die Gazetten gingen, meldete sich der Zeuge und gab an, er sei sich absolut sicher, David sei der Mann gewesen, der in jener Nacht wie gehetzt ins Hotel gekommen sei, ohne Gepäck. Zur selben Zeit also, als die gesamte Innenstadt nach dem flüchtigen Dirnenwürger abgesucht worden war.

Sowohl von der alten Frau Zeisig als auch von seiner Nachbarin hatte sich David immer wieder Geld geliehen und nicht mehr zurückgezahlt. Niemand aus der Soko hatte Zweifel an seiner Täterschaft auch in diesen Fällen. Aber es fehlten die Beweise. Auch wenn der Modus Operandi immer derselbe war.

Was den Fall der Fernsehmoderatorin betrifft, verhält es sich ähnlich, und dass er die Dirne auf dem Gewissen hat, die in Nürnberg ausgerechnet zu dem Zeitpunkt ihr Leben lassen musste, als sich dort auch Horst David aufgehalten hatte, ist natürlich nicht als Zufall anzusehen. Aber in einem Rechtsstaat gilt die Unschuldsvermutung so lange, bis in einem rechtskräftigen Urteil das Gegenteil festgestellt ist, weshalb er auch wegen dieser Taten nicht angeklagt und verurteilt wurde. Legitim ist aber die Formulierung, dass nach jeweiliger Indizienlage keine vernünftigen Zweifel an seiner Täterschaft bestehen.

Von den fünf Morden, die er zwischen 1981 und 1993 in Regensburg begangen und gestanden hat, waren drei gar nicht als solche erkannt worden.

In allen Fällen waren Tatort und Auffindungsort identisch. Das heißt, alle Taten wurden in den Wohnungen der Opfer verübt, zu denen sich Horst David berechtigten Zutritt verschafft hatte. Mit den beiden Prostituierten nahm er vorher telefonischen Kontakt auf und mimte dann den Freier. Dabei kündigte er sich als aus Mainz stammender Tourist an und wurde deshalb vom ersten Opfer auch als »Mainzer« erwartet. Warum ausgerechnet Mainz, wurde nicht bekannt. Aber schon alleine aufgrund der Tatsache, dass er seine Herkunft verschleierte, wird deutlich, dass er von vornherein Böses im Schilde geführt hatte. Beide Prostituierte wurden mit eigenen Kleidungsstücken erdrosselt. Eingeleitet wurden die Angriffe mittels Fußtritt gegen die Beine. Andere schwere Gewalteinwirkungen erfolgten nicht. Hierl lag nackt am Boden vor ihrem Bett, Sulaika lag nackt auf dem Bett. Beide waren nicht gefesselt, und nichts deutete auf sexuelle Perversitäten oder sadistische Sexualpraktiken hin. Lediglich mit Hierl hatte er »normalen« Geschlechtsverkehr ausgeübt, bevor er sie getötet hatte. Die Wohnungen waren durchwühlt, mit hoher Wahrscheinlichkeit wurde Bargeld in nicht bekannter Höhe entwendet. Wertvollen Schmuck ließ er dagegen unberücksichtigt. In beiden Fällen gab er an, »durchgedreht« zu haben, weil die Frauen mehr Geld verlangt hätten als vereinbart. Nach der Tat habe er nur seinen bereits bezahlten Liebeslohn mitgenommen.

Horst David war von seiner Mutter im November 1944 auf der Flucht aus Schlesien im Alter von sechs Jahren auf dem Bahnhof in Hof/Bayern ausgesetzt worden. Mit einem Pappschild um den Hals, auf dem nur das Nötigste stand: »Horst David – am 22.11.1938 in Kostenblut/Breslau geboren.« So manche Gutachter, Juristen und Journalisten mutmaßten, dies könnte jenes negative Schlüsselerlebnis gewesen sein, das ihn zu dem hat werden lassen, was er geworden ist. Was kann es denn für ein Kind Schlimmeres geben, als von der Mutter im Stich gelassen zu werden? Später schrieb David selbst, die Erinnerung an seine Mutter sei verblasst, im Gedächtnis sei ihm aber eine Frau geblieben, die ihn allabendlich zu Bett gebracht habe und von der etwas Warmes, Weiches und Zärtliches ausgegangen sei.

An dieser Stelle erscheint es mir ratsam, das Täterbild einzuflechten, das wir erarbeitet haben und in das auch die Aussagen seiner von ihm angeblich so gehassten Ehefrau eingeflossen sind. Demnach war Horst David ein notorischer Lügner, wofür ihn aber die wenigsten hielten. Er erwies sich jedenfalls als wahres Naturtalent in Bezug auf Tarnung und Täuschung. Gutachter und Juristen rätselten darüber, wie aus diesem unscheinbaren, schüchternen, fast schon unterwürfig wirkenden Mann einer der schlimmsten Serienmörder in der deutschen

Nachkriegsgeschichte werden konnte. Er selbst legte größten Wert darauf, weder als Raubmörder noch als Sexualmörder und schon gar nicht als Geisteskranker betrachtet zu werden. Er sah sich als normalen, gesunden Menschen. Erst im Nachhinein taten sich die seelischen Abgründe dieses netten Herrn aus Regensburg auf, die denen eines gefährlichen Psychopathen ähnlich sind. Jedenfalls taugt der brave Horst als Paradebeispiel für ein sehr erfolgreiches Doppelleben als normaler Bürger einerseits und als Serienmörder andererseits. Wann das Drama seinen Anfang nahm, blieb unklar.

Der verwaiste Junge kam nach seinem Aufgriff am Bahnhof in Hof in die Oberpfalz, wo er in verschiedenen Kinderheimen heranwuchs. 1947 erfolgte die Trennung zwischen katholisch und evangelisch getauften Kindern, und der kleine Horsti wurde in das evangelische Waisenhaus Kastell Windsor in der Oberpfalz gebracht, was er als großes Glück empfand. Jedenfalls schwärmte er in seiner Biografie seitenlang über die paradiesischen Zustände und die liebevolle Betreuung, die er in diesem Hause, das mitten im Wald lag, erfahren durfte. Ihm und den anderen 120 Waisenkindern sei es dort besser gegangen als vielen Kindern, die eine Familie hatten. Es habe an nichts gemangelt, sie hätten genug zu essen gehabt und ab 1949 sogar eigene Lehrer und Klassenzimmer. Sie seien liebevoll behandelt worden, und es habe weder Gewalt oder Aggressivität unter den Kindern noch vonseiten der Schwestern oder Lehrer gegeben. Dann ereignete sich etwas, das möglicherweise schlimmer für ihn war als die Aussetzung am Bahnhof in Hof.

»Es geschah im Sommer 1948, als ich noch nicht ganz zehn Jahre alt war. Da besuchten mich eine Frau und ein Mann; just zu dem Augenblick, als wir Kinder auf der Wiese im Schatten von herrlichen Tannen unseren täglichen Mittagsschlaf hielten.

Wir mussten das in der größten Hitze tun, denn zu dieser Zeit herrschte in Deutschland die Kinderlähmung. Deshalb durften wir von 12.00 Uhr bis 15.00 Uhr nicht in dieser Hitze herumtollen, sondern mussten ruhen. Nun, diese Dame und der Herr, die da vor mir standen, eröffneten mir, dass der Suchdienst des Deutschen Roten Kreuzes meine leibliche Mutter ausfindig gemacht hätte. Sie, liebe Leser, können sich jetzt vielleicht vorstellen, wie mir in diesem Moment zumute war. Ich kann es Ihnen nur so schildern: Bei dieser Nachricht machte mein Herz regelrechte Freudensprünge, indem es lauter und schneller klopfte als sonst. Dann jedoch musste ich lachen und weinen in einem Zug gewissermaßen. Dass beides so eng beieinanderliegt, ist ja nur zu verständlich in einer solchen Situation, oder? In mir war es wie in einem Karussell, mal auf, mal nieder. Erst nach einiger Zeit begriff ich das ganze Ausmaß dieser Nachricht: Ich habe eine Mutti; sie lebt und wird mich ganz bestimmt zu sich holen. Das waren meine allerersten Gedanken. Ich kann dieses Glückgefühl gar nicht so treffend beschreiben, aber es war da. Ebenso wie ich freuten sich auch alle meine Kameraden und Kameradinnen, die mit mir draußen auf der Wiese im Schatten lagen. Einige weinten sogar genauso wie ich; teils wohl aus Freude für mich, teils auch aus Sehnsucht nach ihren Eltern. Nun, dieser Gedanke, meine Mutter muss mich doch nun zu sich holen, war in meinem Herzen so tief eingeprägt, wie es nur in einem Kinderherzen Bestand haben kann. Und so schrieb ich auch gleich meinen ersten Brief an meine Mutter. Gleich am nächsten Tag. Voller Hoffnung, aber auch voller Bangen. Aber immer mit dem Wunsch in meinem Herzen, dass mich meine Mutter endlich zu sich holen würde. Voller Ungeduld wartete ich auf eine Antwort, aber die ließ auf sich warten. Ein halbes Jahr lang hörte ich nichts, dann kam ihr erster Brief. Und gleich mit diesem ersten Brief musste ich schmerzlich feststellen, dass das nicht eintreffen würde, was ich mir so sehnlichst wünschte. Es gab nämlich für mich keinen Platz in ihrem Leben. Auch in den folgenden Briefen machte sie mir keine Hoffnung. Es stand nichts von meinem Vater drin, nichts von ihrem Verschwinden auf dem Bahnhof in Hof. In meinem Kopf, da spielte sich so Verschiedenes ab. Ich wusste nicht, ob ich ihr glauben konnte oder nicht; log sie mich an oder nicht? Doch seltsamerweise konnte ich meiner Mutter nie böse sein, auch später nicht. Obwohl ich, das gestehe ich ein, doch sehr enttäuscht war. Ganz überflüssig zu erwähnen, dass es jedem Kind so ergehen mag, welches von seinen Eltern getrennt wurde. Nun, wie schon öfter gesagt, diese wunderbare und wirklich liebevolle Betreuung in unserem Waisenhaus, die ja allen Kindern gleichsam zugutekam, half mir doch sehr viel dabei, dass ich mit diesem Problem besser und schneller zurechtkam, als ich es dachte. Die Hoffnung, zu meiner Mutter heimzukommen, ging langsam in einen Nebelschleier des Vergessens hinüber, und somit musste ich halt meine Träume langsam begraben.«

Was hat dieses sicherlich für ihn gravierende Schlüsselerlebnis angerichtet? Hat seine Seele hier gar mehr Schaden genommen als bei seiner Aussetzung am Bahnhof? Damals war er erst sechs Jahre alt und stand plötzlich alleine da. Sicherlich hat er nach seiner Mutter gesucht und gerufen und war tieftraurig, sie nicht gefunden zu haben. Aber er bekam liebevolle Betreuung und Trost. Als aber später die offensichtlich in seinen Gedanken allgegenwärtige Mutter gefunden worden war, konnte er es nicht erwarten, zu ihr zu kommen. Er würde eine Mutter haben, eine Familie. Dann folgte die tiefe Enttäuschung. Wieder hatte ihn seine Mutter im Stich gelassen, wollte nichts von ihm wissen, hatte keinen Platz für ihn. Viele Ermittler, Juristen und Experten glauben, dass sein Hass auf Frauen auf dieses Schlüsselerlebnis zurückzuführen sein könnte und er nicht das Gesicht seiner Ehefrau vor sich gesehen habe, wenn er eine Frau erwürgte, sondern das seiner Mutter. Ich persönlich denke, dass diese große Enttäuschung für ihn schlimmer gewesen sein dürfte als die spontane Aussetzung am Bahnhof und dass durch die Zerstörung dieser Hoffnung seine Wut und sein Hass auf Frauen entstanden sein könnten.

Die Hauptschule absolvierte der intelligente Junge ohne Probleme mit besten Noten, eine weiterführende Schule durfte er nicht besuchen, obwohl er dafür geeignet gewesen wäre. Stattdessen machte er eine Lehre als Maler und Anstreicher, beendete diese erfolgreich und wurde zu einem Malergesellen, den nicht nur seine Arbeitgeber sehr schätzten, sondern der auch bei Kunden wegen seines Fleißes und seiner guten Arbeit sehr beliebt war. Dennoch verdiente er nur wenig Geld, sodass er sich entschloss, aufs Land zu gehen und sein Glück in der Landwirtschaft zu suchen.

1959 war Horst David von Regensburg nach Hainsacker umgesiedelt und heuerte dort als Knecht bei einem Großbauern und Gastwirt an. Dass er als Knecht auf der untersten sozialen Sprosse der Dorfgemeinschaft stand, störte ihn zunächst ebenso wenig wie die Tatsache, dass er lange Zeit ein Fremder blieb, auch wenn er fleißig arbeitete. Langsam stieg er aber nach oben. Denn er sprach hochdeutsch und konnte Klavier spielen. Das hatte man ihm in den evangelischen Kinderheimen beigebracht, in denen er aufgewachsen war. Dieser Befähigung verdankte er übrigens die Zuneigung so mancher Dorfschönheit und damit auch die seiner späteren Frau. Als angepasster Ehemann mimte er sogar im Kegelverein alljährlich den Nikolaus und trug zum Gaudium der Mitglieder lustige Verslein vor.

Obwohl er durch die Heirat mit einer Einheimischen und seine verschiedenen Aktivitäten von der dörflichen Gemeinschaft akzeptiert war, hatte er sich doch sein ganzes Leben lang als Fremder gefühlt.

Die größte Bewunderung und Anerkennung erfuhr »Horsti«, wie ihn alle nannten, jedoch im örtlichen Fußballverein. War er doch ein begnadeter Stürmer und Torschütze. Jeder im Dorf kannte und respektierte ihn aufgrund seines netten Wesens, seiner fast unterwürfigen Bescheidenheit und seiner Fähigkeit, sich anzupassen. Nur eine einzige Auffälligkeit gab es: Auf dem Fußballplatz konnte er ausrasten und zeigte hin und wieder Anfälle von Aggression. Wurde er gefoult oder der Schiedsrichter entschied gegen ihn, dann schrie und tobte er und musste von seinen Mitspielern zurückgehalten werden. Mehrmals wurde er sogar vom Platz gestellt und für einige Spiele gesperrt. Das durfte seine Frau aber nicht wissen, weil er ihre Reaktion fürchtete. Denn sie sollte nicht erfahren, dass er sich derart rüpelhaft und aggressiv gezeigt hatte. Also beschmutzte er absichtlich seine Fußballkleidung, damit es so aussah, als sei er beim Spielen gewesen, obwohl er gesperrt war. Mit seinen Kameraden ging er nach Fußballspielen nie mit ins Wirtshaus, denn er trank nicht und geselliges Beisammensein schätzte er nicht. Die Anerkennung, die er als fleißiger, als sehr sorgfältig und gut arbeitender Malermeister genoss, war nicht die, die er haben wollte und suchte. Er sammelte lieber Briefmarken und strebte bei jeder sich bietenden Gelegenheit dorthin, wo er sich wohlfühlte: ins Milieu.

Angefangen hatte es mit hoher Wahrscheinlichkeit schon nach der Geburt seines zweiten Sohnes im Jahre 1969. Jedenfalls war die Ehe des Horst David zu diesem Zeitpunkt bereits erkaltet. Die anfängliche Leidenschaft war längst verflogen, und der Alltag mit seinen Sorgen und Nöten, vor allem finanzieller Natur, bestimmte auch das Leben des Ehepaares David. Horst hatte mittlerweile wieder eine Stelle als Malergeselle bei einer in Regensburg ansässigen Firma angenommen, und seine Frau arbeitete ebenfalls in Regensburg als Verkäuferin in einem großen Kaufhaus. In dieser Zeit dürfte er angefangen haben, immer wieder aus dem strengen, langweiligen Familienleben zu entfliehen. Manchmal nur für Stunden, dann auch für Tage oder gar Wochen. Dabei reiste er ausschließlich mit dem Zug und stets in irgendwelche Großstädte innerhalb Deutschlands.

Angekommen am Ziel, tauchte er sofort ab ins Rotlichtmilieu, nach dem er lechzte wie ein Drogensüchtiger nach dem nächsten Schuss. Er, der permanent vom großen Lottogewinn träumte, genoss es, von den »Damen« hofiert und angehimmelt zu werden, solange er sich spendabel zeigte und eine Flasche billigen Sektes nach der anderen ausgab. Die sexuelle Komponente seiner Unternehmungen stand nicht im Vordergrund, und so ging er nur hin und wieder mit einer der Damen ins Separee. Er wollte reden, erzählen und ganz einfach als jemand behandelt werden, der er nicht war. Dass er sich im absolut billigsten Ambiente und auf tiefstem Niveau bewegte, focht ihn nicht an.

Einmal fälschte »Horsti« einen Scheck, der von einem Kunden regulär über einen Betrag von 400.– DM ausgestellt worden war, indem er eine Eins vor den Betrag und eine Null dahintersetzte, und schon war die Summe von 400 auf stattliche 14 000.– DM angewachsen. Die wurden ihm in der dörflichen Bankfiliale auch gutgläubig ausbezahlt. Ein Festtag für Horsti. Zwei Stunden später saß er im Zug nach München, die Taschen voller Geld.

»Und so gab ich mich dem pulsierenden Strom der Großstadt München einfach hin. Ich lernte in den wenigen Tages meines Aufenthaltes auf einmal die angenehmen Seiten des Lebens kennen. Das Leben, das treibende, stetige Auf und Nieder, Vergnügungen, aber auch das Laster und alle anderen kleinen Sünden dieser Welt! Es war für mich etwas völlig Neues, aber ich gestehe auch ganz ehrlich, es gefiel mir; es gefiel mir so, dass ich plötzlich wusste: Ich bleibe länger hier. Also stürzte

ich mich hinein ins Vergnügen, eben um zu vergessen. Geld hatte ich reichlich dabei, ging jeden Tag gut essen, verbrachte die Nächte nur beim Tanzen im Tanzlokal ›Herzl‹ bis in die frühen Morgenstunden, denn ausschlafen konnte ich mich ja auch ganz ergiebig. Dieses Tanzlokal, in welches ich regelmäßig jeden Abend ging, hatte seine Tanzabende unter dieses Motto gestellt: ›Ball der einsamen Herzen‹. Kurios, nicht wahr? Traf es doch haargenau auf mich zu.

Natürlich, wie sollte es auch anders sein, lernte ich da viele nette und gut aussehende Frauen kennen. Doch, und das sage ich ehrlich und mit Stolz, abgeschleppt, wie es nun mal so im Jargon heißt, hatte ich wirklich keine. Danach stand mir noch nicht der Sinn. Ja, und als dann doch der Tag kam, an dem ich mich tatsächlich und auch intensiv nach der Liebe und Zärtlichkeit mit und von einer Frau sehnte, den Wunsch hatte, mit ihr zu schlafen und intim zu sein, da ahnte ich nie und nimmer, dass gerade dieser Tag für mich der schwärzeste in meinem Leben sein würde. Und glauben Sie mir, liebe Leser: Ich gäbe sonst etwas dafür, könnte ich nur das Rad der Zeit für ein einziges Mal zurückdrehen und alles, was passierte, als ungeschehen machen. Denn ein schlechter Mensch war ich doch bis dahin noch nie.«

Bevor Horst David nicht die letzte Mark ausgegeben hatte, konnte und wollte er sich aus dieser Scheinwelt nicht verabschieden. Wobei die Ernüchterung meist nicht lange auf sich warten ließ. War nämlich das Geld aufgebraucht und waren ein paar Rechnungen offen geblieben, übten die Inhaber der Etablissements heftigen Druck auf ihn aus und behielten gegebenenfalls seinen Ausweis so lange ein, bis er die Ausstände beglichen hatte. Also brauchte er oft Nachschub. Einmal fuhr er heimlich nach Hause, weil er wusste, dass im Sparschwein seiner Söhne einige Hundert Mark waren. Er schlich sich in die Wohnung, während die Frau in der Arbeit war und die Kinder in der Schule, knackte mit einem Schraubenzieher das Plastikbehältnis und entnahm circa 800.– DM. Dieses Geld, ein kleines Vermögen für die Familie, hatten die beiden Buben jahrelang gespart bzw. geschenkt bekommen. Damit bezahlte David schließlich eine offene Rechnung in einem mehr als fragwürdigen Nepplokal.

Da die häuslichen Geldquellen mit diesem Raubzug erschöpft waren, favorisierte er künftig eine andere Variante: Frauen umbringen und ausrauben. Dabei spezialisierte er sich zunächst auf Edelprostituierte, von denen er annahm, dass sie größere Geldbeträge zu Hause aufbewahren. Schließlich kosteten die Damen ja auch entsprechend. Niemand weiß, wie oft er Erfolg hatte. Tatsache ist aber, dass in den späten 1960er-, 1970er- und 1980er-Jahren Dutzende von Prostituierten in Deutschland umgebracht wurden, insbesondere auch in bayerischen Großstädten wie München, Augsburg oder Nürnberg. Inzwischen hat man herausgefunden, dass dafür vielfach Soldaten der amerikanischen Truppen verantwortlich gewesen sein dürften, die, meist völlig entmenschlicht aus Vietnam kommend, hier zwischenstationiert waren. Dieser Rückschluss ist allein schon dadurch berechtigt, dass die Zahl der Prostituiertenmorde nach deren Abzug auf nahezu null zurückging. Natürlich waren nicht nur traumatisierte Soldaten für die vielen Morde im Prostituiertenmilieu verantwortlich, etliche gingen auch auf das Konto von Männern à la »Horsti«.

Niemand ahnte auch nur im Entferntesten, welche Abgründe in diesem ruhigen, stets hilfsbereiten Mann schlummerten. Während er nämlich in seinem kleinen oberpfälzischen Dorf als tüchtiger Handwerker und treu sorgender Familienvater galt, verschwand er hin und wieder für ein paar Tage irgendwohin und brachte Frauen um. Zuerst Prostituierte und später ältere, alleinstehende Damen. Als »Biedermann-Mörder« oder »Würger von Regensburg« ging er in die Kriminalgeschichte ein. Niemand außer ihm selbst weiß genau, wann und warum es begann und wie viele Opfer es tatsächlich gab. Ich persönlich bin überzeugt, dass die Zahl seiner Opfer im zweistelligen Bereich liegt.

Seine sprichwörtliche Hilfsbereitschaft war Tarnung und stets mit einem Hintergedanken verbunden. Jedenfalls tat er nichts, ohne sich einen Vorteil davon zu versprechen. All seine scheinbar guten Charaktereigenschaften und Tugenden waren vorgetäuscht. Und niemand merkte es. Außer möglicherweise seine Frau. Jedenfalls hatte sie irgendwann herausgefunden, mit welch einer Bestie sie verheiratet war. Es kam ihr nämlich merkwürdig vor, dass er sich jedes Mal, wenn er wieder einmal von einer seiner »Exkursionen« zurückgekehrt war, auf sein Bett warf und bitterlich zu weinen begann, ohne seiner Frau aber zu sagen, warum. Wobei sie spürte, dass es keine echte Reue war. Der Zorn der Ehefrau ebbte jedenfalls beim Anblick dieses jammernden und weinenden Häufchens Elend etwas schneller ab, als hätte er nur stur geschwiegen. Das wusste er. Sie machte ihm zwar heftige Szenen und drohte ihm mit Scheidung, ließ es aber jedes Mal mit einer Gardinenpredigt bewenden, doch ihr Misstrauen wuchs stetig – nicht nur angesichts so mancher Kratzspuren an seinem Körper, wie sie nur von Fingernägeln verursacht worden sein konnten, sondern auch wegen der Zeitungsberichte über Frauenmorde ausgerechnet immer dann, wenn er irgendwo unterwegs gewesen war. An Zufälle mochte sie jedenfalls nicht mehr glauben. Konkrete Vorhalte machte sie ihm aber nicht, weil sie vermutlich Angst vor der Wahrheit hatte. Später räumte sie ein, ihre Ängste, mit einem Mörder verheiratet zu sein, einfach verdrängt zu haben. Sie wollte es nicht wissen, und um den Schein zu wahren, begann sie auch zu lügen und ihr Umfeld zu täuschen. Dabei ging es ihr insbesondere darum, ihre zwei Buben zu schützen. Der Gedanke, dass ihre Kinder als die eines Mörders ausgegrenzt werden könnten, bereitete ihr mehr Angst als das schlechte Gewissen, das sie wegen ihrer düsteren Ahnungen plagte. Also beruhigte sie sich damit, nichts Genaues zu wissen. Vielleicht täusche sie sich ja auch. Das genügte ihr als Rechtfertigung vor sich selbst. Außerdem sei sie keine Polizistin und nicht verpflichtet, ihren Ehemann »hinzuhängen«, sagte sie sich.

Fest steht meiner Überzeugung nach Folgendes: Die ersten Morde, die Horst David nachgewiesen werden konnten, waren nicht seine ersten Morde. Im August 1975 war er bereits Profi. Wer sonst schafft es, an einem Freitag einen Mord zu begehen, am Samstag ein Tanzlokal aufzusuchen und die Beute zu verjubeln und am Sonntag im selben Viertel zum zweiten Male zuzuschlagen, obwohl die gesamte Szene einschließlich der Polizei in Alarmbereitschaft war. Jeder Erststäter hätte zunächst das Weite gesucht und die Stadt unverzüglich verlassen. Die Dreistigkeit, zu bleiben, tanzen zu gehen und die Tat nahezu identisch noch einmal zu begehen, konnte nur ein Profi aufbringen. Dessen bin nicht nur ich mir sicher gewesen. Hier war jemand am Werke gewesen, der »sein Handwerk« verstand, also bereits Routine im Töten von Frauen hatte. Ja, Horst David war zu diesem Zeitpunkt bereits zum Serienmörder mutiert. Das Töten ging ihm sozusagen leicht von der Hand, und die Hemmschwelle, die uns Menschen normalerweise davon abhalten sollte, andere Menschen zu töten, war bei ihm ebenso restlos abgebaut wie die Angst vor Entdeckung.

War Horst David ein Psychopath? Ein völlig empathieloser Mensch, unfähig, zu lieben oder Mitgefühl zu zeigen? Es ist bekannt, dass Psychopathen hervorragende Schauspieler und begnadete Lügner sind. Und sie sind stressresistent, berechnend, entscheidungsstark und wahre Meister täuschenden Verhaltens. Diese Menschen – unter ihnen viele bedeutende Persönlichkeiten der Vergangenheit und Gegenwart – sind aber keineswegs per se geisteskrank im Sinne von schuldunfähig, sondern vielfach hochintelligent und damit für ihr Tun voll verantwortlich. Sie sind eben böse, und manche tragen das Böse angeblich schon in sich, wenn sie auf die Welt kommen. Bei anderen entsteht es in der frühkindlichen Entwicklung. Als Standard-Checkliste für Psychopathie gilt die von Robert D. Hare, einem Professor für Psychologie in Vancouver, Kanada, entwickelte Skala von 1 bis 40. Je mehr Punkte auf der Hare-Skala jemand erzielt, desto ausgebildeter ist die Psychopathie und desto größer die Gefahr, dass er irgendwann Gewalt entweder gegen sich selbst oder andere ausüben wird. Horst David hätte auf dieser Skala mit hoher Wahrscheinlichkeit die volle Punktzahl erreicht. Denn was muss das für ein Mensch sein, der es schafft, das zu tun, wovon eine Zeugin berichtete, die Horst David noch aus seiner Zeit als junger Knecht auf dem Bauernhof gekannt hatte. Dort trug sich eines Tages Folgendes zu: Horst David war in der Scheune von einer kleinen Katze an der Hand gekratzt worden, die er im Heu aufgestöbert hatte. Wutentbrannt warf er das Tier zu Boden, trat mit den Stiefeln drauf und spießte es mit der Heugabel auf. Die Zeugin hat diesen herzlosen Vorgang bis heute nicht vergessen und ich übrigens auch nicht.

»*Nachbetrachtung:*

Ich bereue meine sieben Geständnisse bis heute nicht, jedoch verachte ich die Art und Weise, wie mich Staatsanwalt und Richter auf das Schlimmste hintergangen haben. Durch ihre Handlungsweise und ihre stupiden Vermutungen, die ja letztendlich zu diesem Urteil von ›Lebenslänglich‹ führten, hatten beide mich noch tiefer in den Schmutz gedrückt, in dem ich ja ohnehin schon bis zum Hals steckte.

Ich will nicht jammern und klagen; ich weiß, dass ich schwere Schuld auf mich geladen habe. Ich werde mich auch bemühen, dieser Schuld Gerechtigkeit durch meine Strafe zu geben, denn das bin ich all den Opfern und den Hinterbliebenen ausnahmslos schuldig.

Ich hoffe nur, dass mich nicht alle Menschen für absolut schlecht halten, denn ein schlechter Mensch war ich nie. Man wird nur durch bestimmte, unvorhergesehene Situationen und Verstrickungen in etwas hineingeworfen, aus dem man einfach nicht mehr herauskann. So war es bei mir.

Ich behaupte nicht, dass ich unschuldig wäre, nein, nein; doch ebenso fest muss ich mich dagegen wehren, der alleinige Schuldige zu sein! Dass ich dennoch alle sieben Delikte freiwillig und ohne Druck vonseiten der Vernehmungsbeamten preisgegeben habe, hat mehrere Gründe, die alle in diesem Bericht zur Geltung gekommen sind.

Keine Frage, dass ich natürlich alles bis aufs Tiefste bereue. Umso mehr deshalb, weil ich mich immer für einen redlichen, ordentlichen und aufrichtigen Menschen hielt. Sie dürfen mir glauben, dass die Schuld, die ich mit diesen Geschehnissen auf mich nahm, enorm groß und bitter war und heute noch ist!

Auch der beisitzende Richter in meinem Prozess erboste sich dabei dermaßen, als er mir vorhielt, das könne er sich gar nicht lebhaft vorstellen, dass ein Mann innerhalb von zwei Tagen so oft Sex von Frauen haben möchte. Nun, da könnte ich ihm schon etwas deutlichere Antworten darauf geben: Vielleicht, so dachte ich mir, ist dieser Richter niemals in der Lage gewesen, auch nur im Entferntesten einer Frau sexuellen Genuss und Befriedigung zu geben. Ganz zu schweigen davon, dass er es ja nicht mal für sich alleine schaffen könnte, sich selbst diesem Genuss hinzugeben. Der erboste sich derart, dass er wie ein kleiner Schulbub seinen Bleistift und Block fast von seinem Richtertisch fegte. Und dabei gebärdete er sich, mit den Armen in der Luft wirbelnd, als hätte ich da einen wunden Punkt bei ihm berührt. Wenn Sie mich fragen, dann war dieser Richter krank und nicht normal. So denke ich nun einmal. Es soll auch keine Beleidigung sein – ich würde mich hüten –, nur eine klare Feststellung, die ich mit meinem gesunden Menschenverstand blitzschnell erfasste, eben aus dieser Situation heraus, in der er sich benahm wie ein unreifer Jüngling.

Dass ich vom Staatsanwalt, vom Richter und auch den Beamten der Mordkommission so in den Schmutz gezogen wurde, das konnte ich ja nicht ahnen. Denn ich wurde, obwohl ich stets im Affekt tötete, zu einem Raubmörder gestempelt. Und das nehme ich nicht hin. Wenn ich sieben Tötungsdelikte gestehe, wobei drei davon noch gar nicht als solche registriert waren, dann wäre es doch auch ganz logisch, dass ich den Vorsatz zum Töten und die Raubabsicht zugegeben hätte, oder? Beides aber war nicht der Fall. Denn wäre es so gewesen, hätte ich es auch gestanden. Nur ein Teilchen logischen Denkens durch den Richter und den Staatsanwalt und sie hätten Bedenken bekommen müssen. Aber darüber haben sich diese beiden Herren keine Gedanken gemacht. Etwas stimmt sowieso nicht mit unseren Gesetzen.

Auch beim Verhör der Kripo merkte ich, dass die mir gar nicht glaubten. Die wollten nur ein Monster aus mir machen. Ich kam ihnen ganz schnell dahinter, denn ich bin schließlich nicht blöd. Als man mir auch noch haufenweise Fotos von unaufgeklärten Frauenmorden auf den Tisch knallte und dabei grinsend den Satz sagte: ›Aber geh, Davidl, gib's doch zu. Das warst du doch auch. Gesteh es einfach, dann haben wir's hinter uns.‹ Da wurde ich echt sauer und bockig und hatte den Punkt erreicht, den ich auch schon als Junge hatte, nämlich den Trotz. Mir wurde klar: Die Brüder hatten Blut geleckt, die waren ganz geil darauf, noch mehr Leichen von mir geliefert zu bekommen. Nicht mit mir, so dachte ich und trotzte noch mehr. Dann kamen sie mit einer anderen Taktik daher. Da wurde Kaffee gebracht, Zigaretten, Hähnchen zu Mittag, ja sogar echtes Bier gab es. Ich war nicht so dumm, es nicht zu nehmen, warum auch nicht? Denn den Fraß im Polizeipräsidium konnte man vergessen. Sie wollten mich zweifelsfrei damit ködern und konnten es gar nicht fassen, dass ich ihnen keine weiteren Opfer zu präsentieren gedachte. Selbst der Staatsanwalt, der zugegen war, sagte zu mir: ›Herr David, jetzt enttäuschen Sie mich bloß nicht. Sie müssen uns natürlich noch mehr Opfer präsentieren. Sie müssen nur Ihre Hemmschwelle überwinden, dann können Sie noch mehr Opfer beichten.‹

Verstehen Sie, liebe Leser? Ich schon! Die hatten allesamt so viel Blut geleckt, das kam schon einem Blutrausch gleich. Die waren mit der Zeit sogar beleidigt, weil da von mir nichts mehr kam. Die wollten es einfach nicht glauben. Obwohl mir schon ein einziges meiner Opfer zu viel erschien, wollten diese ›Hanswursten‹ noch mehr, womöglich zwanzig davon. Und dann machte ich dem Treiben ein Ende und sagte: ›Jetzt ist aber Schluss, meine Herren. Ich kann Ihnen leider keine Leichen mehr liefern, so gerne Sie das auch hätten.‹

Am anderen Tag meldete sich sogar Österreich. Die hatten dort gerade den Fall Unterweger zu verkraften, und denen sollte ich auch noch ein paar Opfer abnehmen, so makaber das auch klingen mag. In ganz Deutschland war man plötzlich dabei, über 200 Gräber zu öffnen und die Leichen zu exhumieren. Man wollte viele davon dem Davidl zuordnen und unterschieben. Es war zum Kotzen. Und als ich den Herren keine Opfer mehr preisgab – woher nehmen und nicht stehlen? –, da blieben auch der Kaffee, die Zigaretten und das gute Essen aus. Glauben Sie nur nicht, liebe Leser, dass ich das Ganze ins Lächerliche ziehen will. Nein, es war so, wie ich es schildere: traurig, aber wahr. Denn bei alldem hatten diese Beamten und der Staatsanwalt gar nicht bemerkt, wie es um mich stand, dass mir nämlich schlecht und elend war. Die waren nur darauf aus, Erfolge zu verbuchen, um dann in aller Öffentlichkeit prahlen zu können damit, wie toll sie doch alles gedeichselt hätten. Dabei vergaßen sie, dass ich es war, der Licht in das Dunkel dieser sieben Fälle gebracht hat. Ich alleine, mit meinen freiwilligen Geständnissen. Nicht die Mordkommission hatte alle Fälle gelöst, wie man es später in allen Zeitungen und auch im Fernsehen oft genug lesen und sehen konnte, sondern ich selbst durch meine ehrliche Überzeugung, etwas gutmachen zu wollen. Doch das wurde mir nicht angerechnet. Im Gegenteil. Man drehte mir einen Strick daraus. Ich stehe zu dem, was ich getan habe. Ich stand schon dazu, als ich mich entschloss, reinen Tisch zu machen. Also brauchen sich Kripo, Staatsanwaltschaft und Gericht nicht brüsten; sie hätten es alleine nicht geschafft. Dass ich den Vorwurf des Mordes und Raubes nicht akzeptiere, ist mein gutes Recht. Kein Staatsanwalt und kein Richter dürfen sich anmaßen, aufgrund von vagen Vermutungen solch ein Urteil zu fällen. Das geht entschieden zu weit. Es liegt doch ein großer Unterschied darin, ob ich mit Vorsatz oder im Affekt getötet habe. Und bei mir war es immer im Affekt. Ich betone also nochmals: Ich habe niemals, in keinem der sieben Fälle, mit Vorsatz getötet, und ich habe dementsprechend auch nichts geraubt. Wer anderes glaubt, der ist auch nicht besser als Richter und Staatsanwalt.

Alle meine Umschreibungen entsprechen den Tatsachen, also der vollen Wahrheit. Sicherlich sind die Schilderungen und Begebenheiten unglaublich schlimm, gerade weil sie eben wahr sind. Natürlich tragisch für alle Opfer und deren Hinterbliebenen, aber auch tragisch für mich selbst, der ich doch das Ganze nicht mehr ungeschehen machen kann. Selbstverständlich soll dies keine Entschuldigung sein für das, was ich getan habe, jedoch bedauere ich alles zutiefst. Ich konnte doch nie ahnen, dass ich jemals zum Töten, zum unbeabsichtigten Töten gezwungen werden würde. Gezwungen und dazu getrieben durch außerordentliche, unglückliche Verstrickungen, in die ich hineingedrängt wurde. Ich weiß, dass ich einen Teil der Schuld auf mich geladen habe, jedoch muss man mir das Recht zugestehen, dass ich sage: Ich fühle mich in keinem Fall als der alleinige Schuldige. Niemals!«

Jahrelang bekam ich Grußkarten aus der Justizvollzugsanstalt Straubing, in denen sich Horst David für die faire Behandlung bedankte. *»Herr Wilfling, ich wünsche Ihnen und Ihrem Team gesegnete Feiertage und bedanke mich wie immer für die faire Behandlung, die mir bei Ihnen zuteilwurde. Ich wünsche Ihnen weiterhin viel Erfolg bei Ihrer wichtigen Arbeit.«*

Die Glückwunschkarten blieben aus, als ich in einem Interview darauf hinwies, wir könnten nicht davon ausgehen, dass sich die Anzahl seiner Opfer auf sieben Menschenleben begrenzen ließe. Mit hoher Wahrscheinlichkeit liege sie im zweistelligen Bereich. Fortan bekam ich keine Grüße mehr. Damit kann ich leben. Wenigstens habe ich stets die Menschenwürde des Serienmörders Horst David geachtet. Was er von sich im Umgang mit seinen Opfern nicht behaupten kann.

Ein Satz von ihm, der nicht in seiner Autobiografie zu lesen ist, ist mir übrigens heute noch wortwörtlich in Erinnerung: *»Es gibt Menschen, die wurden geboren, um zu heilen und Gutes zu tun. Und andere wurden eben geboren, um zu zerstören und Böses zu tun. Zu denen gehöre ich.«*

Nachwort

Ungeachtet dessen, ob nach schwersten Verbrechen oder tödlichen Familientragödien die Wahrheitsfindung gelungen oder misslungen ist, am Ende bleiben stets Fragen wie diese: Hätte man die Tat verhindern können? Wer hat weggeschaut, manipuliert oder gar partizipiert? War das Opfer zu leichtsinnig, zu gutgläubig oder naiv? Oder ist es gar mitschuldig an dem, was passierte? Wer hat Warnsignale missachtet, Fakten falsch eingeschätzt und Fehler gemacht?

Aktuelles Beispiel ist die unbegreifliche Wahnsinnstat des Germanwings-Kopiloten, der 149 völlig wehrlose Menschen mit in den Tod gerissen, unsägliches Leid über Hunderte von Angehörigen gebracht und Millionen von Fluggästen verunsichert hat. Jetzt fragt man sich, warum so viele Ärzte, die von der psychischen Erkrankung des Piloten wussten, ihre Schweigepflicht höher eingestuft haben als die Gefahr, die im Kontext mit dem Beruf des Patienten eigentlich hätte erkannt werden können.

Als weiteres Beispiel drängt sich der Massenmörder von Norwegen auf, der in Oslo eine tödliche Bombe zündete und anschließend auf einer Insel 69 junge Menschen erschoss. Niemand hätte eine solche Tat vorher für möglich gehalten, und auch hier sucht man noch immer nach einer Antwort auf die Frage, ob diese Katastrophe zu verhindern gewesen wäre, wenn …

Auch bei uns hat es niemand für möglich gehalten, dass sich eine rechte Terrorzelle etablieren konnte, die jahrelang unerkannt durchs Land fuhr und ausländische Mitbürger ermordete. Im Nachhinein versucht man nun, die Ursachen für das Versagen unseres Sicherheitsapparats herauszufinden. Dabei spart man nicht mit Schuldzuweisungen und fragt sich, warum weder die Behörden noch die Politik und auch nicht die Medien die Zeichen erkannt haben, die zweifelsfrei da waren. Bleibt nur zu hoffen, dass wenigstens die zutage getretenen strukturellen Schwachstellen korrigiert werden. Ich fürchte aber, es wird sich nicht viel ändern.

Die Beispiele zeigen etwas auf, das auch bei normalen Tötungsdelikten immer wieder festzustellen ist: Die Entscheidung zum Mord vollzieht sich unbemerkt vom Umfeld im Inneren der Täter. Deshalb kommt der Tod für die Opfer fast immer plötzlich und unerwartet.

Man kann böse Taten, die Einzelne im stillen Kämmerlein ausbrüten, kaum verhindern. Auch dann nicht, wenn es den totalen Überwachungsstaat gäbe. Wenn jemand ein schweres Verbrechen plant, wird er das tunlichst für sich behalten. Wie soll man beispielsweise erkennen, dass ein Jugendlicher, der sich ausgrenzt, nur noch in seiner virtuellen Welt lebt und selbst für die Eltern unerreichbar ist, einen Amoklauf vorbereitet? Schließlich sind solche Verhaltensmuster gerade bei Pubertierenden wahrlich keine Seltenheit. Wer denkt da gleich an eine bevorstehende Katastrophe? Niemand! Erst hinterher sind viele schlauer und manche besonders schlau.

Nur bei größeren Gruppen bzw. Organisationen besteht die Chance, dass vorher etwas durchsickert. Meist aber stehen wir drohendem Unheil völlig hilflos gegenüber. Ein beunruhigender, erschreckender Gedanke. Wie gut, dass die Wahrscheinlichkeit, in Deutschland Opfer eines vorsätzlichen Tötungsdeliktes zu werden, äußerst gering ist. Nur einen von hunderttausend Einwohnern ereilt rein statistisch dieses schreckliche Schicksal. Damit zählt Deutschland zu den sichersten Ländern weltweit.

Einziger Trost zumindest für die Angehörigen von Mordopfern: Die Aufklärungsquote liegt bei 95 Prozent. Mörder gehen also ein sehr hohes, unkalkulierbares Risiko ein.

Jenen Mördern aber, die sich bislang nicht verantworten mussten, sei Folgendes gesagt: Mordakten werden nie geschlossen. »Cold Case – kein Opfer wird je vergessen«, heißt eine Fernsehserie, die sich ausschließlich mit der Aufklärung lange zurückliegender Fälle befasst. Tatsächlich kann auch in der realen Welt kein Mörder sicher sein, eines Tages nicht doch noch verhaftet zu werden. Inzwischen gibt es sogar Fälle, die dank der kriminalwissenschaftlichen Fortschritte noch nach 30 Jahren aufgeklärt und gesühnt wurden. Daher wissen wir, dass auch die ganz wenigen, die der irdischen Gerichtsbarkeit entkommen, ein Leben in Angst führen. Mord kennt eben keine Gewinner – nur Verlierer.